四川省高等教育自学考试教材

•人力资源管理丛书•

人员素质测评理论与方法

附：人员素质测评理论与方法
自学考试大纲（2022年版）

主编 ■ 赵建伟　何玲　杨磊

四川大學出版社
SICHUAN UNIVERSITY PRESS

图书在版编目（CIP）数据

人员素质测评理论与方法 / 赵建伟，何玲，杨磊主编. -- 2版. -- 成都 : 四川大学出版社，2025.5

（人力资源管理丛书）

ISBN 978-7-5690-5905-2

Ⅰ. ①人… Ⅱ. ①赵… ②何… ③杨… Ⅲ. ①人员测评 Ⅳ. ① C962

中国版本图书馆 CIP 数据核字（2022）第 255936 号

书　　名：人员素质测评理论与方法
Renyuan Suzhi Ceping Lilun yu Fangfa
主　　编：赵建伟　何　玲　杨　磊
丛 书 名：人力资源管理丛书

选题策划：梁　胜　陈　纯　傅　奕
责任编辑：傅　奕
责任校对：陈克坚
装帧设计：胜翔设计
责任印制：李金兰

出版发行：四川大学出版社有限责任公司
地址：成都市一环路南一段 24 号（610065）
电话：（028）85408311（发行部）、85400276（总编室）
电子邮箱：scupress@vip.163.com
网址：https://press.scu.edu.cn
印前制作：四川胜翔数码印务设计有限公司
印刷装订：成都金龙印务有限责任公司

成品尺寸：185mm×260mm
印　　张：19.75
字　　数：407 千字

版　　次：2007 年 9 月 第 1 版
2025 年 5 月 第 2 版
印　　次：2025 年 5 月 第 1 次印刷
定　　价：89.00 元

扫码获取数字资源

四川大学出版社
微信公众号

总 序

党的二十大报告从战略全局上对全面建设社会主义现代化国家作出战略擘画部署，充分肯定了新时代中国教育的成就，强调了教育的战略地位，对于加快建设高质量教育体系，办好人民满意的教育进行了详细丰富、深刻完整的论述，报告对学科建设和教材建设问题给予了特别的关注，提出要加强教材建设和管理。教材建设问题，第一次出现在党代会的报告之中，表明了教材建设国家事权的重要属性，凸显了教材工作在党和国家事业发展全局中的重要地位，体现了以习近平同志为核心的党中央对教材工作的高度重视和对“尺寸课本、国之大者”的殷切期望。教材是学校教育教学的基本依据，是育人育才的重要载体，教育思想和理念的贯彻、人才培养目标和要求的实现等，都集中体现在教材中。“十四五”时期，教材建设的首要任务，是深入推进习近平新时代中国特色社会主义思想进课程教材，为学生培根铸魂，培养“四有”新人。

高等教育自学考试制度是我国创立和实行的、富有中国特色的高等教育制度。自学考试是个人自学、社会助学、国家考试相结合的高等教育形式。在满足社会对接受高等教育的巨大需求中，自学考试发挥着不可替代的巨大作用，为我国高等教育从精英化阶段迈入普及化阶段作出了突出贡献！据教育部《2021 年全国教育事业发展统计公报》显示，到 2021 年末，参加全国高等教育自学考试学历教育报考仍有 625.78 万人次，取得毕业证书 48.94 万人。高等教育自学考试的教材是实现教育目标的主要载体，是教学大纲的具体化，为自考助学和学生学习提供了关键支撑、基本线索。从一定意义上讲，自学考试人才培养质量取决于自考教材的质量。但是，随着高等教育人才培养质量的不断提高和自学考试改革的不断深化，自学考试教材建设中存在的问题也日益突出。诸如内容陈旧、更新缓慢；体例单一、形式简单；重视不够，缺乏特色等等。专家们纷纷呼吁要顺应新时代自学考试的特点和发展趋势，及时调整教材建设结构，加快更新陈旧教材，开发自学考试特色教材，形成在线数字学习资源，改革教材运行和评价机制，进一步建设形成高质量自学考试教材体系，促进新时代高等教育自学考试高质量发展。

为全面贯彻党的教育方针，进一步落实立德树人根本任务，适应新形势下我国和四川省高等教育自学考试教学改革和人才培养的需要，在四川省教育考试院的大力支持下，根据《教育部办公厅关于加强高等学历继续教育教材建设与管理的通知》（教职成厅函〔2021〕28 号）和《教育部办公厅关于印发〈高等教育自学考试开考专业清单（2021 年）〉和〈高等教育自学考试专业基本规范（2021 年）的通知〉（教职成厅〔2021〕2 号）》等文件要求，四川大学主动承担起高等教育自学考试主考学校的职责，对主考专业进行了规范，对省考课程进行了调整。为及时回应社会关切，加强自考教材建设和管理，四川大学成人继续教育学院设立继续教育教材专项出版基金，并联合电子科技大学、西南交通大学、西南财经大学、四川农业大学等高校成立“四川省高等教育自学考试省统考课程系列专业教材编委会”，组织编写四川省高等教育自学考试省考课程系列教材，进一步增强教材育人功能，为服务高等学历继续教育高质量发展做出有益的探索和实践。

本套系列教材的编写和建设旨在适应新时期高等教育自学考试事业发展和教学手段变革的需要，彰显高等教育自学考试现代教育理念，在继承中创新，在发展中提高，打造符合高等教育自学考试教育教学规律的经典教材。囿于编写者的学术视野、写作水平和对高等教育自学考试的认知能力，本套系列教材肯定还存在一些不足之处，恳切希望学界专家、行业领导和从业者不吝赐教，更希望千千万万的自考学习者在学习中反馈联系我们，以便我们在再版时及时修订，进一步提高教材实效，促进高等教育自学考试质量。

四川省高等教育自学考试省统考课程系列专业教材编委会
2022 年 12 月于成都

前 言

四川省高等教育自学考试教材《人力资源管理丛书》于 2007 年首次出版至今，在自学考试教学和实践领域发挥了重要作用。2022 年，四川省高等教育自学考试省统考课程系列专业教材编委会再次集结熟悉继续教育教学规律和特点，熟悉行业发展和职业岗位要求，有较为扎实学术功底和教学实践、职业经验专家的智慧和力量，修订出版这套教材。

该书是四川省高等教育自学考试人力资源管理专业较权威、系统、完整的考生自学参考书，本次修订着眼新时代的新特征，根据教育部关于"加大学历继续教育教材建设力度，开发适应成人在职学习需要、深度广度与人才培养目标相匹配、满足交互式学习要求，支持学习者自学自测、随学随练的高质量教材"要求，充分考虑到了目前学科的发展，以及我国社会、经济、文化的背景。为了使本教材更好地反映企业人力资源管理及环境的新发展和变化，本次对《人员素质测评理论与方法》《劳动关系与劳动法》《薪酬管理》《人力资源管理》《工作分析》等 5 本教材进行了修订，并新编《绩效管理》和《培训与开发》2 本教材。

在编写和修订教材过程中，力求做到以下几点：

第一，内容时代性强。把握人力资源管理理论发展前沿和实践进展，吸纳国际、国内最新成果。

第二，知识系统性强。知识点突出，内容完整，层次分明，结构合理。

第三，案例具有典型性和启发性。突出理论联系实际，强调应用和解决问题导向。

第四，加强系列化、多样化和立体化教材建设，服务线上教学、混合式教学，更能适应学员在职、业余自学。

这套《人力资源管理丛书》教材在策划、编写和出版过程中，得到四川省教育考试院的大力支持和帮助，谨表深切谢意。我们相信，本书能够惠及广大人力资源管理专业的自考学生，将为促进我国高校继续教育教学质量的提高做出贡献。

四川省高等教育自学考试省统考课程

《人力资源管理》专业专升本教材编委会

2022 年 12 月

目 录

第三篇　人员素质测评的方法

第四篇　人员素质测评途径

第五篇　人员素质测评技术

第一篇

人员素质测评概述

第一章　人员素质测评概念

本章要点

素质的概念与分类
人员素质测评的定义
人员素质测评的特点与方法
人才素质测评的功能与作用

人员素质测评指运用先进的科学方法，对社会各类人员的知识水平、能力及其倾向、工作技能、个性特征和发展潜力，实施测量和评鉴的人事管理活动。它是一门融现代心理学、测量学、社会学、统计学、行为科学及计算机技术于一体的综合性科学。人员素质测评是人事管理的基础环节，科学评价人员是一切人事工作的起点。

第一节　素质测评的概念

要了解人员素质测评首先要了解一些基本概念，这些概念是构成人员素质测评理论与这一系列实践活动的基础。

一、素质的概念

“素质”概念有狭义和广义之分。

狭义的素质概念，是生理学、心理学中的概念，指“个人先天具有的解剖生理特点，包括神经系统、感觉器官和运动器官的特点，其中脑的特性尤为重要。它们通过遗传获得，故又称遗传素质，亦称“禀赋”。狭义的素质是心理活动发展的前提，离开这个物质基础谈不上心理发展。

广义的素质概念，指人在先天生理的基础上通过后天环境影响和教育训练所获得的、内在的、相对稳定的、长期发挥作用的身心特征及其基本品质结构。它表现了整个人的客观现实性和未来发展的可能性（即发展潜能）状态，是在先天因素与后天因素“共同作用下所形成的人的身心发展的总水平”。广义的素质通常又称为素养，主要包括人的道德素质、智力素质、身体素质、审美素质、劳动技能素质等。

素质测评中的素质概念就是广义的素质概念。

在现实生活中，素质一词被人们广泛地运用。诸如智能素质、品德素质、文化素质、心理健康素质、素质教育、民族素质、企业素质、个人素质、身体素质、心理素质。“这方面的素质你比我强”，类似的口头语与书面语，应有尽有。

各门学科对素质的解释不同，但有一点是共同的，即素质是以人的生理和心理实际作基础，以其自然属性为基本前提的。

二、素质的分类

素质大体包括以下三大类。

（一）自然素质

自然素质亦称生理素质或身体素质。它是由人的生物性基因决定的，前述心理学所讲的素质，就是此种自然素质，亦即人们与生俱来的一系列的生理特点。其他素质均要建立在它的基础之上，它的品质优劣直接或间接地影响到其他两类素质的形成。

（二）心理素质

心理素质包括智力素质与非智力素质。智力素质是人在认识客观世界的过程中逐步形成的一系列稳定的心理特点，称之为智力因素。它是由观察能力、记忆能力、逻辑思维能力、想象力与注意力五种基本心理因素组成的。非智力素质主要由动机、兴趣、情感、意志与性格五种基本心理因素所构成。心理素质的基本功能是建立在意识活动基础上的“导识”——指导人们概括地揭示客观世界的原理与规律。心理素质是以自然素质为基础，在后天自然和社会环境、教育、实践活动诸因素的影响下逐步发生、发展和形成起来的。

（三）社会素质

社会素质即文化素质、思想素质、政治素质、道德素质、人际沟通素质、业务素质、审美素质、劳技素质。它们是在适应与改造社会的过程中形成的，是人们的社会属性的集中体现。社会素质是后天的。

第二节 人员素质测评

一、什么是人员素质测评

人员素质测评是根据心理学、文化学、社会学、传播学等多学科原理运用科学的方法，针对某一素质测评目标体系对被测评者的思想品格、智力水平、知识水平、能力结构、个性特点、职业倾向和发展潜能等多种素质进行测量，并做出量或质的判断和评价的一种过程。这种测评目标评价体系的选择和确定一般根据测评活动的目的而定。它为社会中的组织了解人才（个体与群体），从而科学用人、人尽其才及个体对自身素质的了解，提供可靠和有效的依据。

人员素质测评可以从广义与狭义两方面来理解。

狭义的人员素质测评是指通过量表①对人才品德、智力、技能、知识、经验的一种评价活动。例如，智力测验、气质测评、品德测验、人格测验等都是通过问卷、选择题等量表形式，来测评被试者的有关素质。

广义的人员素质测评，则是通过量表、面试、评价中心技术、观察评定、业绩考核等多种手段综合测评人才素质的一种活动。

二、人员素质测评方法

人员素质测评的方法包含在概念自身中，即测量和评价。测量是指根据一定的法则给人的各项素质要素指派数字，使其有类似“数”的性质和形式，从而用数字的方法对人的某种素质的内涵、层次、程度进行描述。马克思在现代科学刚开始发展的时候就指出：“一种科学只有在成功地运用数学时，才能达到真正完善的地步。”② 这就是说，定量分析是人才测评科学化的重要保证。评价（评定）则是应

① 量表：在创造以定序、定距、定比形式测量变量的数字分数。量表常用，在研究者想要测量一个人如何感觉或思考某事的情况之下。（〔美〕威廉·劳伦斯·纽曼著，郝大海译：《社会研究方法：定性和定量的取向》中国人民大学出版社 2007 年版）

② 中共中央马克思恩格斯列宁斯林林著作编译局著：《回忆马克思》人民出版社 2005 年版。

用这种数学描述来确定测量对象的价值和意义。

评价（评定）与测量两者既有区别，又有联系。其区别是：测量是定量分析，评定是定性分析；测量是客观描述，评定是主观判断。其联系是：测量和评定的对象是同一事物（个体的素质及绩效）质和量的两个方面，即量值和价值。两者相辅相成，互为一体。测量是评定的基础和前提，评定是测量的归宿和目的。

人员素质测评的方法主要有四类：纸笔测验、“评价中心”技术、面试、人员评定。这些方法各有优势，在要素测评中相互补充。有些要素，如智力、推理能力、性格等，是通过心理测验进行测评的；有些要素，如组织能力、决策能力等，则通过评价中心可以得到更有效的测评；另一些要素，如自我认识、求职动机，则在面试中可以得到更准确的评价；还有些要素，如工作绩效等，可以通过人员评定加以考核。总之，选择何种测试方法，主要视测评要素和现有的技术条件而定。

三、人员素质测评的特点

人员素质测评是一种特殊复杂的社会认知活动，其主体包括主持测评者和测评对象，都是现实生活中的人。这就决定了人员素质测评不同于其他形式的测评活动，归纳起来，它主要有以下几方面的特点。

（一）人员素质测评是心理测量，而不是物理测量

这一特点是就人员素质测评的内容指向而言的。一般来讲，人员素质测评主要是对个体心理现象的测量，包括能力、兴趣、性格、气质及价值观等内容。身高、体重等有时也被列入测量范畴，但不是主要方面。人员素质测评主要是心理测量，这是由心理素质在个体发展事业成功过程的关键性作用所决定的。美国斯坦福大学心理学家刘易斯·特尔曼（Lewis M. Terman）曾对 800 名男性成人进行测评，发现其中事业成就最大的 20%与事业成就最小的 20%两组之间，最明显的差异是他们在心理素质上的差异。成就最大组，主要在进取心、意志力、兴趣和坚持性方面，明显高于成就最小组。这说明人员素质测评的重点是心理测量，其测量结果是以物理的度量单位计算的，如重量是以斤（两）计算的，长度是以米（分米）计算的。心理测量测查的对象具有内在性、隐蔽性和无形性等特点，相对于物理测量，心理测量就复杂得多。

（二）人员素质测评是抽样测量，而不是具体测量

这一特点是从统计学意义上而言的。人员素质测评的对象是素质及绩效，但素质及其绩效不是在某一孤立时空内抽象存在着的，而是表现或弥漫于个体活动的全

部时空中。从理论上讲，人员素质测评实施时，涉猎的范围越广，收集的相关信息越充分、越全面，测评结果就越有效、越具体客观。但在实际操作中，上述理想状态不可能存在也不可做到，任何一项测评的主持者，在有限时间内不可能掌握被测评者素质的全部表征信息，只能本着“部分能够反映总体”的原理，对测评要素进行抽样，保证样本的足够及其有足够的代表性，从样本的测量结果来推断全部待测评内容的特征，那种企图对测评内容一应俱全，全面进行测评的想法在实践中是行不通的，而且也没有必要。

（三）人员素质测评是相对测量，而不是绝对测量

任何测评从测评的实施者主观愿望来讲，都力求客观反映被测评者素质的实际状况。但再严格的一项人员素质测评都会存在误差，这是由测评的主观性决定的。毕竟人员素质测评是人对人的测评。一方面，测评方案的设计及测评活动的实施都是凭借施测人个人的思维模式和经验来进行的，而不同的施测人对测评目标的理解，测评工具的使用及测评结果分数解释，都难免带有个人的主观意识，不可能完全一致。另一方面，作为测评对象的人，其素质是抽象模糊的，其构成是极其复杂的，且测评工具有一定的局限性。近代统计学大师凯特勒认为：“人者分而观之，人心之不同各如其面，几乎无规律可循。然综合人人而观之，则相去不远，其间自有一定不变之规律。”[①] 这就是说人是非常复杂的。因此，人员素质测评既有模糊的一面，又有精确的一面。就模糊的一面来说，是其不确定性的表现，它显示出在人员素质测评实践中，存在测评者主观的不足，或测评手段的局限，或测评对象自身存在的难以把握的因素。这说明人员素质测评既有测准的一面，也有测不准的一面；测准是相对的，测不准是绝对的。随着人类认识自身能力的提高及测评技术的发展，人员素质测评将逐步克服测不准的状况，力求达到测准状态，这个过程是十分漫长的。因此，从这个意义上讲，人员素质测评的结果只有相对意义，没有绝对意义。

（四）人员素质测评是间接测量，而不是直接测量

这一特点是由人员素质测评对象——人的素质的特点决定的。人的素质是个体实施社会行为的基本条件和潜在能力。素质的突出特点之一是抽象性。素质是隐蔽在个体身上客观存在的，是一种内在抽象的东西，是看不见、摸不着乃至说不清的，但素质并不神秘，它是有一定的表现性，即素质可以通过人的行为（心理、表

---

① 凯特勒著：《统计分析导论》中国统计出版社 1990 年版。

情和动作)[1] 表现出来，素质与行为之间存在一系列因与果关系和隐与显的关系。我们不能对素质本身进行直接测量，但可以通过表现的行为特征进行间接的推测和判断。由此可见，人员素质测评是间接测量，而不是直接测量。

四、人员素质测评与人才素质测评

人员素质测评与人才素质测评相比，既有相同的地方，又有不同的方面。其相同的是，它们面对的对象都是社会中的个体人员；在测评理论、方法与技术上是相同的；同时，人员素质测评与人才素质测评的指向的范围也存在着交叉。其不同的是人员素质测评是常规的一般性的能力素质测评。因而，其测评对象更广泛一些。而人才素质测评是指对个体具有专门的才能素质的测评，测评的结果带有明显的功利目的。

具体地说，人才素质测评在当前的人力资源管理中被不同领域和行业的组织广泛运用。人才测评技术，小到小型公司录用新员工，大到机关录用干部、公务员竞争上岗，人员的招聘、考核、开发等方面都在运用人才素质测评技术。

第三节　人才测评的功能和作用

人才测评的功能和作用是两个既相互联系又相互区别的概念。功能是事物内部固有的效能，它是由事物内部要素结构所决定的，是一种内在事物内部相对稳定独立的机制。而作用则不同，它是事物与外部环境发生关系时所产生的外部效应。同样的功能对外界的作用，既可能是正面作用，又可能是负面作用，这要看功能与外部环境的互动方式是否协调或错位。一般来说，功能是作用产生的内部根据和前提基础，客观需要是测评产生作用的外部条件，作用就是测评的功能与客观需要相结合而产生的实际效能。

一、人才测评的功能

人才测评具有多方面的功能，归纳起来主要有以下三个方面的内容：

---

① 林崇德，杨治良，黄希庭著：《心理学大辞典（下卷）》上海教育出版社 2003 年版。

（一）甄别和评定功能

这是人才测评最直接、最基础的功能。所谓甄别评定，是指对人才素质状况优劣、水平高低的鉴别和评定。甄别是测量个体之间的素质差异，评定是衡量受测者素质构成及其成熟程度，看其是否具备规定的资格条件和常规标准。

（二）诊断和反馈功能

诊断与反馈二者是相互联系、相辅相成的功能。诊断是指通过测评，找出被测者素质构成及发展上的问题及不足。反馈是指根据测评结果，提供调整和改进测评对象素质缺点的信息，分析缺点和不足及其产生的原因，提出诊断意见和素质优化开发方案，帮助其克服缺点，发扬优势，推动其素质全面发展。

（三）预测和激励功能

预测和激励功能，与上述两种功能紧密相连，并为其所派生。预测功能，是指通过对人才素质现有状态的鉴别评定，可以预知推测其素质发展的趋向。这种预测的有效性取决于人才素质特征的稳定程度。激励功能，是指通过对人才素质诊断和反馈，推动人才素质得以改善和提高。使受测者增强进取心，促使其勤奋学习，努力工作，充实完善自我，更快地吸纳相应的知识和提升自己的能力。通过不同途径培养提高自己，立志成为对国家、对社会有用的人才。测评中的这种导向作用就是激励。

二、人才测评的作用

（一）对组织所起的作用

人才测评最主要的作用，是为组织人事决策提供可靠、客观的依据和参考性建议，它是组织中人力资源管理决策的基本工具。其作用大致有以下三方面。

1. 配置人才资源

人才资源配置是人才资源管理的基础工程。传统的人事管理由于缺乏人才测评技术，人才资源又难以得到科学合理的配置，造成人才资源的闲置、埋没和浪费，影响了社会经济和各项事业的发展。当代人力资源管理利用人才测评技术，实现了人才资源的优化配置。

人才测评的这一作用是由测评的功能派生的。因为人才测评可以测查人的素质状况、优点及缺点，了解其特长、兴趣和爱好。掌握了这些信息，就可以为组织人力资源部门使用、安置人员提供客观依据，为领导进行人事决策提供科学根据。

2. 推动人才开发

现代人才测评是为现代人力资源管理提供所需信息的有效途径和方法。因为它所提供的信息最多、最具科学性，因而也是最重要的，所以，实施现代人才测评，不但能发现优秀人才和稀缺人才，而且能明确各人具有素质、心理、技能的长短优劣，以便进一步加强培训，扬长避短，最大限度地开发潜能。

3. 调节人才市场

在社会主义市场经济条件下，人才流动需要利用人才测评的信息咨询作用。这表现在三方面：其一，人才测评能对一个国家、一地区或一个产业部门的人才结构和职业分布结构进行调节；其二，调节人才纵向、横向流动，促使社会人才资源合理布局；其三，调节人才的智能结构和一定社会的人才供求标准，使配置需求与可能有机结合。

（二）对个人所起的作用

从个人角度讲，人才测评的作用也有以下三个方面。

1. 促进自我认知

现代人才测评可以帮助个体更了解自己，知道自己的能力水平和兴趣爱好，从而能够因势利导，明确自己的择业和发展方向。

2. 促进个人择业

通过为各类人才市场提供专业化的第三方素质评价，以及为国家的各类企业评价人才服务，可以在它们与个人之间建立桥梁，为人才提供能够真正体现其价值的应用场所。也就是使个人能够根据测评结果判断寻找到真正适合自己的职业。

3. 促进自我发展

每个人从学习到择业的每一个阶段都需要对自己有一个清晰的认识。现代人才测评可以使每个人认清自己的素质，知道自己的长处和短处、优势和缺陷，从而能够针对性地接受教育培训，并在实践中尽量扬长避短，更好地实现自我发展。

思考题

1. 人的素质是什么？它包括哪些内容？
2. 人员素质测评的特点有哪些？
3. 人才测评在现实生活与工作中有哪些功能与作用？

第二章　人员素质测评的历史与现状

本章要点

1. 中国古代人才选拔制度的察举制、九品中正制、科举制
2. 西方文官制度的产生与发展
3. 西方现代人才测评主要思想
4. 我国当前的人员素质测评状况

第一节　中国古代人才选拔制度的素质测评思想

2000 多年来，中国古代的人才选拔制度繁多，也各有其特点。下面我们就主要的几种制度加以介绍。

一、察举制度及其测评思想

（一）察举制

察举，主要是指在汉代实行的一种自下而上选拔人才的制度。察举就是考察后予以荐举的意思。朝廷根据不同的人才需要设立各种科目，指定有关的官员担任举主，依照规定推荐相应的人才，经朝廷检定后给予录用或升迁。

察举是在先秦乡里举荐制度基础上发展起来的选官制度。这个制度盛行于两汉，衰于南北朝。具体的方法是：由皇帝下诏指定举荐的科目；由丞相、诸侯王、公卿和郡国守相按科目要求到民间考察和荐举人才；应举者按不同的科目进行考试，考试由皇帝出题策问，或由丞相、御史二府及九卿策试；根据对策成绩高下分

别授官或为郎官候补。考试地点在京城的太常寺或公车司马署等处。

（二）察举制的途径与方法

察举制度用来测评人才的方法有许多，仅两汉就有常科：孝廉、茂才、察廉、光禄四行。特科为贤良方正、贤良文学、明经、明法、至孝、有道、敦厚、尤异、治剧、勇猛知兵法及明阴阳灾异等。后来规定岁举的科目以孝廉、茂才为主，并且规定了主要长官每年荐举的数目。

（三）察举制的特点

汉代察举制度有一个重要的特点，就是察举制度用来测评人才的标准是较为笼统的，并且又缺乏严密的考核制度，例如，“举士”（选拔人才）与“举官”（提拔官吏）没有分开，“选举”与“考课”没有区分。察举的对象既有未入仕者（无官职者），也有入仕者（现任官吏）。因此，汉代对选才、任职官吏的考核还未制度化、规范化。

再加上公卿守相举荐者多为私人门生、乡亲、故吏、故友，所以察举制度在实行过程中，不少士大夫为了博取高官厚禄，采取贿赂请托，营私舞弊，特权横行，“以族（门第）举德，以位（权位）命贤”①。造成当时世风日益败坏，许多受荐举者并无真才实学。至东汉末年，察举制度已经败坏不堪，民间流传着“举秀才，不知书；察孝廉，父别居；寒素清白浊如泥，高第良将怯如黾”② 的讽刺民谣。

二、九品中正制度及其测评思想

（一）九品中正制

九品中正制，又称九品官人法，是魏晋南北朝的一种选拔人才的举官制度，包括中正九品制（乡品）与九品官制（官品）两大部分。“九品”指上上、上中、上下、中上、中中、中下、下上、下中、下下九级来区分人物高下。“中正”是指专职品评人物的中央官员。州郡“中正”只能由本地人充当，且多由现任中央官员兼任。“品”即“品状”，指所考察的在籍人物的言行和居官的才能政绩。九品官人法中的九品官制是针对现职官员进行品评，而中正九品制则是对官吏的候补人员进行

---

① 王符《潜夫论·论荣篇》。

② 葛洪《抱朴子·审举》卷十五。

品评。前者人们习惯称之为“官品”，后者称之为“乡品”①。两者既有联系，又有区别，在品级上也不是一一对应的。其关系见表 2-1。

表 2-1　九品中正制

<table>
<tr><th>九品官制（官品）</th><th>中正九品制（乡品）</th></tr>
<tr><td>一、二、三品</td><td>一品</td></tr>
<tr><td>四、五品</td><td>二品</td></tr>
<tr><td>六、七品</td><td>三品</td></tr>
<tr><td rowspan="6">八、九品</td><td>四品</td></tr>
<tr><td>五品</td></tr>
<tr><td>六品</td></tr>
<tr><td>七品</td></tr>
<tr><td>八品</td></tr>
<tr><td>九品</td></tr>
</table>

（二）九品中正制的途径与方法

魏晋以后直到南北朝，大部分官吏都由吏部尚书择任，九品中正制度成为魏晋南北朝时期选拔人才的主要取士制度。具体做法是：任用“贤有识鉴”的官员，担任本籍州郡的大小“中正”，由他们区分上上、上中、上下、中上、中中、中下、下上、下中、下下九品来评定人才等级，然后由小中正上报大中正核实，大中正上报司徒核实，再交尚书吏部选用。

中正所评的品级，在初期，定三年清理一次，即每经过三年重品一次。后来，这个制度无法坚持下去，做官的人偶尔有一不慎，即受贬降；若朝中没有关系，降为通品，往往因此废弃终身。

这种制度使荐举之责不再属于中央和地方长官，改由专职举士的中正官负责。选用的标准除因循东汉察举所要求的经学、德行、乡闾清议之外，又增加了家世、才实等内容。

选拔人才的标准有三：家世、道德、才能。家世又称“簿阀”“簿世”，指被选者的族望和父祖官爵。中正对人物的道德、才能只作概括性的评语，称为“行状”，简称“状”，一般它都写得言简意赅。如曹魏时期中正王嘉“状”吉茂为“德优能

① 陈长琦. 魏晋南朝的资品与官品 [J]. 历史研究，1990（6）：39-50.

少”[①]。西晋时，中正王济“状”孙楚为“天材英博，亮拔不群”[②]。中正根据家世、才德的评论，对人物作出高下的品定，称为“品”。品共分为九等，即上上、上中、上下、中上、中中、中下、下上、下中、下下。但类别却只有二，即上品和下品。一品无人能得，形同虚设，故二品实为最高品。

（三）九品中正制的弊端

九品中正制设立之初，立法甚严，一般中正品核，还能秉公行事。后来执行久了，弊窦丛生。爱憎由己，任意高下，漫无标准，有失公平。

更主要的是在以门阀士族为统治核心的当时，由于在实行过程中，中正官全由士族豪门所把持，他们品评人才多以门第为重，而选用者也是士族，因此，人才在通过这一制度筛选后，社会上就造成了“上品无寒门，下品无势族”[③]，“公门有公，卿门有卿”[④] 的状况。这样，九品中正制成为巩固门阀政治、阻塞寒素人才入仕的工具。再加上官场和社会上裙带关系盛行，更促使九品中正制日益腐败。最终使其成为“慢主罔时，实为乱源，损政之道”[⑤]。

三、科举制度及其测评思想

（一）科举制

科举是中国古代读书人所参加的人才选拔考试。它是南北朝以后历代封建王朝常常采用的通过考试选拔官吏的一种制度。由于采用分科取士的办法，所以叫作科举。一般，科举制考试有乡试、会试、殿试三级。应进士的考生，必先应乡试，乡试及格再应会试，会试及格再应殿试，殿试及格，考试才算结束。此外，还设有特殊的制举。宋代以前用儒家经典作为考试选拔的依据。明清以《四书》《五经》的文句命题，以朱熹《四书集注》等书的解释为标准，并规定以八股文的格式作为考试选拔的依据。科举制从隋代开始实行，到清光绪二十七年（1901 年）举行最后一科进士考试为止，经历了 1300 百多年。

---

① 《三国志·魏书》卷二十三《常林传》注引《魏略》。
② 《晋书》卷五十六《孙楚传》。
③ 《晋书》卷四十五《刘毅传》。
④ 《晋书》卷九十二《王沈传》。
⑤ 《晋书》卷四十五《刘毅传》。

（二）历朝科举制的分科种类

鉴于九品中正的选人制度弊端，隋炀帝时开始设置进士科，以试策取士。这样，士人可以不经荐举，直接报名考试，经过逐级考试，由官府择优录取，再由吏部试以“身、言、书、判”，然后授以官职。599年设志行修谨（有德）、清平干济（有才）二科选拔官吏。

唐代科举科目特多，但从种类上讲只有贡举和制举两种。贡举由礼部主持具体工作，有进士、五经、明经、明法、明策等；武则天时又开武举，由兵部主持具体工作。制举亦名特科，由皇帝临时下诏设定科目，不定期举行。在众多的科目中，明经和进士两科最受重视。

宋代科举计有进士、九经、五经、开元礼、三史、三礼、三传、学究、明经、明法10科。

元代科举，时兴时废，到仁宗皇庆二年（1313年）才推行科举，这是元代举行科举之始。此后每年举行一次，不分科目。但蒙古人与汉人所试不同，分开考试。

明代科举，明代开始承袭前朝科举，但洪武六年（1373年）诏罢科举，并令有司察举贤才，以德行为本，文艺次之。这是暂停科举，采用荐举取士的时期，但为时很短。洪武十五年（1382年）又诏令设科举取士，但推荐制仍并存。

清代科举，取士制度，也是以学校与科举并行，其做法大体都沿袭明代的科举制。不同之处是汉人与旗人考试内容有区别，对于旗人有其特定的科举，所沿袭明代的科举，只是用作汉人取士的手段。

（三）科举制的废除

光绪末年，西学东渐，因受西方资本主义文化影响，康有为、梁启超等维新派力主维新变法，屡次上书皇帝请废科举兴学校。光绪二十四年（1898年），光绪帝在维新党人的影响下，颁布上谕，在北京设立京师大学堂，各地设立中小学堂，废除八股，改试策论，开经济特科，提倡西学，派留学生出国，设译书局等。“百日维新”虽告失败，废科举之潮流已不能阻。光绪三十一年（1905年）清政府终于颁布废除科举的命令。自隋唐1300多年以来盛行的科举取士制度，永远被废除了。

（四）科举制的特点

采取考试方式录用人才，在我国有着悠久的历史。科举制度的特点是：不拘门第、平等竞争、公开考试、择优录用。因此，这一制度得到很多开明政治家和中下层人士的拥护，历朝相传，延续了1300多年，先后选拔出数以十万的进士和百万举人，造就了一大批优秀政治家和行政管理人才，如房玄龄、狄仁杰、范仲淹、王安石、司马光、包拯、文天祥、海瑞、林则徐等名臣贤相，他们都是科举出身。

第二节　中国古代人员素质测评思想及技术的成就与不足

在中国，人才测评最早可以追溯到传说中的尧舜先古时代，那时帝王决定继承者时就已萌芽让贤与能的思想火花。西周君王用“试射”来选拔人才，测评项目包括其行为是否合乎礼仪，动作是否合乎乐律，射中的次数有多少等。这是我国人才测评的雏形。

作为人才测评的基础，心理测验的思想和实施在中国也由来已久。在古代医学著作《黄帝内经》中关于太阴、太阳、少阴、少阳、阴阳和平 5 种人①的观察和评估，可看作心理测量在中国的思想萌芽。而春秋时期的儒学创始人孔子就提出“性相近，习相远”② 的观点。所谓“习相远”即认为个人的后天的习得性行为彼此之间可以表现出相当大的差异。他同时还提出“上智”和“下愚”的概念，又说“中人以上，可以语上也；中人以下，不可以语上也”③，体现了可把人的智力划分为不同类别的分类思想。战国时期孟子也曾说：“权，然后知轻重；度，然后知长短。物皆然，心为甚。”④ 他承认个体的心理水平存在差异，而且这种差异是可以测量的。这些思想与现代测量学中的类别量表的见解有惊人的一致。因而英国著名心理学家汉斯·艾森克⑤曾把“差异和分类”的思想直接溯源于中国古代思想家。

三国时魏人刘劭所著的《人物志》对人才测评作了较为系统完整的论述。它是古代人才测评思想集大成之作，其思想宏富，内容深湛，被认为是中国心理学经典。该书对于人的形质、人性、才具以及志业等加以深入地分析后，对人才的识别给予了定性描述。他的“考课核实”方法，遵循内部心理和外部行为相统一的原则，从人的体貌、言语、行为等诸多方面的观察入手以判定其“心志”大小，从而

---

① 《黄帝内经·灵枢》卷八《通天》。

② 《论语·阳货》。

③ 《论语·雍也》。

④ 《孟子·梁惠王上》。

⑤ 汉斯·艾森克（1916—1997），英国心理学家。1916 年 3 月 4 日生于柏林。1940 年在伦敦大学获博士学位。1955 年任伦敦大学心理学教授，并兼任莫兹利皇家医院的心理学专家。他从事人格的实验研究，如内向与外向、情绪不稳定性神经质倾向等，还研究社会态度的因素分析和政治心理学。著有《人格的维度》《人的人格结构》《变态心理学手册》《人格测量》《智力的模式》等。

归于圣贤、豪志、傲荡、拘懦等不同类别。并提出了“八观与五视”的观察方法，以修正现实观察中的误差。刘劭的《人物志》影响深远，20 世纪 30 年代曾有美国人将其译出并冠以“人类能力研究”之书名出版。观察法作为心理学中收集心理事实材料的方法迄今仍被沿用。

一、古代人才测评思想和技术的成就

（一）德才兼备的人才观

在人才标准问题上，古人批判了以出身、贵贱、亲疏作为用人标准的“任人唯亲”的做法，提出了以才、以德或者德才兼备的人才标准，并加以发展。

春秋时期，孔子就对人的“才德”的观点加以了论述。他说：“君子怀德，小人怀土；君子怀刑，小人怀惠。”[①] 对于一个志向高远的君子来说，应该是“志于道，据于德，依于仁，游于艺”[②]。

战国时期，墨子提出了“察能予官”[③]，“以德就列”的原则。在他看来，要选拔的人才应该是品德高尚、才能出众的人，即使是农民或小手工业者，只要具备了这样的条件，也不例外。

战国时期的庄子把“德才”标准具体化为忠诚、敬畏、才能、智力、信用、廉洁、节守、仪态、人际等 9 项指标名为“九征”[④]。吕不韦认为选才时不能求全责备，强调“物固莫不有长，莫不有短，人亦然”，所以应用其所长，避其所短。[⑤]

在唐代对官员的考绩有“四善二十七最”的标准。所谓四善专指德、慎、公、勤的品德，德是第一位的，即“一曰德义有闻，二曰清慎明著，三曰公平可称，四曰恪勤匪懈”[⑥]。

宋代对官员的考核是以“四善七事三最”为标准，德也是第一位的。特别要提到的是“四善”，它完全承袭了唐代的“四善”，即“德义有闻，清慎明著，公平可称，恪勤匪懈”。

---

① 《论语·里仁》。

② 《论语·述而》。

③ 《墨子·尚贤上》《墨子·尚贤中》。

④ “九征”即九种征验，“远使之而观其忠，近使之而观其敬，烦使之而观其能，卒然问焉而观其知，急与之期而观其信，委之以财而观其仁，告之以危而观其节，醉之以酒而观其则，杂之以处而观其色”。《庄子·杂篇·列御寇》。

⑤ 《吕氏春秋·孟夏纪》。

⑥ 《新唐书》卷四十六《百官志一》。

同时，对人才的选拔，还要看其才能，而这些才能在现实中是分成不同等级的。如诸葛亮在《将器》一文中说："将之器，其用大小不同。若乃察其奸，伺其祸，为众所服，此十夫之将；夙兴夜寐，言词密察，此百夫之将；直而有虑，勇而能斗，此千夫之将……日慎一日，诚信宽大，闲于理乱，此十万之将；仁爱洽于保家，此天下之将。"① 这里，我们看到不同层次的人才标准被划分得很清楚。他在另一文《择才》中说："有好斗乐战，独取强敌者，聚为一徒，名曰报国之士；有气盖三军，材力勇捷者，名曰突阵之士；有善发强弩，远而必中者，名曰摧锋之士。"② 诸葛亮将不同的人才特长揭示出来作为择才标准。

（二）确立了多种考评人才的方法

1. 用工具测评智力

具体来说，我国古代使用的测评技术有口试、纸笔测验和作业测验。

（1）口试包括帖试和对偶。帖试类似于今天的填空式测验，又称帖经。据《通考·选举考》中记载："帖经者，以所以之经，掩其两端，中间唯开一行，裁纸为帖，凡帖三字，随时增损。"其意是，主考官从经典文献中任选某一段，用纸条贴盖其中数字或数句，令被试人背下来，其中 10 帖答对 6 次以上才算及格。对偶，类似于今天的类比测验，我国汉字从一字、一韵中，均可找到与之一一对应的字句韵。古人把这一原理用于测验中，以此测试对方的技巧、智慧和想象力。

（2）纸笔测验相当于今天的笔试，其典型形式有：墨文、策试、试帖诗和八股文。

墨文，即简单的笔试，考官依据经典文献出题，考生依据要求回答经文注疏或上下文的内容。如据《文献通考·选举三》记载，有这样的试题："作者七人矣"——请以七人之名对。考题出自《论语·宪问》，应试者应把注疏中所说的伯夷、叔齐等七人的名字答上。

策试，又称"时务策"，从当前政治、文化、经济、军事等一系列现实问题中拟就题目，写在竹简上，要求被试人设计解决办法，即对策（在汉代叫射策）。

试帖诗，即让被试人接题赋诗，始于唐代。该技术能测试考生的想象力、创造力和知识广度。

八股文，是明清时期科举考试所采用的一种专门文体，又叫制艺、制义、时艺、时文（相对于古文而言）、八比文等。它要求文章必须有四段对偶排比的文字，总共包括八股，所以称八股文。"股"或"比"，都是对偶的意思。文题取自《四

① 诸葛亮《将苑·将器》。
② 诸葛亮《将苑·择才》。

书》《五经》。八股文有固定的格式，包括破题、承题、起讲、入手、起股、中股、后股、束股等固定结构。

(3) 作业测验是我国古代人创造的实物操作测试方法，如九连环、“八阵图”和七巧板等。春秋以前，我国已经发明了七巧板、九连环等智力测验工具。七巧板又称益智图，用一块方形薄板裁成七小块，通过拼成各种不同的象形图案，如跑步、骑马、船、鹅等检测人的智力。

2. 用自然观察法以判断人才

中国古代的思想家认为，事物的内在本质虽然难以把握，但可以通过诸多外在的现象进行观察和分析透视，即“民有五气：喜、怒、欲、惧、忧，五气藏于中，发形于外，民情不可隐也”[①]，即便有假象也可以区分辨别，可以通过对个人情景的变化、感情等的变化，与周围的人际关系，个人的仪容举止，说话的声音、声调等多方面观察识别人，把握人的内心世界、内在本质。传统的典籍如《吕氏春秋》《逸周书》等在这方面的论述颇多。

《吕氏春秋》提出了对内用“六戚四隐”，对外用“八观六验”的方法识别人才。“六戚”即父、母、兄、弟、妻、子，“四隐”即交友、故旧、邑里、门生。也就是说要看被观察者对“六戚四隐”的态度是否符合孝悌礼仪。《吕氏春秋》的《论人》篇中提出的“八观”方法是：“凡论人，通则观其所礼，贵则观其所进，实则观其所养，听则观其所行，止则观其所好，习则观其所言，穷则观其所不受，贱则观其所不为。”即命运通达时观其宾礼什么人，对地位显贵者观察其推荐什么人，对富贵者观察其是否养贤，对发表主张的要观察其行为是否实践仁道，观察被观察者的喜好是否仁义，观察其学习时是否言道，观察其穷困时是否接受不义之财，观察其贫贱时是否不做非义之事。《吕氏春秋》的“六验”法：“喜之以验其守，乐之以验其僻，怒之以验其节，惧之以验其特，哀之以验其人，苦之以验其志。”即，使其兴奋以考验其能否冷静，使其娱乐以考验其是否回避不正之风，使其发怒以考验其能否控制自己，使其恐惧以考验其是否有胆量，使其悲哀以考验其是否有真情，使其劳苦以考验其是否不变其志。

“八观六验”的方法主旨是把人放在各种复杂情景，包括顺境、逆境、普通场合、特殊场合，以贫富、贵贱、喜怒等人生际遇来全面测定评价一个人的品德、才学、志趣、意志等。“六戚四隐”这种方法旨在通过考察一个人能否正确处理同“父母兄弟妻子”以及“交友故旧同乡同宗”之间的各种社会关系，来检验一个人的个性品德。

《逸周书·官人解》中还提出以社会地位来观察人，有“富贵者，观其有礼施；

---

① 《逸周书·官人解》。

贫贱者，观其有德守；嬖宠者，观其不骄奢；隐约者，观其不慑惧”。就年龄观察人，“其少者，观其恭敬好为而能悌；其壮者，观其廉洁务行而胜知；其老者，观其思慎而益强”。

孔子在《为政篇》中说：“视其所以，观其所由，察其所安。”即考察个人所交的朋友，观察他为达到目的所采用的手段，了解他的心情，看他安于什么，不安于什么。

3. 用旁敲侧击法以判断人才

旁敲侧击法是测试者对被测之人输入某种信息，使被测者作出相应的反应，以此来考察被测者。它与现代西方的“模拟测评”有异曲同工之妙。

庄子在自己的著作中就提出了发现“贤人”与“不肖者”的途径及方法：

第一，远使之而观其忠。委托他们远离领导者独立地完成一件工作时，看其是否骄横跋扈、心存二心、自行其是、以下抗上。

第二，近用之而观其敬。到领导者身边工作兢兢业业，时间一长，特别是没有得到很快升迁时，工作就随便起来，对领导布置的任务也不当一回事。

第三，繁使之而观其能。加大工作量，以检验一个人的才能。

第四，猝问之而观其智。以突然袭击的方式考问下级，考察下属是否机智、思维敏捷。

第五，急期之而观其信。领导者让下属在较短的时间内完成一件工作，以考察下属是否言必信、行必果。

第六，委之以财以观其仁。托付他大量财物，看其是否是仁人君子。

第七，告之以危而观其节。看其能否临危不乱以考察其节守。

第八，醉之以酒而观其行。当一个人喝醉了酒，可从酒德看其品德。

第九，杂之以处而观其色。男女混杂，鱼龙混杂，观其贞操欲望，是否会随波逐流。①

在《逸周书》中也提道：“设之以谋以观其智，示之以难以观其勇，烦之以事以观其治，临之以利以观其不贪，滥之以乐以观其不荒，喜之以观其轻，怒之以观其重，醉之酒以观其恭，从之色以观其常，远之以观其不二，昵之以观其不狎，复征其言以观其精，曲省其行以观其备。”②

诸葛亮认识到人的表里常不如一，温善可能虚伪，恭敬可能藏奸，外勇内怯，关键时刻变节等，很难明察。于是他提出从七个方面入手了解个人，“一曰：间之以是非而观其志；二曰：勇之以辞辩而观其变；三曰：咨之以计谋而观其识；四

① 《庄子・杂篇・列御寇》。

② 《逸周书・官人解》。

曰：告之以祸难而观其勇；五曰：醉之以酒而观其性；六曰：临之以利而观其廉；七曰：期以事而观其信。”[①] 即第一，用一些大是大非的问题让他去辨别，考察他的志向、理想与信念；第二，用一些疑难问题与之辩论，使他难以回答，以了解他应付自如的能力；第三，询问他一些处理问题的办法，观察对方学识的深度和广度；第四，把祸患和危难告诉他，考察他的勇气；第五，劝他喝酒使他醉倒，观察他的本性；第六，让他面对物质利益，观察他是否廉洁；第七，用事和他相约来考察他的信用。

4. 用实践鉴别法来判断人才

这种方法是指在实践中鉴别人才素质优劣的方法。《吕氏春秋》一书认为这种方法起源于尧舜，舜禹均是在未行天子职位时，已被试用于处理社会公共事务的重职，经过试用考验合格，方可被正式禅位。先秦时，荀子也倾向于通过实践考察人才：“其取人有道，其用人有法。取人之道，参之以礼；用人之法，禁之以等。行义动静，度之以礼；知虑取舍，稽之以成；日月积久，校之以功，故卑不得以临尊，轻不得以县重，愚不得以谋知，是以万举而不过也。”[②] 墨子也主张对人的考核，要“听其言，观其行，察其所能”[③]。《周礼·地官·司徒》一篇说得更明确，用人要“考其德行，察其道艺”。

东汉王充主张“唯圣贤之人，以九德检其行，以事效考其言。行不合于九德，言不验于事效，人非贤则佞矣”[④]。宋朝王安石认为，考察测评人才，不能光靠道听途说或“私听于一人之口”，而应多对被举者“审知其德，审知其才”，同时还“试之以事”[⑤]。

因此，实践鉴别法的核心是根据“实绩”来作为选拔衡量使用人才的标准。

（三）中国的科举制对当代西方文官制度的建立产生了重要影响

中国的科举制，曾对西方各国文官制度的建立产生了重要影响。西方国家于19世纪中期开始相继实行文官制度。在此之前，英国、美国等国政坛均实行“政党分肥制”。欧美政坛以钱谋官、卖官鬻爵之风盛行。针对“政党分肥制”的积弊，英国、美国率先进行改革，效仿中国科举制，建立了独立于政党政治之外的政府官员的“考选制”。“考选制”的建立，意味着西方政治体制中官僚政治的产生。从此，西方政治精英中出现了一批不同于传统政客的，经考试进入权力体系的职业技

① 诸葛亮《将苑·知人性》。
② 《荀子·君道》。
③ 《墨子·尚贤中》。
④ 王充《论衡·答佞》。
⑤ 王安石《上仁宗皇帝言事书》。

术官僚。现代西方政体中的所谓“文官”或“公务员”主要是指这批职业技术官僚。“考选制”的实质是将“业务标准”引入政治录用，以利于统治效率的提高。西方文官制度中公务员的考核录用，在形式上也与当年中国的科举制有相似之处。现在西方国家对公务员考选中的公开竞考、多级考试、逐步淘汰等原则和方式都直接继承了中国的科举制。孙中山先生曾指出：“现在各国的考试制度差不多都是学英国的，穷流溯源，英国的考试制度还是从中国学过去的。所以，中国的考试制度，就是世界上最好的制度。”①

二、古代人才测评机制的缺点

（一）“货与帝王家”的选才目标局限了测评的公正性

人才测评标准是封建的伦理道德和用人标准的产物，社会道德标准以“忠”“孝”为核心，“入则孝，出则忠”，实际强调的是对君主的愚忠。

帝王家天下，更是以人才为私有财产，人才的选拔也是自己“家”里的事，因此用人标准经常走到“唯亲”的老路上去。

（二）选材的类别标准制约了人才测评的全面性

统治者从自身的政治、军事目的出发，受重视的是统兵和治国之才。其他类别的人才，尤其是自然科学的人才长期被统治者冷落。随着社会的进步与发展，国家急需洋务、海防、路矿、制造等方面大批新式人才，这是旧的选材制度所不能胜任的。例如，科举以诗书取人，所应试者囿于八股，整日埋头于《四书》《五经》的诵读，对一切实用知识不予过问，致使祸害无穷。

（三）古代考官的人身依附和自身的腐败制约了考评的客观性

考官的人身依附使各级官吏的选才受上级官吏意向的影响和制约。人身依附是我国古代封建社会人际关系结构的一大特色。考官的人身依附使考官失去自我，同时，也失去原则，成为考评的客观性最直接的破坏者。

各级官吏的自身腐败使“买官卖官”现象成为无法逃避的瘟疫，相互传染。

（四）考核流于形式

在封建社会里，不论是对人才的选拔，还是对在籍官员的考核，虽然各朝各代

---

① 孙中山《五权宪法》。

都有严格的制度，但由于人治因素的影响，再加上官僚制度的僵化，那些曾在人才选拔中和官员考核中行之有效的制度，逐渐演变为一种没活力和弹性的僵死制度。这种僵死的制度最大特点就是一个“空壳”，毫无实质内容。即或是有内容，这些内容也与那些“空壳”的目的是背道而驰的。因此，我们说考核成了一种形式的东西。

第三节　西方的人员素质测评思想与方法

一、西方古代人才选拔素质测评思想

（一）古希腊人才选拔的思想

古希腊有众多的城邦，每一个城邦都是以城邦为中心，周围有多少不一的乡镇。雅典和斯巴达后来发展成为最大的两个城邦。但作为贵族共和政体的斯巴达城邦与民主共和的雅典城邦，他们的人才标准是有很大差异的。

斯巴达人才标准是身体剽悍，忍耐苦劳，遵纪守法，勇猛善战。通过五项竞技运动（赛跑、跳跃、掷铁饼、投标枪、角力），军事游戏和军事训练来提高城邦人员的素质。教育方法采取锻炼，十分严酷。

雅典人才标准要求身心和谐发展，即有健康的体格，高尚的情操，广泛的文化素养，能言善辩。在教育内容方面不仅重视军事体育，而且重视德育、智育和美育。教育方法虽也注重训练，但比较温和。

而在众多的古希腊思想家中，苏格拉底、柏拉图、亚里士多德提供了丰富的有关人才的思想。他们的这些思想为后世的人才思想所吸纳。

苏格拉底（Sokrates，前 469 年—前 399 年）是古希腊著名的思想家、教育家。他提出人才首先应当具备“美德”，认为美德的本质就是知识，要使人们自觉地用理智认识永恒不变的道德，就要使人学会清晰的、无偏见的思维的方法，这就是他称之为的“知识助产术”——通过启发式谈话使人获得一般性概念的归纳法，包括提出问题、激发思维和修正错误、归纳概念两个步骤。

他有一个非常著名的命题：“美德就是知识。”即是说，一个公正的人，一个品行高尚的人，就达到了善的境界，就掌握了公正、正义的原则，而这也就是掌握了知识。只有这样的人才能掌握治理国家的技艺。

柏拉图（Plato，前 427 年—前 347 年）是古希腊著名的思想家。他认为人才应“具有良好的记性，敏于理解，豁达大度，温文尔雅，爱好和亲近真理、正义、勇敢和节制”①。

柏拉图发挥了当时希腊人广为接受的所谓“四德”说。该学说认为，一个人的美德包括四个方面，即智慧、勇敢、节制和正义。不过，柏拉图认为每个人多少不等地都具有这四种美德。例如，哲学家具有特别多的智慧，军人具有较多的勇敢。至于节制，它比较广泛地分布于社会各个阶级，分布于全体公民之中，它是天生优秀的和天生低劣的部分在谁应当统治、谁应当被统治这个问题上所表现出来的协调性和一致性。换句话就是，柏拉图要求哲学家有智慧，要求军人勇敢，要求全社会，其中特别是生产者阶级节制。如果各个等级都安分职守，国家就会井然有序，这样，第四个美德即正义自然就会实现。

亚里士多德（Aristotle，前 384 年—前 322 年）是古希腊百科全书式的学者和思想家。他强调人才的“道德”“公正”“中庸”“适度”“勇敢”等品格。他认为，这些品格是通过一系列的“净化”活动来完成的。这些活动包括音乐诗歌、文学、绘画、体育、读、写、算等学习和训练活动。

（二）西方近代的人才思想

经过文艺复兴时期，人们对人才的认识有了新的发展：人才应具有健康、协调、敏捷的身体；具备不同的知识，如文法、文学、历史、修辞学、逻辑学、伦理学、算术、代数学、三角法、几何学、地理学、植物学、动物学、物理学、机械学、化学、音乐等。并且对人才的类型也有了新的认识：有社会责任感的国家官吏和引领人们精神世界的教会领袖，也有兴办工商业的企业家等。

西方近代的人才思想在此基础上发展起来，形成了与资本主义社会发展相适应的人才观。以下，我们介绍洛克与卢梭的人才思想。

洛克（John Locke，1632—1704 年）是 17 世纪英国著名的哲学家、政治家和教育思想家。洛克所谓的人才就是“绅士”。绅士是有才干的，是善于处理事务的人，“绅士需要的是实行家的知识，合乎他的地位的举止，同时要能按照自己的身份，使自己成为国内著名的和有益国家的一个人物”②。

一个绅士的各种品性之中，“德行是第一位，是最不可缺少的；他要被人看重，被人喜爱，要使自己也感到喜悦，或者也还过得去，德行是绝对不可缺少的”③。

---

① 柏拉图：《理想国》，商务印书馆 1986 年版，第 233 页。

② 洛克著，傅任敢译：《教育漫话》，教育科学出版社 1999 年版，第 78 页。

③ 洛克著，傅任敢译：《教育漫话》，教育科学出版社 1999 年版，第 119 页—第 120 页。

"第二种美德是良好的礼仪"[①]。礼仪是一个有教养的绅士不可缺少的品质。洛克强调，作为一个绅士，"容貌、声音、言词、动作、姿势以及整个外表的举止都要优雅有礼"；他既不"忸怩羞怯"，局促不安，也不是行为不检，轻漫无礼；既尊重别人，也不轻视自己；谦逊温和，明达事理，给人以好感，与人合得来。洛克认为礼仪"具有效用"，它可以使一个绅士"获得一切和他接近的人的尊重与好感"，在社会活动中取得成功。洛克说："美德是精神上的一种宝藏，但是使它们生出光彩的则是良好的礼仪"[②]，所以也应自幼加以培养。

他提出了一个人才应该具备理智、礼仪、智勇、果敢、节制、公正等品德，同时也要具备阅读、写字、绘画、语言、文法、本国语文、法文、拉丁文、算术、几何、地理、天文、自然哲学、伦理学、年代学、历史、法律、速记等知识和技巧。此外，还要具有骑马、击剑、舞蹈、木工、园艺、农业等知识和技艺。

卢梭（Jean Jacques Rousseau 1712—1778年）是18世纪法国启蒙运动的著名思想家，反封建的勇猛战士。他认为，人才不是那些为不合理的社会制度、宗教、传统偏见以及人为的文化教育的影响下，善良本性全毁坏了的人。真正的人才是服从自然的永恒法则，顺应人的天性发展而成长的自然人。卢梭认为："出自造物主之手的东西，都是好的，而一到人的手里，就全坏了。"[③] 人性也是这样，自然赋予人类自由、平等、博爱的善良本性。

真正的人才就是这种自然人，不是原始社会的野蛮人，而是身心和谐发展的人。他具有以博爱和人道主义为中心的善良的感情、正确的判断和良好的意志；道德高尚，体魄健康，心智发达，处事干练。他完全可以适应发展变化的客观环境，不必固定于某一特定的地位、阶级或职业。他绝不是寄生坐食而行为邪恶的暴君和歹徒，而是一个消除传统偏见，能够从事生产劳动而自食其力的人。他操作像个农民，而思考则如思想家。总之，他是一个全新的人，一个资产阶级社会的新绅士。

当然这种人才还应具备对生活有实际用处的知识，包括物理、化学、天文、地理、农业和手工业生产劳动的知识；学习使人明达事理的有关人和人的关系、有关社会制度、有关人类道德和有关人类历史发展方面的知识。

① 洛克著，傅任敢译：《教育漫话》，教育科学出版社1999年版，第124页。
② 洛克著，傅任敢译：《教育漫话》，教育科学出版社1999年版，第125页。
③ 卢梭：《爱弥儿》上册，商务印书馆1978年版，第91页～第92页。

二、西方文官制度及其测评思想

（一）西方文官制度的建立与演变

“文官”（civil servant）一词，在英文中原指英国由国王任命，专职部门发给证书，进行文职工作，并由国王和议会直接发给报酬的文职服务人员。英国文官制度建立以后，专指经过公开考试，择优录用，无过失、长期任职的国家公务人员。

西方的文官制度最早诞生于英国。1805 年英国财政部设立了常务次官（事务官），此后的 30 年间各部纷纷效仿，成为定例。

1830 年以后，英国政府官员就正式分成了两大类：第一类是政务官员，第二类是常务官员。前者与内阁共进退，后者不与内阁共进退。

1853 年，英国议会为了改革国内的政府机构低效、腐败的弊端，对当时表现优秀的海外领地东印度公司进行考察，派麦考来组织委员会调查东印度公司职员的任用制度，调查后形成了《麦考来调查报告》，其基本思想是公开竞争考试。值得注意的是，东印度公司职员任用制度的建立，借鉴了当时中国的科举选拔制度。第二年（1854 年），财政大臣委托屈维廉调查人事行政状况，拟成《屈维廉－诺斯科报告书》（以下简称“报告书”），即《关于建立英国常任文官制度的报告》。报告的基本思路是将事务官与考试联系起来，即凡欲担任事务官必须经考试录用。

1855 年，新上台的帕麦斯顿政府依据报告书拟成《关于录用王国政府文官的枢密院令》。到 1870 年，英国文官系统最终形成，是当时最早的文官体系。

1883 年美国颁布了《彭德尔顿法》（《文官制度法》），该法规定事务官的录用必须公开考试，择优录用，故“彭德尔顿法”被看作是美国公务员确立的标志，同时也标志着美国文官制度的形成。

英国文官制度的确立为其他资本主义国家的国家公共服务人员制度的建立提供了范本，各国相继效仿。这种制度中的国家公务人员，在法国称“公务员”，美国称“政府雇员”。由于英国文官制度在西方国家中建立最早，影响较大，因此，西方国家的公务人员制度都效仿它称文官制度。

西方文官制度的演变，大体经历了君主专制的“恩赐制”时期、资产阶级权贵的“个人赡徇制”“政党分肥制”时期和现代西方“公务员制度”时期。

“恩赐制”时期，公务员的录用、考核和晋升，主要决定于君主和庇护人的个人判断或者私人关系，而不是公务员的个人工作才干和绩效。在这样的社会风气下，公务人员的公共精神遭受亵渎，很难树立工作使命感和职业荣誉。

西方公务员制度的“个人赡徇制”是当权者将国家官职作为个人赡恩徇私、私相授受的赠品给予亲戚朋友的用人制度。1688 年英国确立了君主立宪制政体。由于当时尚无制度化的官员制度，议会和国会共同控制的官员任免制度不能摆脱恩赐制的影响，以致任用私人和卖官鬻爵的现象大量出现，政府的官职成了个人私相授受的赠品。1776 年—1829 年，在美国建国之初的 50 多年中，其官员制度基本上也是“个人赡徇制”。

“政党分肥制”是执政党把官职作为战利品，合法地进行“肥缺分赃”的政治制度。“政党分肥制”产生于 19 世纪后期，随着议会制的发展，政党政治也进一步成熟。伴随着执政党的更替，便引起政府官员的大换班。由于“政党分肥制”任人唯亲，不问其是否胜任，其官员随所属政党的胜败而进退，因此造成用人不当，行政效率低下，政府浪费严重，官吏贪污舞弊，党派倾轧，政党斗争激烈。由于每一次选举后便发生一次人事大变更，就使得国家行政管理混乱，政治不稳定。典型的“政党分肥制”是在美国出现的。美国第二任总统亚当斯在去职前几小时任命了大批官员。（“午夜任命”）这就有了分肥制的萌芽。1829 年，美国总统安德鲁·杰克逊更大规模地实行了分肥制，在其任职期间（8 年）更换了五分之一的政府官员。此后愈演愈烈，新总统一上台，大小官员几乎被总统的同党全部更换。

现代西方“公务员制度”是西方资本主义国家由法律、法规、政策规定的有关国家公务人员考试、任用、考核、奖惩、培训、工资、待遇、晋升、调动、离职、退休、职位分类、管理机构和体制等具体内容的总称。它是资本主义国家政治制度的重要组成部分，也是最新发展的西方文官制度。

（二）文官的分类

文官一般分为政务官和事务官。

（1）政务官是随着政府更迭而进退，以自己所属政党在竞选中的胜败为转移的行政首脑，包括经民选、代议机构选举或经由代议机构同意任命的政府首脑、内阁阁员、部委主要长官及由他们直接委任的官员。政务官掌握着行政机关的决策权和领导权，负有决策、计划、协调、组织、监督等重要行政职责，并以宣传和推行执政党的政策和主张为己任。任职需顾及其政治背景、党派关系、政治主张等因素，不必注意特殊的专业知识和专业能力，实行任期制。

（2）事务官是政府的中下级公务人员。他们经过公开考试，择优录用，不受执政党和政府更替的影响，非违法失职，不得任意撤换，受文官制度保护。事务官负责为行政决策机构提供咨询、草拟文件、设计方案、执行决策、管理日常公务等，实际操纵着行政机构的运转。他们需要有从事行政的专业知识和能力。

（三）文官的录用与考核

1. 文官的录用

文官的录用主要是采取考任制，还有选任制、委任制、聘任制等。第二次世界大战后，西方文官制度普遍重视功绩、实效、能力和专业化；强调文官中通才和专才两种标准互补，博专结合；实行低级文官重专才，高级文官重通才的任用方式；还实行试用期考察制度。

英国的文官考选制度如下。

（1）考选机关。文官考选原由各部临时组织的考选委员会主持。考选委员会由文官事务委员会及有关部门各派代表 1 人组成，以文官委员会代表为主席。他们对应试者进行资格审查和考试。1945 年政府对考选机构进行了改革，在文官委员会下设两个常设机构：考选委员会，主持资格考试及个人品能测验；终选委员会，主持口试或面谈。

（2）考试种类。公开考试，凡年龄和资格符合规定的人都可以报名参加，择优录取；有限资格考试，只限政府内部某类或某级在职人员参加；鉴定考试，对被提名的人员进行体格、年龄和性格等方面的考察，并举行合格考试；特种考试，指专业人员的任用考试，一般的方法是个别接见。

（3）考试方法。在实行考选制度早期，考试以笔试为主。第二次世界大战以后，除了加大口试的比重外，还增加了心理测验和实际操作等内容。

2. 文官的考核

西方文官的考核是以实绩为依据，实绩以完成工作数量和质量的实效来考察。各国文官的考核内容和方法各有差异，但重实绩，重考评，设有专门机构统一负责则是一致的。考勤和考绩，以考绩为主，进行年度的定期考评。第一次世界大战前，考核与晋升权完全掌握在各部部长手中，文官无从表示意见。文官委员会对此也无权干涉。1920 年，政府正式在各部设置晋升委员会，专门管理公务员的定期考绩及决定废黜等事宜，以做到各部考绩晋升方面的公正无私。晋升委员会包括各部的人事管理分处主任、有关部门负责人以及其他有经验、有资历的官员。委员会所拟定的考绩处置办法，须呈报部长核准后才能实施。现行的考绩方法是考察报告制，晋升委员会根据文官的考绩报告表和有关材料，对其进行考察与评定。评定后，呈报部长核定执行，考核结果不公布。但成绩不良者，由机关通知本人，并说明理由，本人如认为评定不当，可向部长提出申诉，请求纠正。

考绩因素包括 10 项：工作知识、人格性情、判断力、责任心、创造力、可靠性、机敏适应性、监督能力、热心情形、行为道德。考绩评分分 5 等：特别优异者为 A，优良者为 B，满意者为 C，平常者为 D，不良者为 E。考绩结果通常只作为晋升的参考。

（四）文官的培训

一般也有法律和法规加以确定的文官培训，如美国国会 1958 年通过《政府雇员培训法》，法国 1971 年颁布《继续教育法令》等。文官接受培训既是权利也是义务。其形式包括职前培训、在职培训、高级文官培训、专业培训、政策培训、新技能培训等。各国建立有专门负责文官培训的机构，如英国 1968 年建文官部，成立人事管理培训司；美国 1978 年建人事管理局，设培训局。文官培训机构各有不同，如法国国立行政学院专门培训行政官员和准备进入政府的官员，巴黎综合工艺大学专门培训文职技术人员，日本国家公务员进修中心、美国联络执行官学院都为该国培训了大量文官。

（五）西方文官制度的主要弊端

其弊端主要表现为：①政府行政效率较私营企业低；②机械式工作方式和通常论资排辈的晋升方式往往压制人才；③文官弄权，不负责任，往往使政务官左右为难；④有权势的文官集团在社会上形成了受到特别保护的利益集团。

三、西方现代人才测评思想与技术

西方现代人才测评思想与技术发端于西方现代心理测量，开始于 19 世纪，最初源于教育实践中鉴别智力障碍儿童的需要。在西方一些国家，工业革命成功后，对劳动力的需求急剧增加，工厂大量采用童工，许多地方官与工厂主约定，每雇 20 个童工，必须带一个智力障碍者。如何鉴别智力落后儿童呢？人们发现，单靠长期观察和社会公认是不够的。另外，19 世纪社会上对智力落后和精神失常者实行人道主义，在欧洲和美洲开设了一些护理精神病人的特别医院，因而急需确定护理标准和客观化的分类方法。在大量的需求和心理学发展的情况下，19 世纪 80 年代至 20 世纪前 10 年，心理测验逐渐兴起。

最有名的是测量智商的比奈－西蒙量表（Binet-Simon Scale）。这一量表是世界上第一个标准化的心理测验，由法国心理学家比奈和医生西蒙于 1905 年提出。比奈被称之为心理测验的鼻祖，他从智力本身（包括智力的外显操作结果）入手加以研究，找到一条正确的道路。1903 年，比奈的《智力的实验研究》问世。比奈在此书中所讲的智力是广义的，它包含一切高级心理过程，表现在推理、判断以及运用旧知识解决新问题的能力上。他尝试使用一些测验任务，如词语填充、图片解释等来测验他的考察对象。他与另一志同道合者西蒙合作，终于完成了世界上第一个智力测验量表——比奈－西蒙量表（Binet-Simon Scale）。1905 年他在《心理学年报》上发表的《诊断异常儿童的新方法》一文中详细介绍此量表，故也称此量表为 1905 年量表。在 1908 年和 1911 年，他又连续两次对此量表加以修正，史称为 1908 年量表和 1911 年量表。

在美国，当时有好几种不同的比奈－西蒙量表修订本相继问世。其中最著名的首推斯坦福大学教授刘易斯·推孟（Terman）在 1916 年指导修订的，即著名的 S－B 量表（Stanford-Binet Scale）。

两次世界大战对心理测验的发展起了很大的推动作用。1917 年，美国为了防止智商低和不合格的人进入军队，并让智力优秀者进入技术性较高的军种，最先把智力心理测验应用于军队以挑选士兵。由于比奈－西蒙量表及其各种修订版本都属于个别测验（Individual Test）类型，亦即每次仅能施测一位受测者，量表中许多题目的施测都需要受测者作出口头反应或必须操作一些测验材料，因而这种测验并不适合进行团体施测。此时，与愈来愈迫切的实际需要相适应的"团体测验（Group Test）"就应运而生了。

1917 年第一次世界大战，随着美国宣告参战，许多心理学家参军并开始为战争服务。他们认为选拔和分派官兵的任务必须考虑到他们的不同智力水平。不过军队有一百多万人，要实现这一想法，只能采取大规模的团体施测方法，为此编制出《陆军甲种量表》。后来，他们又发现士兵的文化水平不同，影响到测验效果。于是，对那些不会说英语的或文盲的被测者另外编制出了非文字的《陆军乙种量表》。这样从 1917 年 3 月至 1919 年 1 月间，共有 200 多万官兵参加了测试，并取得了令人满意的成效。在这个测试的基础上，第二次世界大战期间，军方还编制了专门的陆军智力心理测验 AGT 和海军智力心理测验 NGT。

第一次世界大战后不久，用于测量官兵一般智力的陆军甲种测验和陆军乙种测验被迅速应用于美国社会，心理测验由此名声大振。这样，在 20 世纪 20 年代，心理测验运动出现了狂热的势头，为各个阶层、各种人群设计的智力测验不断出现。同时，根据工业部门的人才选拔和安置工作需要以及职业咨询的兴起，心理学家又开始编制各种职业能力倾向测验，主要包括音乐、文书、机械和艺术等方面的特殊能力倾向测验。在把职业选择与个人特点相结合方面，美国学者斯特朗（E. K. Strong）作出了重要成绩，他于 1927 年编制出版的世界上第一个职业兴趣测验"斯特朗男性职业兴趣量表"至今还受到重视。

从用途上看，第二次世界大战前，心理测验在各级学校、军界、政府机构和工商界的使用，主要是在筛选、分类、辅导和预测诸方面；而第二次世界大战后，心理测验的使用更为广泛，一些主要的心理测验，如韦氏智力量表、罗夏墨迹测验、主题统觉测验、明尼苏达多相人格量表、班达完形测验等一时几乎成为心理论断不可或缺的工具。到了20世纪60年代，心理测验在美国的风行达到一个全盛时期，每年接受各种测验的人数已以数百万计，社会上一般人对心理测验也逐渐有了一些粗浅的认识。同时，心理测验经过多年来大量的使用，其功能上的利弊也逐渐显露出来。如在对不同民族文化的被测试者实施团体智力测验时，常常会遇到跨文化的问题；心理测验的结果往往会给被测试者贴上一张标签，以致对一些被测试者的智力和人格发展产生了不良的影响以及心理测验的信度和效度问题等。

这种批判也促进了心理测验本身的反省和发展。20世纪70年代以来，心理测量学者在测验的理论、编制和实际应用上力求突破，而且已经有了显著的成就，使心理测验的发展迈入了一个新的阶段。

第四节 当前素质测评方法发展趋向

随着社会的进步，人才测评已被广泛地应用到各个领域。20世纪五六十年代以来西方人才测评思想和方法日新月异，开发了名目繁多、内容丰富的测评技术，主要有智力测验、能力测验、性向测验、成就测验、情境模拟等。

现在，无论政府机关选拔公务员，还是公司企业录用新员工，抑或个人进行职业生涯设计均要实施严格的测评。据美国人力资源协会有关资料报道，发达国家50%的企业是通过人才测评来选拔应聘者。

从20世纪四五十年代开始，心理测量学家们把目光转向在实践中评价求职者的“岗位适合度”。也就是说，人们从此开始越来越重视人职匹配。通常为了达到这个目标，心理学家需要事先对求职者进行一次简单的诊断面谈，然后进行一系列纸笔测验，通常包括能力倾向测验、投射性测验。

20世纪60年代以后，“评价中心”技术在许多大公司开始应用，使得测评对象不仅仅是以普通员工为主，而且扩展到中高层管理人员。由于“评价中心”技术综合运用了测验、面试和情境模拟技术，使测评效果比原来更加可靠和有效。有研究表明，用“评价中心”选拔出来的经理，工作出色的人数比用一般标准选拔出来的经理中的出色者多50%。通过“评价中心”测评而获得较高评价的人比获得较低评价的人更容易得到晋升。就以美国电报电话公司（AT&T）为例，他们在对一批经理候选人进行评价后，把结果保留了下来，8年后，再把结果与实际情况进行核对，发现以前预测会升迁的候选人中已经有近64%的人被提升为中层主管，以前预测不晋升的候选人中，只有32%的人上升为中层主管。由于“评价中心”的有效性较高，目前此技术已成为西方评价各层管理人员的主要技术工具。

近几十年来，随着测评工作更加专业化，西方出现了许多专门提供人才测评服务的公司，他们把人才测评技术应用于人力资源开发的各个领域。

综上所述，我们可以看到，人才测评技术在西方已得到广泛而深入地应用，人才测评在西方已形成一个产业。就以美国为例，每年仅人才测评服务的直接收入已达到十多亿美元之多，如果包括与测评服务相关联的咨询和培训费用，则可达一百多亿美元。对于个人来说，在整个生活历程中，不论是升学、就业，还是晋升、考核，几乎都要经历各种各样的测试。

第五节　我国当前的人员素质测评

在我国，心理测验在 20 世纪二三十年代也已经开始应用了，但主要应用于教育领域。后来由于抗日战争而几经中断。新中国成立后由于种种原因，心理学有很长一段时间不被重视，人才测评与心理测验更是无人敢于问津的领域。从 1949 年至 1979 年，我国在人才测评技术的研究和应用方面基本处于停滞状态。从 20 世纪 80 年代人才测评技术的研究与应用重新在我国兴起，至今已四十多年了。人才测评在这四十多年里的发展过程，可以分为以下三个阶段。

一、复苏阶段（1980—1988）

此阶段的特点是从恢复心理测验开始，首先消化、吸收国外先进的测验技术和做法。着力于从国外引进传统的和现代的心理测量理论（如经典测验理论 CTT、概化理论 GT、项目反应理论 IRT 等），并积极修订国外著名心理测验量表，如韦克斯勒智力测验（WISC-R、WPPSI 和 WAIS-R）、瑞文测验、明尼苏达多相人格问卷（MMPI）、卡特尔 16 种人格因素问卷（16PF）、艾森克人格问卷（EPQ）等，以充实国内研究的薄弱和空白。1982 年，吴天敏修订出版“中国比奈测验”，林传鼎、张厚粲等修订了韦氏儿童智力量表。在人格测验方面，宋维真等修订了明尼苏达多相人格问卷，陈仲庚、龚耀先等分别修订了艾森克人格问卷。不过，这个时期心理测验的应用主要局限于教育领域，在社会经济领域的运用很少。从 20 世纪 80 年代中期起，我国心理学家开始自己编制适合中国人的心理测验工具。国内心理测验工具逐渐“中国本土化”，即由中国的心理测量学者编制适合中国人自己的测验工具。

近年来，随着研究者的重视以及在实际中应用的扩大，编制和使用量表的热潮再次兴起。

二、初步应用阶段（1989—1992）

此阶段的一个显著特点是国家公务员录用考试制度开始建立。1989 年 1 月，中共中央组织部、人事部联合下发了《关于国家行政机关补充工作人员实行考试办法的通知》，要求县级以上国家行政机关补充非领导职务的工作人员时，要按照德才兼备的标准，实行公开考试，严格考核，择优录用。从此以后，所有想加入公务员行列的人必须经过客观化考试，这标志着国家机关用人制度中开始应用现代人才测评技术。至 1992 年年底，全国 29 个省、国务院 3 个部门都不同程度地采用了人才测评方法补充人员，取得了良好效果。这使得人才测评在社会上引起人们的广泛关注。与此同时，我国在高级官员的任用中也开始借用人才测评技术。北京、上海、四川、湖南等许多省市都开始用现代人才测评技术来选拔厅局级干部，测评手段包括纸笔测验、结构化面试、文件框、情境模拟等。由于这种选拔方式比较客观公正，深受社会各界的欢迎。

三、繁荣发展阶段（1993 年—2008 年）

20 世纪 90 年代后，我国各地都普遍建立了人才市场。区域性的主要有上海人才市场、南方人才市场等大型的人才服务市场，在许多地级以上的城市也都纷纷建立起小的人才市场。这使得各类用人机构都有了相对灵活的用人自主权，个人也有了更多的择业自由和机会。人才交流的日益普遍促进了现代人才测评技术的更快发展。因为从某种意义上讲，人才市场类似于商品市场，商品交换是必须以其价值和使用价值为基础的，人才交流同样必须有价值尺度。传统的人才价值尺度是讲学历、工作经验和职称等，这些指标通常只能说明某些问题，尤其是人才在过去时间里某种状况和某些评价并不能客观准确地反映当前人才的真正价值。例如学历，它更多的是反映了一个人受教育的多少，即使它在一定程度上可以模糊地反映科技人才的价值大小，但对于管理人才的价值高低则几乎无法体现。所以，要客观准确地反映人才的价值，必须借助于人才测评技术。随着人才测评的应用需求不断扩大，新的人才测评手段不断发展，从事人才测评研究和服务的机构也不断增多。所有这些都象征着我国人才测评事业已经进入了一个繁荣发展的阶段。

四、巩固拓展阶段（2009—迄今）

在经历了前面几个阶段的发展，我国的测评理论、测评方法、测评实践又有了新的进步。在这个阶段，我国的心理测评及其行业测评都有了新的拓展。这些表现在：(1) 随着科学技术的发展。大数据的出现，给测评技术带来了前所未有的信息集束福利和压力。在收集、分析、归纳、挖掘、处置信息中促使测评技术的推导和结论更加符合实际。(2) 测评对象的扩展。以前针对个人，现在转向了个人与团队并重的测评技术。(3) 测评的理论和方法技术更加与现实的人才需求实践相结合。开发出适应各类测评的规范和框架：考试测评规范和框架、选拔测评规范和框架、考核测评规范和框架。(4) 测评主体不断壮大。除了政府测评机构，还有民间测评机构，而且还引进国际测评机构。(5) 测评行业化与商业化。这一点特别表现在对中小学生升学，大学应考方面。对学生的学习技能、知识把握、知识运用的测评上。(6) 公共测评开发方兴未艾。由于测评与现实社会的进一步结合，对公职人员的考评技术规范和运用得到发展。对党政干部、公务员、公共事业从业者的选拔、考评都陆续发展出一些工具。例如，领导干部 OSL 品德测评技术。目前这一技术正在各地运用和完善之中。

现在，心理测验已逐渐渗入我国医学界、教育界、心理学界、企业界、组织人事部门、司法部门等许多应用领域，对社会产生了重大影响。

思考题

1. 察举制度的内容与特点。
2. 九品中正制度的产生及以后造成的流弊。
3. 科举制的主要内容及其进步意义。
4. 西方古代的人才思想有哪些？
5. 西方文官制的结构和作用。
6. 现代人才测评思想与技术主要有哪些？

第二篇

人员素质测评的体系建构

第三章　素质测评的基础假设和基本原理

本章要点

1. 素质测评的四大假设
2. 素质测评的八大原则
3. 素质测评的三大主要理论来源
4. 现代素质测评中的难点及解决的前景

任何一门科学的基本原理，都是已经发现和正在发现的各种具有指导意义的法则和规律的体系。素质测评是一项系统而复杂的工作，理清素质测评的理论依据对于进行素质测评研究与实践工作具有重要意义。

第一节　素质测评的基础假设

人的素质为什么可测？它是依据什么来判断被测者素质的高低？例如，在面试中主试观察被试者，与其交谈 20 分钟～30 分钟就能知道被试者可否录用；在笔试中被试者回答几十道题，主试就能判断他素质的高低，或在测试中仔细观察被试者所做的事，就能断定他可不可以胜任所要做的工作。以上这些结论的根据是什么？也就是说，人才素质测评的科学依据是什么？这就涉及对人的认知和行为的假设。人才素质测评的基础假设主要有以下四个方面的内容。

假设一：人们面对的客观世界是可知的。人作为客观世界的一部分，同样是可知的。但由于人的心理特征具有内隐性，难以直接进行观察，只能通过个体的行为予以间接体现。

假设二：社会中的个体之间既有同质性又有差异性。不同个体的某些心理素质在特定环境中表现为某些特定的行为（先天性的条件反射行为除外）。它反映了人的外显行为与内在的心理特征有一致性，也反映了个体间的同质性。不过，每个人的素质也会存在着差异；否则，如果世界上所有人的内在素质及其外显出来的行为都是一样的，人才素质测评也就失去了意义。这种差异表现为两个方面，一是个性心理特征差异，如能力、气质和性格及其构成；二是个体的倾向差异，如需要、动机、兴趣、爱好、信念及价值观等。正是这种一致性和差异性为人员素质测评工作提供了可能性。我们将人的行为（B）与人的素质（Q）和人所处的环境（E）联系起来考察。我们发现人的行为与人的素质和所处环境有密切的关系，因此可以用公式表示为：

$$B = f(Q,E)$$

其中，B 为行为，f 为表征方式与机制，Q 为素质，E 为环境。

举例来说，一名学生看到教室的玻璃窗脏了，就主动利用休息时间将窗户擦干净了。那么，B 为擦窗户，f 为看到、主动，Q 为热爱劳动、乐于奉献，E 为教室、脏玻璃窗。

假设三：生活在社会中的人会受到环境影响，并作出相应的反应。虽然人的素质是相对稳定的组织系统，在较长的时间内不会发生质的变化。但是某个人具有的某种品质，在不同的环境刺激下会作出相对一致的反应行为。例如，一个有爱心的人，他在不同场合、不同时间，对不同的对象，都会作出善良的举止；反之，一个自私自利的人，一个胆小怕事的人，很难在关键时候做出惊人的举动（当然个别情况除外）。正是由于人的素质特征具有相对的稳定性，我们才能够根据测评的结果作出适当的推论，即从一种素质特征推测相应的行为表现，从一种情景中的表现推论更大范围的情景中的表现。这就为人员素质测评工作提供了可行性。若是将人的素质（Q）确定，那么人的代表性行为（B）总是在不同的环境的刺激下（dE），表现出相对稳定性。反之通过一个人在不同的环境刺激下的代表性行为总和，也表现了某人的特定素质。对此我们可以用公式表示为：

$$Q = \int B \times dE$$

其中，Q 为素质，$\int$ 为积分符号，即总和运算，B 为代表性行为，dE 为不同环境下的刺激变量。这个数学式表示素质 Q 在不同环境下代表性行为 B 的总和 $\int$ ，这里的 dE 强调的是有一定时间与空间范围的领域，B 即为其中具有代表性的行为。

例如，当一个人具有热爱劳动、乐于奉献的精神，那么他不仅会主动擦拭教室的玻璃窗，而且还会主动帮父母承担家务，对待有困难的人也会乐于帮助，还会热情参与社会公益事务等。这里，Q 为热爱劳动、乐于奉献，dE_1 为教室、脏玻璃，B_1 为擦玻璃窗；dE_2 为家里、忙碌的父母，B_2 为分担家务；dE_3 为面对有困难的人，B_3 为帮助；dE_4 为社会公益事务，B_4 为热情参与……

$$Q = \int B \times dE = B_1 \times dE_1 + B_2 \times dE_2 + B_3 \times dE_3 + B_4 \times dE_4 \cdots$$

假设四：现象反映本质。素质是依附与隐藏在人类个体身上的，因此它只能通过人的行为（心理的与外部的行动）来表现。虽然素质具有内在抽象性，但这种特性是可以通过收集被测试者输出的各种不同的行为信息而反映出来，进而依据测评标准作出判断。用公式可以表示为：

$$Qn = g(U_1, U_2, U_3, \cdots, U_n)$$

其中，Qn 为个体素质，U_1，U_2，U_3，…，U_n 为对测评者输入各种信息。

由此可知，上述假设一为素质测评提供了可能性，假设二为素质测评提供了必要性，假设三为素质测评提供了现实性和充分性，假设四为素质测评提供了可操作性。

第二节　素质测评的理论分析

素质测评的功能表明：第一，可以用它来选拔人才。第二，提供个人发现自己优点和缺点的一个途径，从而帮助一个人在职业生涯上发挥长处、克服短处，逐渐走上成功之路。第三，也是最重要的一点，提供了把个人前途与组织的发展相契合的可能。

从现实的组织管理实践与理论中，我们看到，要做好对人的管理，必须得知人善用。而知人善用，关键还在于有一套好的测评理论做指导。这些好的测评理论包括以下理论。

一、人员配置原型理论

人员配置原型是将人的个性特征与职业性质相匹配的模式。因为，在现实中人的个体差异是普遍存在的，每一个个体都有自己的个性特征，而每一种职业由于其工作性质、环境、条件、方式的不同，对工作者的能力、知识、技能、性格、气质、心理素质等有不同的要求。在进行职业决策（如选拔、安置、职业指导）时，就需要根据一个人的个性特征来选择与之相对应的职业种类，即进行个性特征与职业性质相配置。如果配置得好，则个人的特征与职业环境协调一致，工作效率和职业成功的可能性就大为提高。反之则工作效率和职业成功的可能性就很低。因此，对于组织和个体来说，进行恰当的人职匹配具有非常重要的意义。为了使得人尽其才、事得其人，人力资源管理者面临的最大难题是被测人员的素质怎样与组织需要的职位要求相对应与契合。这就需要我们理解和掌握人员配置的原型。以人员配置所凭借的方法为标准，大致可将人员配置原型划分为经验原型和测评原型。

（一）人员配置的经验原型

人员配置的经验原型，即根据经验的方法把人和事进行配对，并通过配对效果判断人员是否具备处理该项事物的素质。随意性和盲目性是其主要特征。一个组织在规模小、业务少、人力资源管理者比较稳定，人员配置的经验原型具有其存在的合理性。然而，随着组织规模扩大、业务增多、人力资源管理者变换频繁，人员配置的经验原型就显得不合时宜了，其随意性和盲目性的缺陷，也将随之放大。一般而言，人员配置的经验原型的弊端主要体现在以下几个方面。

1. 过度依赖人力资源管理者的经验

在日常生活与工作中，经验虽然给我们提供了处理事物及其各种关系的已有的知识与技巧。但经验毕竟是对过往的事情的一种经历和知识的积累，随着时间的推移，环境的变化，过去实用的方法，在处理现在面对的事情中不一定还能取得同样的效果。另外，经验具有明显的条件性。就人员配置来说，不同的企业和单位，其对内部人员的技能素质的评判标准是不一样的。就是同一企业或单位其内部人员的技能素质的要求，也会随着自身的发展而变化。因此旧有的经验只能为我们在面对新的人力资源管理时作为参考，而不能过度依赖。

2. 效率低、效果差，不适用于规模较大的组织

以经验原型为指导进行人员配置，一般采用两种方法：一是将人和事逐个配对，二是主观配置。显然，在组织规模较大的时候，第一种方法配置效率太低，而第二种方法虽然能保证一定的效率，但效果并不好。

假如有5个不同的工作职位，同时有5个人去求职，如果按照逐一试用的经验方法进行配置，那么相对于1号位置，5个人应分别试用一遍后才能确定最为合适的人选；假如人员与职位是一一配对，那么相对第2号职位的最佳人选，由余下的4人分别试用一遍后决定。以此类推，最后5个工作职位要与相应的5位求职者形成最佳配置，必须完成14次［（5+4+3+2+1）−1=14］试用；如果人员与职位非一一对应，则必须完成25次（5×5=25）试用后才能形成最佳配置。如果每个人试用3个月，前一种情况则需要三年半后（3×14=42个月）才能做出正式的人事安排；后一种情况则需要6年零3个月后（3×25=75个月）才能做出人事安排。如果职位数与求职人数再增加，那么人事配置周期将要再延长数十倍或数百倍。显然，人员配置的经验原型并不适用于规模较大的组织。

3. 因为人力资源管理者更换，容易导致人员配置工作缺乏连续性

在经验原型中，人力资源管理者的选才、择才经验是人员配置的核心。然而经验，有些是可以传授或转移的，有些则只能靠天赋式的感悟来获得。当人力资源管理者发生更替时，由于个体的差异，新来的人力资源管理者往往不能在较短的时间内，像原任的人力资源管理者那么熟练把握组织内的人事情况，从而导致人员配置工作连续性中断现象的发生。

比如，人力资源管理者张三在某组织从事了数十年的人员配置工作，他对组织内每一个人的生活习惯、兴趣爱好、能力素质甚至内心活动都了如指掌，他可以凭着自己的经验将组织内的人员配置工作搞得井井有条。但是，当张三因故离任，由新来的人力资源管理者李四接替其所从事的人员配置工作时，李四则需要从头开始，摸索和了解该组织内所有员工的情况，以为自己配置人事之用。可以看到，在这种更替管理人员的过渡期内，该组织的人员配置工作将会出现一定的断裂现象。

（二）人员配置的测评原型

人员配置的测评原型，即依据量化、标准化等科学方法对人员进行科学化素质测评的模式。这种测评模式的目的是，甄别鉴定所测评的对象，揭示其具备的某些素质，以便用人的组织，根据这些测评结果结合自己的用人需求来配置人员。量化和标准化是其最显著的两大特征。在一定程度上可以说，人员配置的测评原型是对经验原型的突破和创新，其与经验原型的比较优势非常突出。

1. 以量化和标准化为主要手段，更容易做到人事相宜

人员配置是组织需要与人员素质配对的一个过程，为了使其更加规范化，我们可以先对各岗位制定职位说明书，确定每个职位的职责、所要求的人员素质及技能和任职资格条件，然后对人员素质进行测评量化。如果被测试的人员具备该岗位需要的素质条件，则将其放到该岗位上，反之亦然。比如领导岗位，我们首先确定出该领导岗位的职位说明书，明确其要求的职责、管理素质、专业技能、思想道德等指标体系，然后对准备进入该领导岗位的人员进行这几方面的测评，并根据测评的成绩将最优秀的人员安排到该领导岗位上。

借助量化、标准化等科学手段的人员配置的测评原型，可以更好地将合适的人放到合适的岗位上，做到事得其人、人尽其才、各得其所。

2. 效率高、效果好，适用于规模较大的组织

在讨论人员配置的经验原型时，我们在前面计算过，5 个不同的工作职位，同时有 5 个人去求职，以每个候选人试用 3 个月计算，要逐一实验出每个岗位的最佳人选，最短也得花三年半的时间。而如果职位数与求职人数再增加，那么人事配置周期将要再延长数十倍或数百倍。很明显，这种人员配置方式只适用于人数较小的

组织，在大规模的组织中难以适用。

由于在人员配置的测评原型下，对职位已经制定了明确的职位说明书，因而测评方对那些职位的任职条件和任职素质要求有了明晰地认识。那么，进行人员配置工作的下一步就需要对目标人员进行素质测评，根据测评成绩，然后把优秀者安排到相对应的岗位上。这种量化和标准化的操作，最大限度地避免了主观因素对选才、择才的干扰，充分保证了选才、择才的公正性和准确性。

由于借助了量化、标准化等科学手段，效率在人员配置的测评原型下不再是问题。事实上，将 5 个人放到 5 个工作岗位上，只需要花上较少的时间就可以对这 5 个人进行全面的测评，并根据测评结果，将其安排到相对应的岗位上。即使职位数与求职人数再增加，人事配置周期也不会大幅拖延。例如，我国现在进行的公务员考试，就是在明确了各岗位的条件要求和素质要求的基础上，通过笔试和面试的方法，在极短的时间内选出了大量的优秀人才，安排到相应的岗位上。

3. 易保证人员配置工作的稳定性和连续性

一个健康的组织，不会因为某一个领导人的离职而衰败；同样，健康和成熟的人员配置工作也不能因为某个管理人员的离职而中断。

在人员配置的经验原型下，由于管理人员经验的个体差异性，继任者很难在较短的时间内获得前任者所有的人员配置经验，从而可能影响到人员配置工作的稳定性和连续性。

在人员配置的测评原型下，稳定性和连续性的问题迎刃而解。由于采用的是量化和标准化的科学方法，因而接手人员配置工作的继任者可以迅速地了解前任者所运用的测评方法。同时，以往测评留下的资料文献，也可以帮助人员配置工作的继任者迅速地了解组织内的所有员工情况，从而为自己从事的本组织人员配置工作做好准备。

二、角色要求

人员素质测评是对人员素质的甄别与评定，当这种方法运用于人力资源管理中时，在现实中它就与某种职业、职位和工作角色相联系了。因此，我们说某些职业、职位类别及其工作角色要求，就是一定人员素质测评的客观要求。

（一）社会分工与工作角色

人类社会发展的任何阶段，都存在着一定的社会分工问题。按现代社会的产业部门的性质和特点，一般可分为：A. 农、林、牧、渔业；B. 采矿业；C. 制造业；D. 电力、热力、燃气及水消费和供给业；E. 建筑业；F. 批发和零售业；

G. 交通运输、仓储和邮政业；H. 住宿和餐饮业；I. 信息传输、软件和信息技术效劳业；J. 金融业；K. 房地产业；L. 租赁和商务效劳业；M. 科学研究和技术效劳业；N. 水利、环境和公共设施管理业；O. 居民效劳、修理和其他效劳业；P. 教育；Q. 卫生和社会工作；R. 文化、体育和娱乐业；S. 公共管理、社会保障和社会组织；T. 国际组织。①

不难看出以上不同产业部门对任职者的素质要求是不尽相同的。即使同一产业中不同职位的任职者也有职业与地位上的差异。职业即指个人所从事的工作性质，例如，工人、管理干部、领导干部、文秘人员、公关人员、销售人员。地位，是指同一组织系统或不同组织系统中所处的不同职位位置。即使同一等级地位的人，因为职责任务及所处的环境不同，实际的工作要求也是有所不同的，这就是工作角色的差异。

由此可见，工作角色要求是进行素质测评的客观要求。担任一定工作角色的人必须具备一定的素质条件。

（二）工作角色

角色，是社会学和社会心理学从戏剧中借用的术语，它是由一定的社会地位和身份所决定的，符合一定的社会期望的行为模式。美国社会心理学家乔治·米德是最先使用“角色”一词的。

我们引用“角色”一词于工作类别之中，称之为工作角色，它是指由于特定环境与工作任务不同而形成的特定工作性质与特征，这种特定的工作性质与特征，要求担任角色的人持有相应的素质条件、态度、心理特征与工作行为模式。

同一种工作角色可以由多个人来承担，一个人也可能具有承担多种不同角色的潜能。然而，特定时空条件下，每个人所能承担的工作角色是特定的。这种特定性表现为，承担者当前素质状况，决定了存在某一个他所能承担的最佳工作角色。特定性还表现为，任何人一旦承担了某种工作角色，则相应的工作角色期望，会在很大程度上影响与引导承担者的行为素质向特定方向发展。这种影响一般是通过群体压力、社会风尚和工作职位要求与规范、公认的价值标准的作用而发生的。

显然，这种由职业、职位类别而产生的工作角色对任职者的素质要求与期望作用，提出了人员素质测评的客观要求，要求每个职位的人选都要合理配置。

（三）工作角色与素质要求

越是高级的工作角色，其相应的要求也就越高。例如，对于总工程师、总会计

① 《国民经济行业分类》(GB/T 4754—2021)。

师或企业领导来说，在性格上要求具有理智、外向、独立的素质特征，要求善于思考问题、善于与人相处、决策果断，同时对集体、对事业抱积极态度；在气质上能控制不良情绪，精力饱满，沉着而不呆板，外向；在能力上不仅具备独立解决专业问题的能力，而且有一定的管理能力，善于领导所有部属为完成组织设定目标进行有效工作。

在人员配置中，既包括宏观的客观的部门与地区配置，也包括微观的个人与职位的配置。无论哪种配置，都应借助于人员素质测评，根据每个职位工作角色的差异，选择一定数量具备相应素质的任职者。

三、素质差异

人员素质测评的直接对象是人的素质，因而人的素质是组成人员素质测评的重要因素之一。对其加以考察，我们看到人员素质中个体差异及素质与职业相关性都需要我们加以注意。

（一）个体素质差异的存在是进行素质测评的前提

心理学研究表明，个体相互间是有差异的，这种差异不仅表现在生理上、性别上与外貌上，而且更多的是体现在心理上。心理学把个体之间的差异归纳为相互联系的两个方面：其一是个体的倾向差异，包括兴趣、爱好、需要、动机、信念、理想、世界观等方面的差异；其二是个性心理特征差异，包括能力、气质与性格三大因素及其组合的差异。

任何一个人，由于其生长与工作的环境不同，所具有的生理特点与遗传素质不同，接受的教育程度与形成的素质有别，因此其所形成的个性素质也就相互不同。正是这种个体差异，才使我们的人员素质测评显得十分有意义。如果主体之间不存在差异，那么人员素质测评将无法获得有决策意义的结果，最终将失去其存在的价值。

个体素质差异的存在及其研究表明，人员素质测评在人事配置与人力资源开发中具有十分重要的作用。

（二）素质类型特征与职业

美国约翰·霍普金斯大学心理学教授约翰·霍莱特（John Holland）进行过多年研究，他认为人的个性素质基本类型有 6 种，每种类型的人都具有特定的素质特征，并且有一些特定的职业与之相适应。

（1）现实主义型或感觉思维型。其基本的素质特征为：真诚、坦率，讲求实利，有坚持性、稳定性，善于理解。该素质类型的人适宜从事手工技巧、机械、农业和电子技术的职业。

（2）调查研究型或直觉思维型。其基本的素质特征为：分析性、批判性、好奇、理智、内向、有推理能力。该素质类型的人适宜从事数学、物理、化学等科学研究工作。

（3）艺术型或直觉情感型。其基本的素质特征为：感情丰富、理想主义、易冲动、有主见、直觉强。该素质类型的人适宜从事语言、艺术、音乐、戏剧和书法工作。

（4）社会型或感觉情感型。其基本的素质特征为：富有合作精神、友好、肯帮助人、和善、爱社交、易于了解。该素质类型的人适宜从事人际关系、教育、咨询、传教、心理分析等工作。

（5）创新型或直觉思维型。其基本的素质特征为：喜欢冒险、有雄心壮志、精神饱满、乐观、自信、健谈。该素质类型的人适宜从事领导、人际关系工作。

（6）常规型或感觉思维型。其基本的素质特征为：谨慎、有效、灵活性差、服从、守秩序、能自我控制。该素质类型的人适宜从事办公室工作、营业系统的工作。

四、认知理论

如果说职业类别、角色要求与个体差异的客观存在，是人员素质测评的必要条件，那么对个体素质认知理论与实践的探索，则是人员素质测评的充分条件。

人员素质测评实际上是一种特殊的认知过程。在这一过程中，测评主体借助于某种科学的手段，从人力资源配置与管理的角度去认识求（任）职者的素质。这种认识是借助于一定的测评手段和测评标准来实现的。

（一）中国古代的人员素质测评智慧

中国古代的确不乏具备测评思想和管理智慧的人。先秦时期已有“八观六验”①。孔子提出了“视以”“观由”“察安”的方法；② 诸葛亮有“七观”法，③ 形成了听言、观行、试能的测评思想与测评方法；清代的学者魏源讲过：“不知人之短，不知人之长，不知人长中之短，不知人短中之长，则不可以用人，不可以教

① 《吕氏春秋·论人》。

② 《论语·为政》。

③ 诸葛亮《将苑·知人性》。

人。用人者，取人之长，避人之短；教人者，成人之长，去人之短也。惟尽知己之所短而能去人之短，惟不恃己之所长而后能收人之长。”[①] 这里面已经将测评的重要性讲得很明白了。

中国古代的先哲们对素质的认识积累了丰富的经验，对我国当前人员素质测评体系的完善，做出了一定的理论和经验准备。当然，对于企业管理者而言，缺少的往往不是这样的思想，而是缺少一种能操作的系统而科学的测评工具，并能从理论和操作上掌握这样的工具，用于选拔、安置、培养和发挥人才等管理环节，最终使得人尽其用，企业绩效得以提升。

（二）中国当前流行的人员素质测评认知

无论是孔子提出的“视以”“观由”“察安”方法，还是诸葛亮提出的“七观”法，都有一个明显的缺陷，就是观察者个体主观性太强，不易于把握和大范围推广。为了弥补这个缺陷，现代人又发明了一系列的素质测评量表与方法。其中，运用最广泛的当数人员素质指标测评法。人员素质指标测评法，即将胜任某个岗位所要求的人员素质进行分项细化，以指标的方式来判断人员是否具备胜任该岗位所需的素质。职业能力、职业人格、职业兴趣三大主指标及其数十个子指标，是当前比较流行的人员素质测评指标体系。

1. 职业能力测试

（1）领导能力。能对领导者的尽职能力、计划能力、组织能力、控制能力、口头表达能力、文字表达能力、统筹能力、领导能力、决策能力、开拓能力等 14 项领导者必备技能进行全面评价。

（2）管理技能。对管理人员可考察其知识面、成就倾向、性格特点、管理潜能等基本素质。

（3）个人的综合素质。考察其推理、言语、类比、运算及人格特点、职业意向、心理健康水平、事务管理能力等。

2. 职业人格

（1）实用性格特征 A。对员工的工作投入程度、领导能力、生活节奏、社交能力、工作能力、情绪调控能力、服从领导倾向等 7 个方面 20 个项目进行综合评价。

（2）实用性格特征 B。测评个人的情绪调控能力、性格内外向、团体合作精神、工作严谨性、性格豁达性，这是评价个人工作素质的重要参考指标。

（3）卡特尔 16 种人格因素（16PF）。对个人的聪慧水平、合群性、有恒性、独立性、成熟度、成就潜力、适应能力、管理能力、专业能力等方面作出了较全面

---

① 魏源《默觚下·治篇七》。

的评价。

（4）气质。了解受测者的气质类型及特点，从而提供职业决策建议。

3. 职业兴趣

（1）员工工作动力。考察员工的需要层次和具体内容并为企业提供相应的管理决策建议。

（2）职业生涯设计。通过对职业兴趣、职业价值观等的测评，揭示所适合的职业类别、工作环境和单位类别。

（3）职业心理。通过测评个人职业兴趣、职业人格及职业能力，从而了解个人的职业适应性，并提供职业生涯发展建议。

（4）事业驱策力。从工作内容、工作方式和工作结果三方面考察个人对专长、管理、创造、服务、乐群、变动、稳定、自主、工作价值、地位、安全、权利和物质报酬13项内容的重视程度。

五、管理优化

人员素质测评是现代人力资源管理中的重要技术，它利用心理学、行为学、管理学、测量学、计算机技术等多种学科的知识，对人才进行全面考察，为个人的职业生涯设计提供指导，为用人单位的人员选拔、安置和培训提供科学依据，从而真正做到“人适其事，事得其人”。

人员素质测评，目前主要是用来招聘与选拔人才，但是如果我们仅把人员素质测评局限于这两个方面是不够的。人员素质测评应向优化资源管理与动态调控的方向发展，应把人员素质测评作为一种重要手段贯穿于整个的组织管理过程之中。

应注意把人力资源管理的总目标分化为许多分级子目标，以现有的素质状况与职位要求为管理的起点，以人事的和谐、协调与实现总目标为终点，借助人员素质测评不断地反馈信息，调整行为，实现优化控制与管理。

（一）人员素质测评有助于在组织管理过程实现人员的优化组合

借助素质整体互补原则，可以充分发挥素质测评在人力资源开发与管理中的优化作用。尽管特定的职位对任职者的素质有一定的要求，但并非完全必要。某些方面素质条件的不足，可以由别的素质予以适当的补偿，基本上不影响工作任务的完成。群体素质互补的理想模式即是劳动者的优化组合。

例如，一个纺织工人一般要求同时看管多台纺织机。这种工作既需要稳定的注意力，便于发现断头，消除故障，又需要灵活的注意力，能迅速转移注意力，以利于同时照顾多台纺织机。显然黏液质的工人具有较稳定的注意力，但缺乏迅速转移的灵活性；而多血质的工人具有迅速转移注意力的灵活性，但缺乏稳定性。如果借助素质测评，把黏液质的工人与多血质的工人组合在一起共同看管纺织机，就能发挥优势互补作用，既提高了生产绩效，又有利于素质开发。

（二）人员素质测评能促进与提高被测评人员的素质与能力水平

人员素质测评过程中，是将被测评人员的特征行为与某种标准进行比较，以确定其素质的构成与水平。任何人的素质都被确定在一个相应的位置上，以表明素质结构的优劣与水平的高低。每个被测评人员的行为将基本上按照这个标准进行调整与安排。每个被测评人员都有自我尊重与上进的愿望，希望自己在测评中取得好成绩、好结果。素质测评是促使个体素质的培养与修养行为向着社会所需求的方向发展的强化手段，是从外部激发个体的内部动机，使该个体动机处于积极向上的激活心态，从而产生动力、压力与活力，激发他们素质开发的行为更加自觉，更加积极地去接受并维护测评的标准，促进与提高被测评人员的素质与能力水平。

（三）人员素质测评可以帮助组织制定出最佳可行性的人力资源战略措施

人员素质测评不仅能够为人力资源管理的各个环节提供科学依据，而且能够使人力资源的配置与调控由静态改为动态，促进人力资源的合理流动。通过人员素质测评，能够及时、全面系统地提供人力资源变化的动态信息，反映“人与事”配置的状况及科学化程度，使人力资源管理规划更加科学合理，为企、事业单位制定出最佳可行性的人力资源战略措施。人员素质测评有助于人事制度改革的深化，促进组织精兵简政，人员的优化组合。

六、开发提高

（一）推进人员素质测评的内在动力

有人认为，人员素质测评的目的在于把所有求（任）职者分成“三六九等”。实际上这是对人员素质测评目的的肤浅认识。人员素质测评免不了要对不同素质的人作出区分，但这不是人员素质测评的最终目的。真正的素质测评目的，是为开发人力资源、提高工作绩效或生产质量服务，而不是为测评而测评。

行为管理科学启示我们，通过素质测评对个体差异的揭示，按照性格的顺应和互补原则进行工作设计与人员配置，将会大大提高人事管理的效果；按照能力特长发挥与兴趣发展来安排工作，会大大激发职工的工作积极性与潜在能力。

著名的马斯洛理论①把需求分成生理需求、安全需求、社交需求、尊重需求和自我实现需求五类，依次由较低层次到较高层次。

(1) 生理需求。对食物、水、空气和住房等的需求都是生理需求。这类需求的级别最低，人们在转向较高层次的需求之前，总是尽力满足这类需求。

(2) 安全需求。安全需求包括对人身安全、生活稳定以及免遭痛苦、威胁或疾病等的需求。和生理需求一样，在安全需求没有得到满足之前，人们唯一关心的就是这种需求。

(3) 社交需求。社交需求包括对友谊、爱情以及隶属关系的需求。当生理需求和安全需求得到满足后，社交需求就会突显出来，进而产生激励作用。

(4) 尊重需求。尊重需求既包括对成就或自我价值的个人感觉，也包括他人对自己的认可与尊重。有尊重需求的人希望别人按照他们的实际形象来接受他们，并认为他们有能力，能胜任工作。

(5) 自我实现需求。自我实现需求的目标是自我实现，或是发挥潜能。达到自我实现境界的人，接受自己也接受他人。自我实现需求点支配地位的人，会受到激励并在工作中运用最富于创造性和建设性的技巧。

可见，人员素质测评对人的兴趣发展与特长发挥，在很大程度上满足了组织人员"自我实现"的高层次需要，它将作为一种强烈的"内驱力"激励着主体从事相应的活动。而这也正是推进人员素质测评工作的内在动力。

(二) 提高人员素质测评效用的六大原则

1. 要素有用原则

人力资源配置过程中，我们首先要遵循的一个宗旨，即任何要素（人员）都是有用的，配置的根本目的是为所有人员找到和创造其发挥作用的条件。

2. 能位对应原则

能位对应原则，是指人与人之间不仅存在能力特点的不同，而且在能力水平上也是不同的。人力资源管理的根本任务是合理配置使用人力资源，提高人力资源投入产出比率。

一个组织的工作可分为四个层级：决策层、管理层、执行层、操作层。

3. 互补增值原则

互补增值原则，是指组织成员有着共同的理想、事业和追求，而达到在工作中密切配合，实现 1+1>2 的工作效用。

---

① 〔美〕A. H. 马斯洛著，许金声，程朝翔译：《动机与人格》，华夏出版社 1987 版，第 40—65 页。

4. 动态适应原则

动态适应原则，是指人与事的不适应是绝对的，适应是相对的，从不适应到适应是在运动中实现的，随着事业的发展，适应又会变为不适应。只有不断调整人与事的关系才能达到重新适应，这正是动态适应原理的体现。

5. 弹性冗余原则

要求在人与事的配置过程中，既要达到工作的满负荷，又要符合人力资源的生理与心理要求，不能超越身心的极限，保证对人与事的安排要留有一定的余地，既要给人力资源一定的压力和不安感，又要保持所有员工的身心健康。

6. 气质绝对性原则

气质绝对性原则，是指有些特殊的专业要求任职者具备某些特定的气质。如果这些人的气质未能达到所要求的水平，那么有关工作就很难进行，甚至会造成重大事故。

例如，某个航空公司培训部经分析发现，快速飞行对飞行员动作的速度、灵活性和准确性要求特别高，仅飞机着陆的短短 5 分钟内，飞行员必须作出 100 多个操作动作，注视仪表达 100 多次，每次注视时间只能在 0.5 秒～0.6 秒，稍有差错就会机毁人亡。他们依据素质测评结果，以快速飞行所要求的素质水平为标准，来选择飞行员后备人员。结果其培训效果比传统的效果大大提高，淘汰率从 2/3 下降到 1/3。

第三节　素质测评的主要原则

人员素质测评是建立在比较客观的、量化的、科学测量的基础之上的，整个测评过程应遵循一些重要而基本的原则，以保证测评结果的可靠性和有效性。这些原则既是素质测评实践经验及其选拔技巧的科学总结，又是素质测评实践的思想方法。

一、客观测评与主观测评相结合

客观测评与主观测评相结合，是指在素质测评过程中，既要尽量采用客观的测评手段与方法进行测量，减少人为因素的干扰，又要重视主观性综合评定的作用，凭借人的专业知识与经验作出主观性综合评定。既要强调客观性但又不能完全依赖客观性，要最大限度地发挥测评工具客观性与测评主体主观能动性的作用，达到主观与客观的优势互补，而非简单地把它们对立起来。

实际上，人员素质测评方法的发展过程就是不断追求客观化的过程。这种客观化具体表现为标准行为化、方法定量化、手段自动化、实施统一化，但素质测评是达不到完全客观化或绝对客观化的。在测评目标体系制定方面、测评工具的选取方面、测评结果的分析评价方面都离不开测评者的主观能动性。同时，测评的客体正是人所具有的素质，因此也就无法摆脱人的主观影响，人具有的经验层次和人对文化价值态度的敏锐感受，是很难用工具直接测量的。只有将客观测评与主观测评结合起来，才能更加全面和深入地认识人的素质特征。

二、定性测评与定量测评相结合

定性测评，就是采取经验判断的方法与观察的方法，侧重从行为的性质方面对素质进行测评；而定量测评，就是采取量化的方法，侧重从行为的数量特点对素质进行测评。

任何事物都有质与量的形式，仅仅是定性测评，只能反映素质的性质特点；仅仅是定量测评，则可能会忽视素质的质的特征。此外，只从定性内容上去测评素质是不够的，往往是一种性质归类的标签化判断；而仅仅从定量形式方面去测评素质，虽然能有效反映出素质的层次、程度，但也只是一种抽象与形式化的测评。

三、静态测评与动态测评相结合

静态测评与动态测评相结合，是指在素质测评过程中，既以相对统一的方式在特定的时空下对被测评者已形成的素质水平进行分析评判，不考虑测评要素的动态变化性，又从素质形成发展的过程以及前后发展的情况进行测评。静态测评的优点是便于横向比较，易于看清被测者之间的相互差异以及他们是否达到了某种标准的要求，但容易忽视被测者的原有基础与今后的发展趋向。

动态测评则是从素质形成与发展的过程而不是结果进行测评，是从前后的变化情况而不是当前所达到的标准进行素质测评。这种动态测评有利于了解被测评者素质的实际水平，有利于指导、激发被测者的进取精神，缺点是不便于对不同被测者测评结果的相互比较。

因此，人员素质测评应把静态测评与动态测评结合起来，既要看目前所达到的水平标准，又要看过去的基础与将来发展的潜能；既要采用心理测验、考试等静态形式，又要采用评价中心、面试、观察评定等动态测评方法。因此，素质测评过程中需要将静态测评与动态测评有机结合。

四、精确测评与模糊测评相结合

精确测评，是指任何一种测评信息与任何一个评判，都力求准确可靠，不下无根据的结论，不用无依据的信息，精益求精。精确测评不一定就是定量测评，定性测评中也可以有精确测评。

模糊测评，是指测评信息的收集与素质评判并不要求那么准确，大概觉得具备某种素质就可以作出分析判断。因此模糊测评是一种大概测评、印象测评，而不一定是模糊数学测评。

精确测评与模糊测评相结合，是指在素质测评过程中，有些测评要素可以进行精确测评，这就要力求精确可靠；有些测评信息的收集与素质评判并不要求那么准确或是很难进行精确测评，这时就需要模糊测评。对于那些选拔性、考核性与区分性的人员素质测评，为了把被测对象区分开来，为了把素质的现状客观如实地反映出来，即使具有一点点差别的特征，也不应放过。为了保证测评过程的公平性与公正性，任何微小的误差都应尽量控制。有些测评要素只能作出印象判断，例如，人的口头表达能力，就很难精确测评。素质测评，如果只求精确不能模糊，那么素质测评可能无法定论；如果只求模糊不求精确，那么测评结果可能就主观随意。因此素质测评应该是在模糊之中求精确，在精确之中蕴含模糊。能精确处求精确，不能精确之处则模糊。精确测评与模糊测评相结合，也应体现在标准制定、方法选择、信息分析、结果评判与解释的全过程中。

五、素质测评与绩效测评相结合

素质测评是对一个人的德、能、识、体等各要素的测评，是一种对人力资源的测评；而绩效测评则是对实际业绩的考察评定。素质是取得绩效的条件保证，而绩效是素质高低的事实证明之一，二者互为表里。因此应该将素质测评与绩效测评结合起来，从素质测评中预想绩效，在绩效考评中来验证素质。

六、要素测评与行为测评相结合

要素测评，是指素质结构的要素测评，例如品德素质结构中的忠诚、正直、热情等，可以说就是品德结构中的一些要素。相对具体的行为来说，这些要素往往是对素质的理论演绎或分解，它具有抽象性、概括性与综合性。日常生活中人们一般不再对这些要素作进一步的分解而直接就进行评价了。与此相对应的则是行为测评，这里的“行为”是心理学的概念，它包括了心理活动，也指人们表现在外部可视其他人感知的行为。行为是素质最具体、最表层的形式。任何一种素质表现出的行为都是大量的、独立的和具体的。要素测评与行为测评对素质测评来说是相辅相成的。有要素测评没有行为测评则是空虚的，有行为测评缺乏要素测评则是琐碎而无意义的。

七、分项测评与综合测评相结合

分项测评，即把素质分解为一个个的项目分别独立地测评，然后总和；所谓综合测评，则是综合素质的各个方面进行整体的、系统的测评。所谓分项测评与综合测评相结合，是指在素质测评过程中，既把素质分解为一个个的项目分别独立的测评，又对综合素质的各个方面进行整体的和系统的测评。

人的素质是一个相当复杂的系统，由每一个分项组成，且系统高于各个分项之和。每个素质分项又具有独特表现形式，可以通过一定的方法进行测评。对素质系统进行必要的分解，逐项测评，有助于研究的细化，提高测评的准确性。但在进行分项测评时，不能将某种行为视为某一分项要素的体现，而是多项素质特征的综合表现。同时，素质被分解为一个个要素之后，不少整体特征可能因此而损失。尽管最后总和相加，但这无法恢复整体特征的原样。因此，素质测评应该分项测评与综合测评相结合。

八、素质测评与资源开发相结合

素质测评不是目的，它只是一种手段，如果我们只是对人的素质进行测评而不再进行针对性的开发，那么这就像一个医生只给病人看病却不给开药治疗一样，素质测评的相当部分信息被浪费，最终，素质测评也只成为一种没有实际社会积极作用的形式而已。相应的，如果人才资源开发不以人才素质测评为基础，那么开发很容易盲目行事，造成事倍功半，得不偿失的后果。因此素质测评应该与资源开发相结合，扬其所长，避其所短。精心测评，指导培训，解决问题，合理配置，合理开发。

第四节　素质测评主要理论来源

人员素质测评是在总结和继承我国传统人事考核的成功经验、吸取国外心理智能测评有益成分的基础上，结合当前我国的具体情况，逐步形成的对人员素质进行测评的方法。这种方法是建立在理论基础上的，因而具有科学性。人员素质测评的主要理论依据有心理学、系统论、数学等学科的知识。

一、心理学原理

人员的素质虽然涉及个人能力，但它大都来自潜藏在人体内的各种心理品质的集合，因此，心理品质就成为人员素质测评的主要对象。心理学是研究人的心理现象（包括心理品质等）及其规律的一门科学。因此，心理学必然是人员素质测评的理论基础之一。

心理学认为，人的心理品质是可知的。虽然人的心理品质属于意识范畴，是不能直接为人们所感知的，具有较强的隐蔽性。但人的心理品质，同时还具有外露性的一面，即人的各种心理品质总是通过其行动表现出来，通过对人的行为活动的观察，可以间接地对人的各项心理品质进行测量和判断。人员素质测评就是基于这个原理，对人的素质进行测评的。

心理学认为，人的心理品质是可以测量的，人与人之间，心理品质的各方面都存在着水平上的差异。例如，在表达能力上，有的条理分明，优美流畅；有的却颠三倒四，语无伦次。对于人的不同水平的心理品质，我们可以按照一定的法则，指派不同的数字，使各种水平的心理品质均可通过不同的数字表示出来。心理测验就是根据这一原则，对人的心理品质进行测量的一种有效方法，人员素质测评就是采用心理测验的方法进行的。因此，在整个测评过程中，要严格按照事先规定的程序进行测评，保证所有测评者在完全相同的条件下接受测评，以便尽量减少无关的偶然因素对测评结果的影响；要按统一的客观标准给予评分，以减少评分者个人的主观偏见的影响；测评的量表要有一定的信度和效度等。

心理学认为，人的心理品质的各个方面在每个人身上都不是任意堆积的，而是依据一定的结构所组成的。

因此，要全面、准确地了解一个人的素质，就必须以心理学的理论为依据，从个性心理品质的结构入手，来确定所要考察的素质内容及其表现形式。人员素质测评中的品德、智力、能力、绩效等几个结构，就是以个性心理品质的几个组成部分为依据来确定的。例如，在人员素质测评中，我们依据个性心理品质中的个性心理倾向和性格特征两个部分，确定了素质结构中的品德结构所含的内容及其表现形式（如事业性、纪律性、工作作风等）。依据个性心理品质中的能力特征的两个方面：一般能力和特殊能力，分别确定了素质结构中的智体结构和能力结构的内容及其表现形式，进而又在品德结构、智体结构和能力结构等潜在素质的基础上，确定了表现其各项潜在素质发挥水平的绩效结构。这样，我们就以心理学的个性理论为依据，对测评所需的人员素质各结构进行了总体设计。

二、系统论

系统论是20世纪50年代，在现代科学技术基础上发展起来的一门新兴的管理理论。它把要管理的对象看作是一个系统，并用系统分析的方法进行管理和控制。多年的实践已经证明，运用系统思想和系统方法，对各项事业实施管理，能收到明显的成效。人员素质测评是一项对人的管理活动，同样，只有以系统论作为方法论基础，才能科学地实施人员素质测评，并获得理想的测评结果。

系统是由两个以上的有机联系、相互作用的要素所组成的具有特定结构和功能的整体。其中各个要素可以是单个事物，也可以是一群事物组成的分系统，每个分系统可以成为一个更大规模系统的一个组成部分。由此可知，一个管理对象可能是一个复杂的系统，它可以包括若干个分系统，分系统还可包括若干个子系统，形成了系统的多层次结构。人员素质测评所使用的各类人员的素质量表，是由德、智、体、能、绩五个方面的素质组成的一个复杂的系统，它包括政治（品德）分系统、一般能力（智力）分系统、特殊能力分系统、情感分系统、工作成效分系统等，每个分系统还包括若干个素质，是一个多层次结构的人员素质系统。若以X表示人员素质系统，那么我们就会得到：

X=$\int$政治（品德）系统、一般能力（智力）系统、特殊能力系统、情感系统、工作成效系统。

人员素质系统内部结构规定了整个系统的性质和功能，而且其性质和功能又制约和影响着各个分系统。

组成人员素质系统的各分系统和各个素质都具有相对的独立性和特殊功能；同时，相互间又存在一定的有机联系，具有总体的配合性与制约性。政治（品德）结构是一个人思想行为的总和，是人员最本质的特征。一般来讲，只有具备了社会主义思想觉悟，有全心全意为人民服务的高尚情操，才能较好地将智能发挥出来，取得较好的成效。一般能力，即智力，是各类人员完成一切活动必须具有的能力。从事某种专业活动所必备的能力的综合。如数学能力、文学能力、艺术表演能力、管理能力、绘画能力等。它的特点就是专业的敏感性、表达性。特殊能力是一种综合，包括了观察力、记忆力、想象力、创造力、抽象概括能力、言语表达能力等。抽象概括能力是一般能力的核心，创造力是其高级表现。具有专业性和综合性。因此，智力是形成能力的基本因素，同时又是能力的具体体现。智力和能力相结合的智能结构是绩效结构所必需的基本条件。绩效结构是政治（品德）素质结构和智能结构的综合反映。由德、智、体、能、绩五个方面构成的政治（品德）素质结构、智能素质结构、绩效素质结构是人员素质系统显著的反馈。这种多结构、多要素的复杂系统始终处于动态的平衡之中。尽管分系统具有随着时间和环境变化而变化的特性，但这种变化仍是一种动平衡，它始终是体现德、智、体、能、绩五个方面所组成的大系统。

三、数学

数学是进行科学研究的一种工具，它不仅被广泛应用于自然科学，而且也被广泛应用于社会科学。

（一）数理统计

数理统计是近百年来随着数学及其他科学的发展而逐渐发展起来的一门科学。它所研究的问题是如何收集、整理、分析由实践或调查所得到的数字资料，以及根据这些资料所传递的信息进行科学推论的原理和方法。

企事业人员素质测评是跟调查、实践、测评、数字资料分析紧密联系着的。它涉及如何正确、有效地收集测评原始数据，如何对所收集的原始数据进行整理、挖掘、分析、综合，对测评结果如何进行检查复核等问题。数理统计为解决上述问题提供了一个行之有效的数学工具。借助数理统计原理和方法，可以正确地指导我们进行测评调查，测评数据收集以及数字资料的统计分析等工作，为实现评价人员的素质状态提供工具服务。

（二）模糊数学

模糊数学是研究和处理模糊性现象的数学，它是 20 世纪 60 年代中期，世界进入科学化时代，突起的一个崭新的数学分支。目前被广泛应用于心理学、人工智能、自动控制、行为科学等具有模糊现象的学科中。

1965 年美国控制论专家、加利福尼亚大学教授查德，对大量不确切现象进行了认真的分析，提出了模糊集合论原理。当系统的复杂性日趋完善增长时，我们对系统精确性进行描述的能力就会相应降低，甚至达到这样一个界值，一旦越过它，精确性和有意义性将变成两个几乎互相排斥的特性。这就是说，过分的精确反而模糊，适当的模糊反而精确。查德教授的这一原理，为描述各种模糊性现象提供了行之有效的数学工具，解决了科学发展中精确性和复杂性之间的尖锐矛盾。

语言所表达的概念，作为人的反映形式并非都具有明确的外延。如年轻、庄重、勤恳、朴质、长短等，这种没有明确外延的概念，称之为模糊概念。为了使具有明显模糊性的概念向具有确切含义的概念过渡，查德教授借助了经典数学这一工具，创立了用隶属函数来定量表示模糊概念的模糊数学。

模糊数学的建立，为人员素质测评提供了一个行之有效的数学工具。借助模糊数学原理，可把人员素质测评中的模糊现象，转化为定量描述，使人员素质测评定量化成为可能。

第五节 素质测评的模式

素质测评的基本模式是一种黑箱模式。依据黑箱理论，可以将系统内部状态认识不清的复杂对象看作一个“黑箱”，把外部对它的作用看作输入，而把它对外部的作用看作输出。通过研究任何一个“黑箱”的输入和输出的相互关系，即使不知道这个“黑箱”的内部状态，也可以按照输入、输出的情况来预测“黑箱”的行动。因此，当我们想测评某一素质是否存在，具备多少时，不是直接测评素质本身，而是以行为为中介来作出判断，即以一定形式给被测评者输入各种不同的信息，然后观察其所作出的各种行为反应，分析所输出的各种信息并得出结论。这一模式如图 3-1 所示。

在图 3-1 中，S=输入信息或刺激情景，Q=素质，R=输出信息或反映，M=测评标准或常模，J=分析、比较与评判，O=测评结果。

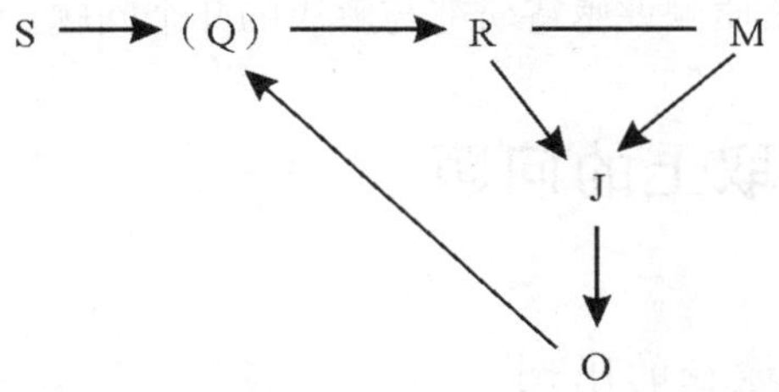

图 3-1　素质测评模式图

当刺激情景是以文字或图形设计呈现时，测评即是笔试形式；当刺激情景是经过精心设计，且以面对面的问答或谈话形式出现时，测评则是面试形式；当各种刺激情景是以自然的实际情形出现时，测评则是使用观察评定形式。

举例：对“服从”这一特定素质测评的模式分析，如图 3-2 所示。

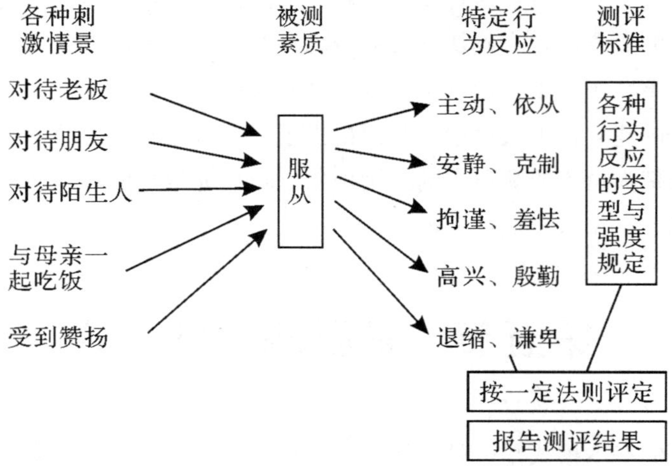

图 3-2 “服从”素质测评模式示意图

依据每个人面对上述各种情景刺激下所作出的不同反应行为，包括类型与程度的差异，依据测评标准对“服从”不同等级的规定，我们就可以按照测评的法则给每个人作出评定并报告测评结果。

第六节 素质测评待解决的几个问题

人员素质测评是一门起步较晚、尚待进一步完善的学科，有许多问题需要进一步研究，下面是当前素质测评亟待研究与解决的几个问题。

一、信息获取上的问题

（一）信息获取途径的限制

无论所测评的对象是素质还是绩效，其形成与表征的行为，充满了主体活动的全部空间与时间，体现在其交往的所有人群行为与工作活动之中。因此素质测评所需信息的范围越全面越准确，越充分越准确。然而任何一个测评者要去把握被测评者的全部表征与形成过程是不可能的。这是因为作为测评者，能直接与被测评者接触在一起的时间非常有限，尤其是那些流动性较大的机关与部门，人们各自生活与工作的时空总是相互错开。在信息获取途径限制的情况下，测评者想要作出全面准确的测评，显然存在一定的困难。

（二）信息内容的虚假性

任何测评都必须建立在真实可靠的信息基础上，即根据被测评者在实际活动中的真实表现作出可靠的测评。然而，测评者实际所观察到的现象特征，与我们所要测评的素质对象并非一致。这种表里、内外不一致的现象，有的是被测评者挑起的，有的是偶然因素干扰的结果。这种虚假的现象与特征，与我们所要求的真实情况显然是相矛盾的。另外，有些测评者即使观察到的现象与特征都是真实的，但因碍于人情面子，或怕给被测评者带来不利影响、损害有关利益，而往往作出违背事实的测评结论。

二、操作技术上的问题

（一）信息量化上的困难

人员素质测评与传统人员招聘的不同之处是，它要尽可能借助量化手段，采取现代统计分析与计算机技术提高测评的效率与效果。控制主观性，增加客观性、可比性与可综合性。传统人员招聘中的面试，由于只把测评信息停留于个人主观印象中，或表述于语言中，这种印象或语言的信息载体形式既限制了测评者对它们把握与分析的容量，又增大了综合的难度与比较的困难。因此有人认为，这种依靠个别人主观印象的面试或推荐考察，“水分”多、弹性大，人际关系影响严重，结果要么千人一面，要么众说纷纭。在这种情况下，许多诸如提职加薪等测评不得不舍本求末，求助于最为原始状态的“硬指标”，如哪一年毕业的、任职年限、工龄、年龄、学龄等，以此作为人事配置与决策的依据。显然单凭这样一些表面性的原始硬指标是不能达到人事管理预期效果的。一个较早提拔的干部，可能是一个无所创见、不求有功但求无过的平庸之辈；而另一个提拔不久的干部，则可能是富有创造与开拓成绩、相当有发展潜力的干部。如果按照原始硬指标，必然是出现按资排辈的状况。因此进行素质测评、把量化作为提高素质测评现代化与科学化水平的手段，是必不可少的。然而如何准确对素质实施量化是一项尚未完成的、十分困难的工作。

（二）施测者主观性的消极影响

任何测评，首要任务之一就是控制误差。人员素质测评也不例外。素质测评是人对人的测评，其误差主要来自于施测者主观性的消极影响。为了控制这类消极影响，采取的方法有：把传统的审查、鉴定中的综合评定，改革为分项指标考核；由评语改为评等级或评分；由无明确标准改革为统一规定标准；由组织人事科单独考核改革为多方群众民主评议；由人工测评改革为计算机测评等。但这些改革仍无法消除主观性的影响。因为素质测评最基本的测评环节，还是要靠人去判断、去操作。测评标准、测评对象相对测评者来说，虽然是客观存在，但测评者所持的观点、价值观念、分析问题、判断事物的能力以及临时心境等，对于测评者来说，却具有主观性。人们常常发现，不同的测评者对同一种行为会有不同的评价。因此素质测评中施测者主观性的消极影响是无法完全消除的，但我们应尽力争取将它控制在一定限度内，以保证素质测评的客观价值。

（三）科学性技术手段的缺乏

人是世界上最难理解的东西，具有复杂性、能动性等难以把握的特点，无法像动物或事物那样反复多次地进行实验，找出其中规律，没有现成的科学的测评方法与标准。目前大多数的素质测评标准与方法都是个体经验的总结。大家习惯接受的，也都是那些简单易行的经验性测评方法，例如，民意测验、投票选举、印象评定等。然而这种简单易行的经验性测评方法具有很多明显的缺陷，要提高素质测评的有效性和科学性，就应该多引入数学、系统分析、计算机技术等科学性技术手段进行测评。但这些手段虽然确实经得起科学的论证与检验，但却难以在实践中应用和推广。

三、结果应用上的问题

（一）精确化程度不够

任何测评都应力求精确，尤其那些选拔性、考核性与区分性的人员素质测评，为了保证测评过程的公平性与公正性，任何微小的误差都想尽量控制。为了把被测对象相互区分开来，为了把素质的现状客观如实地反映出来，即使一点点的差别与特征也不会放过。但是人员素质本身往往是模糊不清的。素质是什么？从理论到实践操作众说纷纭，各不相同。什么是德、什么是能、什么是才、什么是识，其外延与内涵均无法精确界定。再加上施测者主观能动性以及量化技术上不足等影响，素质测评往往不能达到预期的力求精确的要求，极大地影响了其指导实践工作的现实意义。

（二）预测性功能较弱

素质测评在实践中起着双重作用，即描述与预测功能。目前，素质测评描述功能是比较明显的，主要是通过对被测者既往事实与既定素质的客观描述与衡量，反映测评对象的过去以至当前的真实情况。但是，素质测评的预测功能却比较弱小。而在人事决策尤其是人才选拔与任用中，对素质测评的预测性功能的要求相对却更高，也就是俗话所说的鉴往知来。从实际情况来看，素质测评的预测性功能还有待提高才能满足现实工作的需要。

思考题

1. 为什么说人员素质测评的基础假设揭示了人员素质测评的可能性与必要性。
2. 怎样在人员素质测评中贯彻素质测评的八大原则?
3. 心理学原理、系统论、数学理论为人员素质测评提供了什么理论工具?
4. 当前素质测评上存在哪些方面的不足?

第四章　人员素质测评类型与测评系统内容

本章要点

1. 按不同标准划分的各类人才测评的类型
2. 人才测评体系的流程化
3. 职业能力测评的内容
4. 领导人才测评体系的内容
5. 管理人才测评体系的内容
6. 科技人才测评体系的内容

由于在现实中人们对人员的素质确认的要求不一样，因而，针对不同的人员素质的测评来建构、选择和运用各具特色的人员素质测评模型体系。要建构人员素质测评的模型体系主要涉及的是人才测评的类型选择和流程的设计。

第一节　人才测评类型划分与选择

一、人才测评的类型

按不同的标准划分，人才测评的类型有以下内容。

（1）按测评标准划分，分为无目标测评、常模参照性测评与效标参照性测评。述职、小结等写实性测评，属于无目标测评；晋升测评一般属常模参照性测评，人才录用与招聘也多属这种测评；飞行员录用与人事考核，则主要属于效标参照性测评。

（2）按测评范围来分，可分为单项测评与综合测评。企业诊断与人才培训过程中的测评，一般是属于单项测评；人才选拔与绩效考评中的测评，大多数是属于综合测评。

（3）按照测评技术与手段划分，有定性测评与定量测评以及包括模糊综合测评在内的中性测评。

（4）按测评主体来划分，有自我测评、他人测评、个人测评、群体测评、上级测评、同级测评与下级测评。

（5）按测评时间划分，有日常测评、期中测评与期末测评、定期测评与不定期测评。

（6）按测评结果划分，有分数测评、评语测评、登记测评以及符号测评。

（7）按测评目的与用途划分，有选拔性测评、诊断性测评、配置性测评、鉴定性测评与开发性测评。

（8）按测评活动划分，可分为动态测评与静态测评。

（9）按测评客体划分，可分为领导干部测评、管理人才测评、技术人才测评等。

对于以上的不同标准的人才测评划分，并不是绝对的。其中，某一类型标准划分出的测评与另一类型标准划分出的测评可以是同一测评。例如，述职、小结等既是无目的测评也是自我测评。

二、人才测评体系的选择

由于现实中每一次测评的对象和目的不一样，因此具体的测评活动就按需要选择某一或某些测评体系。

（1）对一般人的测评，就需要选择自我测评、人格测评、健康测评、知识测评、智力测评等。

（2）对领导的测评，就需要选择自我测评、他人测评、群体测评、上级测评、同级测评、下级测评、日常测评、期中测评与期末测评、定期测评与不定期测评、分类、分级领导干部测评等。

（3）对专业人才的测评，就需要选择评价中心、自我测评、他人测评、群体测评、常模参照性测评、选拔性测评、诊断性测评、配置性测评、鉴定性测评、开发性测评等。

第二节　人才测评体系的流程化

当我们选择了某一测评体系，下一步就需要我们对其加以流程化。在流程化的操作中，确定测评活动的各个步骤与环节，以便使测评活动有序、高效地进行。以下以测评目的与用途类的人才测评体系为例，来了解测评活动的流程化。

1. 选拔性测评流程

选拔性测评是一种以选拔优秀人才为目的的测评，这是人力资源管理活动中经常用到的人才测评。许多待遇优厚、工作条件好的职位，常常有众多的求职者。尽管采取了一定的形式筛除了许多不合格的求职者，但最后仍然存在许多可供选择的合格者，此时，就需要我们用选拔性人才测评来对人才加以进一步甄别与确认。选拔性测评具有客观性、选择性、刚性特点等。选拔性测评的操作流程如图 4－1 所示。

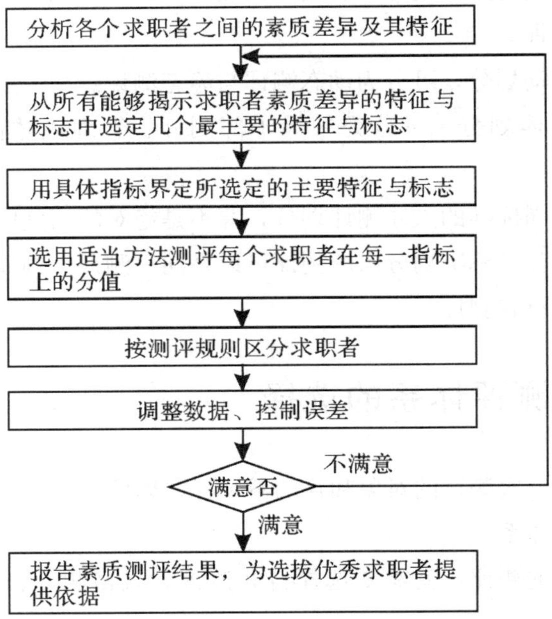

图 4－1　选拔性测评操作流程

2. 配置性测评流程

配置性测评是人力资源管理中除选拔性测评以外最常见的另一种素质测评，它以人事合理配置为目的。现代企业的劳动人事管理要求以人为“中心”，使人力资源进入最佳发挥状态。人力资源最佳发挥状态的前提是人事相匹、人适其事、事得其人、人尽其才、才尽其用。实践中，当任职者现有的素质符合职位要求时，个体的人力资源就能主动发挥，创造出高水平的绩效；否则，个体的人力资源就处于被动和压抑状态，即使外界给予相当大的压力也无济于事，仍然是低能、低效。因此在人事配置中我们经常需要运用配置性测评。配置性测评与其他类型的素质测评相比，具有针对性、客观性、严格性、准备性等特点。配置性测评的操作流程如图 4－2 所示。

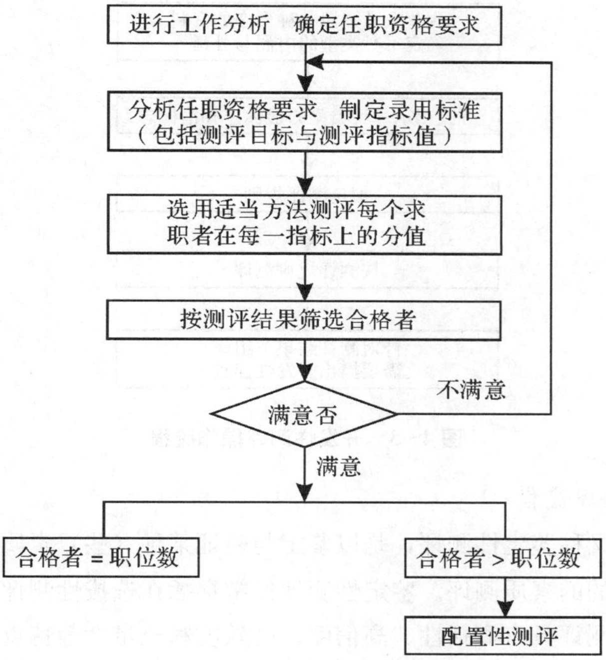

图 4—2　配置性测评操作流程

3. 开发性测评流程

开发性测评是一种以开发人才素质（包括生理素质、心理素质等）为目的的测评。人的素质具有可塑性和潜在性。从目前状态来看，有些人也许并不具备某方面的素质，但他可能具有发展这方面素质的潜力。怎样才能发现这些人的潜力？这就需要实施开发性测评。此外，人力资源的开发应该具有针对性。在每个企事业单位中，存在着不同类型的人力资源。有的人专注于技术运用，有的人热心于技术革新，有的人擅长技术传播。这些人实际具备了不同的资源形态，应该对他们分别采取不同的开发策略，以最大限度地发挥他们的作用。对于“运用型”的人，应把他们培养为“生产冠军”；对于“革新型”的人，应让他们有机会接触更多的技术资料，并对他们的失败抱以宽容的态度，鼓励他们的创新精神；对于“传播型”的人，应让他们横向发展，允许职位轮换流动。要明确不同形态的人力资源，就必须实施开发性测评。

开发性测评也可以称为勘探性测评，主要是为人力资源开发提供科学性与可行性依据。与其他测评类型相比，开发性测评具有勘探性、配合性、促进性的特点。它的操作流程如图 4—3 所示。

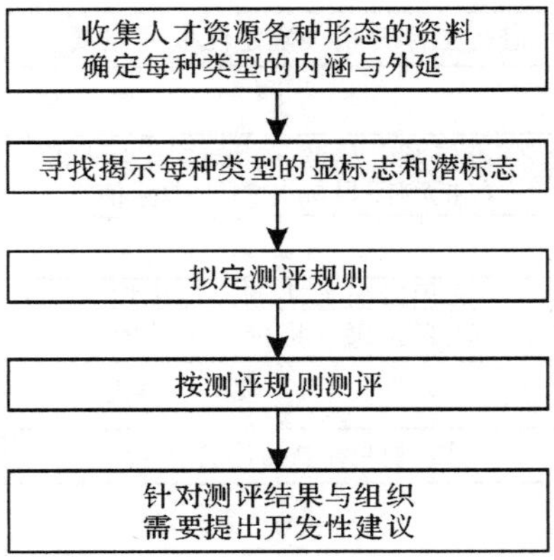

图 4-3　开发性测评操作流程

4. 考核性测评流程

考核性测评又称鉴定性测评，是以鉴定与验证某种（些）素质是否具备或者具备程度大小为目的的素质测评。鉴定性测评经常穿插在选拔性测评与配置性测评之中使用。考核性测评具有概括性、高信度、高效度和充足性等特点。考核性测评的操作流程如图 4-4 所示。

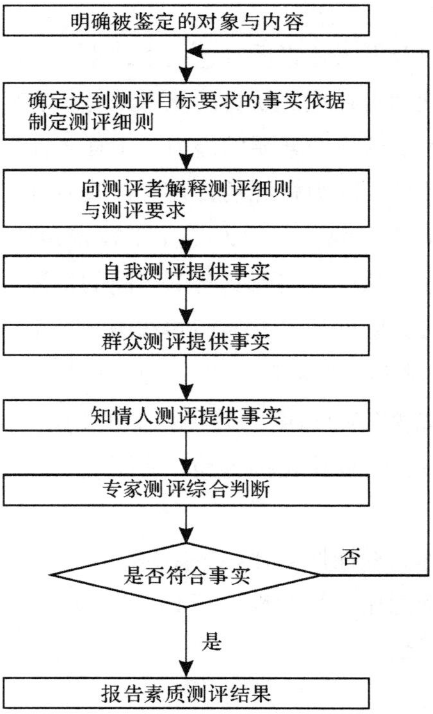

图 4-4　考核性测评操作流程

5. 诊断性测评流程

诊断性测评是以服务与了解素质现状或素质开发问题为目的的素质测评。在组织管理中，我们常常遇到这样或那样的问题，需要从人才素质测评方面找原因，这就需要实施诊断性测评。诊断性测评具有系统性、结果不公开性等特点。诊断性测评的操作流程如图4－5 所示。

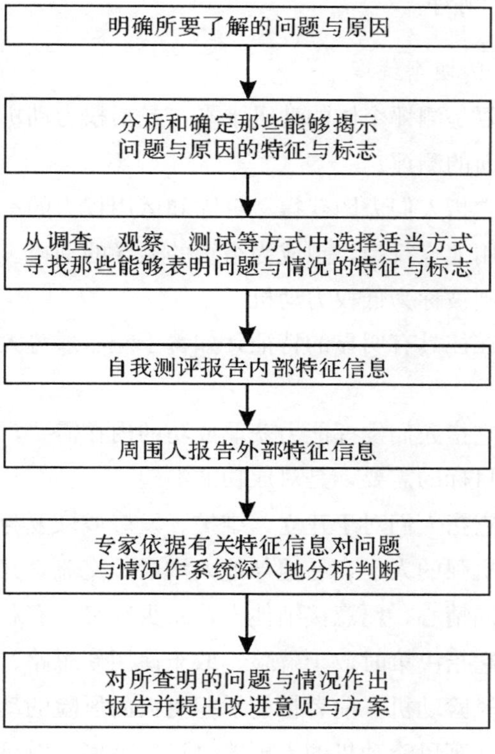

图 4－5　诊断性测评操作流程

第三节　人员测评系统内容

一个具体的测评系统对测评者来说尤为重要。因为只有当这种测评体系是具体的，它才具有现实操作性。以企业的人才测评为例，针对不同的对象和目的，一般包括了以下几个素质测评技术：职业适应性、职业能力、领导人才、管理人才和科技人才五种人员素质测评类型。通过对它们的具体内容介绍，使我们从操作层面上对其有所把握。

一、职业适应性测评

职业适应性测评主要从个体的需求、动机、兴趣等方面考察人与岗位工作之间的匹配关系，就是实现恰当的人从事恰当的事的前提和保证。它包括生活特性测评、需求测评和职业兴趣测评。

（一）生活特性测评

1. 生活特性测评的四个维度

生活特性测评主要是测评个体的动机水平，包括权力动机、成就动机、亲和动机和风险动机四个方面的测评。

（1）权力动机。它指人们力图获得、巩固和运用权力的一种内在需要，是一种试图控制、指挥、利用他人行为，想成为组织的领导的动机。这种动机强的被称作高权力动机，而弱的则被称为低权力动机。

高权力动机的人往往具有明显的特征，如善于左右形势大局，果断自信，试图说服他人。

（2）成就动机。它指人们发挥能力获取成功的内在需要，一种克服障碍、完成艰巨任务、达到较高目标的需要，是对成功的渴望。

（3）亲和动机。它指人们对于建立、维护、发展或恢复与他人群体的积极情感维系的愿望。亲和动机强的人能容易地与他人沟通、交流，并且促进团队中积极的社会交往；他们富于同情心，愿意接纳他人，减少冲突，有利于合作。

（4）风险动机。它指决策时敢于冒险，敢于使用新思路、新方法。风险动机又分为高风险动机与低风险动机。前者指能承担更大的风险的动机，而后者则指不能承担较大风险的动机。高风险动机的人可能会过于莽撞，对可能的风险和损害估计不足，缺乏足够的大局意识和责任感，缺乏对失败的应变的策略；低风险动机的人则可能会过于保守、审慎、优柔寡断、谨小慎微、缺乏决断。

2. 生活特性测评的目的、功能与对象

（1）测评的目的。该测评主要评定个人的动机水平，从权力动机、成就动机、亲和动机和风险动机四个方面来测评被测评者的动机模式和强弱程度。

（2）测评的功能。该测评包括四个方面的动机，这四种动机定位、组合模式与个体的工作绩效和职业匹配度有着紧密的联系。对个体而言，该测评可解释个体的动机模式，有助于个体了解自我，衡量工作满意度，以作出适当的自我设计和调整；对一个组织而言，该测评有助于预测员工的行为表现、稳定性，为有效管理人员和选拔人才提供重要的信息。

（3）测评的适用对象。该测评广泛应用于各行业、各层次的人员，特别是面临择业、改行或求职的应聘者，是评定应聘人员与应聘职位匹配度、揭示员工动机模式、实行有效机制的必备工具。

生活特性测评是职业适应性的一个方面，科学地进行生活特性测评，有助于揭示被测评者的职业动机，评估被测评者的动机与职业匹配度。

3. 生活特性测评方式

生活特性测评一般采取问卷调查方式，调查的问题包括权力动机、成就动机、亲和动机和风险动机四个方面，答案从完全不赞同到完全赞同共 7 个分值，见表 4－1。

表 4－1 问卷调查式的 7 个分值答案

1	2	3	4	5	6	7
完全不赞同	非常不赞同	稍有不赞同	无所谓	少有赞同	比较赞同	完全赞同

以某一测评样题为例：

“我喜欢对他人的工作做指导”。（ ）

如果您在括号中选择的是 6，表明这种描述比较符合您的真实情况，您比较赞同这种做法。

4. 生活特性测评结果分析

生活特性的测评包括权力动机测评、成就动机测评、亲和动机测评和风险动机测评四个子测评，对他们分别进行测评并计分。例如，根据生活特性各个子测评的结果，我们可以分析被测评者的领导结果，见表 4－2。

表 4－2 生活特性测评结果

风险动机	权力动机	成就动机	亲和动机	领导结果
较高	较高	较高	适度	最有利于整个组织的领导
低	低	较高	高	对个人有利，对组织不利
低	较高	高	低	个人成功，组织不利，无团队精神
太低	低	高	较高	无法统率组织
一	高	低	较高	可能偏袒私人
较高	较高	低	高	把组织当成社交场所
太低	太低	一	一	无法统帅下属
太低	一	太低	一	无法完成机构的任务
一	一	一	太低	无法与人交往

（二）需求测评

需求测评用于了解被测评者的需求层次，以便企业为其制定适合于他自己需求的激励措施。需求测评根据马斯洛的需求层次理论编制，以该理论体系中的生理需求、安全需求、归属和爱的需求、自尊需求，以及自我实现需求为测评维度。每个测评维度都是需求测评的一个子测评，对他们分别进行测评，可以判断被测评者的需求层次。

1. 需求测评的五个维度

（1）生理需求。它指各种用于满足生存的基本物质需求，即衣食住行。

（2）安全需求。它指对安全、稳定、依赖的需求，希望免受恐吓、痛苦、威胁、疾病的折磨，拥有稳定的工作、福利、保险等。

（3）归属和爱的需求。它指对爱情、情感、友谊、归属和社会交往的需求，希望有朋友、爱人和亲人。如果归属和爱得不到满足，个体会感到孤独。

（4）尊重需求。它指对于自己稳定的、牢固不变的、较高的评价的需求，对于自尊、自重和来自他人的尊重的需求。

（5）自我实现需求。它指人体充分发挥自己的才能，可实现人生价值的需求。这是需求测评 5 个维度中最高的一个维度。

2. 需求测评的目的、功能、对象

（1）需求测评的目的。需求测评是测评被测评者对生理需求、安全需求、归属和爱的需求、尊重需求和自我实现需求的程度，可全面了解个体的需求状况和需求的主次形态。

（2）测评的功能。需求是动机产生的根本来源，需求是决定行为目标的原因。需求测评的功能体现在：从团体的角度分析，通过对组织全体员工分布、形态的了解，可为人力资源管理、个体动机激励、企业文化建设提供依据；从个体角度分析，有助于帮助个体了解自我状态，作出与自己实际情况大体相符合的职业设计和规划，提高个体工作满意度，增强忠诚度和稳定度。

（3）测评的适用对象。该测评广泛适用于希望了解自我状态的个体和各行业、各层次的人；同时，也适用于组织全体人员的集体测评，为构建企业的激励机制提供依据。一般不适用于人才的选拔。

3. 需求测评方式

需求测评一般采取问卷调查的方式，其编制的量表包括生理需求、安全需求、归属和爱的需求、尊重需求及自我实现需求 5 个方面，答案从完全不赞同到完全赞同共 7 个分值。

4. 需求测评结果分析

通过需求测评判断5个层次的子测评，可以了解被测评者对每个维度的需求程度。对他们的需求程度进行排序，最高的为被测评者目前最在乎的需求层次，根据该分析结果，企业可以设计合理、高效的激励机制。

(1) 一般的，普通员工的生理需求和安全需求测评分数会较高。表明对普通员工可以给予物质上的激励，以调动员工的积极性，提高工作效率，为企业创造最大的利润。

(2) 中层人员的归属和爱及尊重需求测评分数会较高，表明仅仅从物质上激励中层人员，已经不能满足他们的需求，需要从精神上给予激励。

(3) 高层人员的自我实现需求测评分数会较高，表明高层人员更看重的是自我能力的实现，对自己从事的工作有极大的权力动机。这时候，极简单的物质激励和精神激励已经不能满足他们的需求，需要创造一个实现他们自身价值的环境，对他们可以采取柔性的管理。

需求测评一般适合于企业的激励机制设计、员工的民意调查，一般不适用于人才的选拔。

(三) 职业兴趣测评

通常一个人所发挥出来的才能与一个人潜在的能力相比，犹如冰山一角。如果一个人对他所从事的工作有浓厚的兴趣，就能够发挥其全部才能的80%～90%，并且能较长时间保持高效率而不觉疲劳；对缺乏兴趣的工作，只能发挥其全部才能的20%～30%，且容易感觉到精疲力竭。

职业兴趣测评就是帮助您确定自己的职业兴趣，进而判断兴趣和您的职业是否吻合。

职业兴趣测评产生于国外，至今形成了著名的霍兰德职业兴趣测评、斯特朗－肯贝尔职业兴趣测评、库德职业兴趣测评等，但是这些职业兴趣测评难以在中国直接引用。我国在借鉴国外测评的基础上，已经形成了具有中国特色的职业兴趣测评，包括艺术取向、事务取向、经营取向、研究取向、技能取向和社交取向6个维度，包括活动、工作、技能3个方面。

1. 职业兴趣测评的6个维度

(1) 艺术取向。喜欢艺术性工作，如音乐、舞蹈等。这种取向类型的人往往具有某些艺术技能，喜欢创造性工作，富有想象力。这类人常常喜欢同观念而不是与事务打交道，较开放、好想象、独立、有创造性。

(2) 事务取向。喜欢传统性工作，如记账、秘书、办事员、测算等。这类人有很强的数字和计算能力，喜欢室内工作，乐于整理、安排事务，比较顺从、务实细心、节俭、做事利索、有条理、有耐心。

（3）经营取向。喜欢诸如营销、服务、管理类型的工作。通常具有领导才能和口才，对金钱和权力感兴趣，喜欢影响、控制别人。他们热爱交际、冒险、精力充沛、乐观、和蔼、细心、有强烈抱负感。

（4）研究取向。喜欢各种研究性工作，通常具有较高的数学运用能力和科研能力，喜欢独立工作解决问题；喜欢同观念打交道；逻辑性强、好奇、聪明、仔细、独立、简朴。

（5）技能取向。喜欢现实性的实际工作，如机械维修、烹饪、电气技术等。通常具有机械技能和体力，喜欢户外工作，乐于使用各种工具和机器设备，他们真诚、谦逊、敏感、务实、朴素、节俭。

（6）社交取向。喜欢社交工作，如咨询。喜欢与人而不是与事务打交道，他们往往乐于助人、有责任心、热情、善于合作、富于理想、友好、善良。

2. 职业兴趣测评的目的、功能、对象

（1）测评的目的。职业兴趣是职业多样性、复杂性与员工自身个性的多样性相对应下反映出的一种特殊的心理特点。职业兴趣反映了职业特点和个性特点之间的匹配关系，是人们职业选择的重要依据和指南。职业兴趣测评为实现“恰当的人从事恰当的工作”提供科学的依据。

（2）测评的功能。职业兴趣对职业的影响很大。职业兴趣测评的功能体现在：影响个体的职业选择，增强个体的职业适应性，开发个体的职业潜能。

（3）测评的适用对象。职业兴趣测评的适用范围很广，包括大、中学生，社会上的一般人员，管理人员。

二、职业能力测评

能力的大小、强弱直接影响着人们的活动效率，是保证人们顺利完成某种活动所必需的个性心理特征。对于发散思维能力、语言表达能力、组织能力、类比能力、抽象推理能力等，不同的个体在不同方面表现出不同程度的能力，具有不同能力的个体配置与其适应的职业是能力测评判断的重点，也是人力资源管理的一个重要方面。

（一）如何认识职业能力和职业兴趣

职业能力测评是预测个人职业潜力的重要指标；职业兴趣测评则告诉我们被测评者的职业兴趣，以便选择更好的职业。

1. 职业能力和职业兴趣的含义

（1）职业能力。能力一定是在特定的某一活动中表现出来的。职业活动所必需的能力称为职业能力。职业能力一般可以分为操作型职业能力、艺术型职业能力、教育型职业能力、科研型职业能力、服务型职业能力、经营管理型职业能力和社交型职业能力。

（2）职业兴趣。兴趣是一个人力求认识、掌握某种事务，并经常参与该活动的心理倾向。它与人的积极、肯定的情绪相联系。当人们把偏好和追求的对象倾向于某种职业活动时，就形成了职业兴趣。

2. 职业能力类型及其对应的职业适应性

众所周知，提高员工绩效的一个重要方面就是做到人事相匹，即人适其事，事得其人。这就要求具备特定职业能力的人担任该特定职业。一般的，职业能力类型及其对应的职业适应性见表 4－3。

表 4－3 职业能力类型及其对应的职业适应性

职业能力类型	特点	适宜的职业类型
操作型职业能力	以操作能力为主，是运用专业知识或经验，掌握特定技术或工艺，并形成相应的职业技能与技巧的能力	打字、驾驶、种植、操纵机床、控制仪表等
艺术型职业能力	以想象能力为核心，是运用艺术手段再现社会生活和塑造某种艺术形象的能力	写作、绘画、演艺、美工等
教育型职业能力	是运用各种教育手段传授知识或组织教育者进行知识与态度学习的能力	教育、宣传、思想政治工作等
科研型职业能力	以人的创造性思维为核心，是通过实验研究、社会调查和资料检索等手段进行新的综合、发明与发现的能力	研究、技术革新与发明、理论等
服务型职业能力	以敏锐的社会知觉能力和人际协调能力为主，是借助人际交往或直接沟通使顾客获得心理满足的能力	商业、旅游业、服务业等
经营管理型职业能力	以决策能力为核心，是能够广泛获得信息，并以此独立作出应变、决策或形成谋略的能力	经理、厂长等中高层管理人员

3. 职业适应性测评适应的情景

职业适应性测评旨在了解个体生活目的、追求或愿望，反映个体对工作的期望。因此，适应于选择人才、人力资源激励设计等方面。

（二）选拔性职业能力测评

在人才选拔中，要考察的职业能力往往因职业不同而不同。即使要考察的能力有共同的要素，他们在各自职业能力结构中的权重也可能不同。

为适应人才选拔的需要，国内外已经开发出了很多选拔性职业能力测评量表，它们反映了职业能力与职业相适应的关系。不同的职业能力测评量表是用于选拔不同职业能力的人才，而不同的职业也需要具有不同职业能力的人才。这些量表一般可以分为以下几类。

1. 感知觉测评

感知觉测评主要有视敏度测评、听觉度测评、颜色视觉测评和多重目的的感知觉能力测评等。一般可以采取看图、听音乐等形式进行感知觉的测评。

2. 心理运动能力测评

该测评主要用于检测心理运动的速度、稳定性、灵活性、协调性、敏锐性和精确性等指标。例如，中国人民解放军空军军医大学研制和生产的心理运动能力测评仪和相应软件已用于我国航天员的心理选拔，并用于心理健康维护和人才选拔等。

3. 机械能力测评

该测评主要有空间关系测评、机械理解测评等，通过一系列反映机械能力强弱的试题，达到机械能力的测评。它主要用于机械操作员、机器维修员、驾驶员等直接同机械打交道的职业人员的选拔。

4. 文书能力测评

该测评主要用于文秘类的职业选拔。测评形式包括面试法、案例分析法等。通过题目的形式考察被测评者的中文理解和使用能力。

5. 艺术与语言能力测评

该测评主要有艺术判断和知觉测评、艺术能力测评、音乐能力测评、音乐能力的倾向测评等。测评方式包括艺术知识的测评和表演艺术的测评。它主要用于艺术与音乐类人才的选拔与招聘。

（三）配置性职业能力测评

一个人的职业选择是以基本能力及职业兴趣和性格为依据的。兴趣决定了择业的方向以及个人在该方面上乐于付出的努力程度；能力，尤其是能力的不同方面的水平，则决定了一个人是否符合特定职业的要求以及是否能取得成功。从语言理解能力、概念类比能力、数学能力、抽象推理能力、空间推理能力和机械推理能力 6 个维度进行测评，可以为人尽其才能配其职提供信息和依据。

1. 配置性职业能力测评常用的方法

配置性职业能力测评的方法有许多，国际上常用的有：吉尔福德-齐默曼能力测评、差异能力倾向测验、一般能力倾向成套测验、弗兰那根能力倾向测验、职业能力安置量表等。

《BEC 职业能力测验》是国内常用的配置性职业能力测评量表，是 1988 年由北京人才评价与考试中心参照《职业能力安置量表》而开发出来的，是我国最早的一个成套的职业能力倾向测验。该测验包括言语推理、数学能力、抽象推理、概念类比能力、机械推理、空间关系、词汇、言语运用 8 个分测验。该测验既包括了用语言形式进行的能力测评，也包括了用图形和表象进行的操作测评，涉及各类不同特性的测评形式，更好地反映出与多样的职业相对应的能力要求。

2. 职业能力与职业性

《BEC 职业能力测验》是一个综合性的测验。综合考虑被测评者的各个方面的测评结果，为其配置相应的职业。见表 4-4。

表 4-4 职业能力与职业性

测评结果	适应的职业
空间关系能力强	设计、艺术等
数学能力、推理能力强	研究、创新等行业
言语运用很强	文秘、新闻行业
机械推理能力很强	操纵机床、控制仪表等操作性职业

（四）普通能力倾向测评

智力只能笼统地表示一个人的潜力，普通能力倾向可以测评一个人的实际职业能力。普通能力倾向测评用来测评个体的各种能力，从而为职业咨询、分类、人才安置以及个人的职业生涯设计提供最为有效的信息。

1. 普通能力倾向测评的界定

普通能力倾向测评又称为通用资质测验组系（general aptitude test battery，简称 GATB）。在许多国家被广泛应用。该测评是根据各个职业领域中，在完成工作的前提下，测量个体对 9 种必要的、有代表性的能力倾向拥有的程度，以探索个人乃至于适应范围，进而为选择所希望的职业提供一份参考资料。这 9 种能力倾向是：①智能；②言语能力；③数理能力；④书写知觉；⑤空间判断能力；⑥形状知觉；⑦运动协调；⑧手指灵巧度；⑨手腕灵巧度。它由 15 种测评项目构成，包括名称比较、算术、三维空间、词汇、工具相配、算术推理、形状相配、做记号、放置、转动、装配、拆卸等，其中 11 种是笔试测评，其余 4 种是操作测评，这两种测评方式可以测定 9 种能力倾向。而这 9 种能力倾向对于各种职业的工作都是必要的。

2. 普通能力倾向测评的适用情景

普通能力倾向测评适用初三以上年级的中学生以及成年人。为团体测评，测评时限为 120 分钟～130 分钟，主要用于职业指导和就业咨询。

3. 普通能力倾向测评所判断的职业类型

普通能力倾向测评是从个人在完成各种职业所必要的能力中，提炼出各种职业对个人所要求的最有特征的 2～3 种能力，绘制个人能力倾向剖析图，与职业能力倾向类型相对照，被测评者就可以从测评结果中知道能够充分发挥个人能力特性的职业活动领域。

（五）如何用吉尔福德创造能力测评模式进行创造力测评

创造力与个人的独立性、自信心、冒险性、坚持性、好奇心、幽默感、艺术兴趣及创造活动的个人背景、兴趣和爱好等因素有关。具有丰富想象力、充分好奇心、强烈的挑战性和高度的冒险性是高创造力具有的四种主要特质。吉尔福德创造能力测评模式的基本理念就是测评被测评者的发散性思维能力，他通过一系列的测试来测定被测者的创造力大小。具体内容如下。

1. 词语流畅性测评

（1）依据所给予的符号，写出或画出各种不同的词语或图形。根据您回答的情况，判断您的言语流畅性水平。

（2）测评样题。

①写出包含有“O”的单词。

②发明火车的人是史迪文逊，“史迪文逊”这四个字是由英语直接翻译过来的，如果您是译者，还可以怎样翻译这个名字呢？可能的答案还有哪些？

2. 思想流畅性测评

（1）主要是考察一个人对某一类事物的组成部分或个体之间是否能区别和联系。例如，给所有属于特定类别的食物进行命名。根据被测试者的回答，就可以分析出被测试者的思想是否流畅、思维是否敏捷。

（2）测评样题。“会燃烧的液体”有哪些？可能的答案是什么？

通过类似的题目，可以测评被测评者的思想流畅性。

3. 联想流畅性测评

（1）被测试者的联想是否流畅，是否能够写出所有给定词意义相近的词，或针对某种概念的关系想象出其他各种不同关系的概念来。

（2）测评样题。

①请写出所有与“艰苦”意义相近的词。

②请列举出和“小水滴与小河”关系相似的、尽可能多的成对的事物。

4. 表达流畅性测评

（1）将一些字、词或短句，组成不同句子或短文，这样的题目可以测评被测评者的表达是否流畅，同时考察被测评者对中文的理解和运用能力。

（2）测评样题。请写出一个简单的故事，其中要用“老爷爷、公德、工人、香蕉皮”4个词。

5. 多项用途测评

（1）多项用途测评指列举某种事物一般用处之外的所有可能的用途，这同样是考察被测评者思维扩散的一种方式。

（2）测评样题。请您列举报纸一般用处之外的可能用途。

6. 相似解释测评

（1）填充意义相似的几个句子。通过填充句子，一方面可以考察您的中文理解能力，另一方面可以测评您思维的创造能力。

（2）测评样题。请补充下面的句子：这个妇女的美貌已经是秋天，她＿＿＿＿＿＿。

7. 情节标题测评

（1）给一个故事情节添加标题。根据您添加的标题是否具有新意，判断您的创造力。

（2）测评样题。请为下面的一段话加一个合适的标题——

“冬天快到了，商店新来的售货员忙着销售手套，但他忘记了手套应该配对出售，结果商店里最后剩下100只左右的手套。”

8. 结果测评

（1）与情节标题测评相对应的是结果测评，即列举某种假设时间案的所有不同的结果。

（2）测评样题。请为下面的故事加一个合适的结尾——

“如果人们不需要睡眠会产生什么结果?”

9. 绘图测评

（1）根据给定的材料为载体，画出尽可能多的、可辨认的图画。该测评是从非文字测评的角度考察被测评者的抽象想象力和空间想象力。

（2）测评样题。

①请您用5条直线组成各种不同的图形。

②以给定的圆圈为基础，画出尽可能多的团或物体。

吉尔福德创造力测评模式是创造力测评中的一种方式，其特点是在于通过发散性思维的试题进行创造力测评，适用于中学水平以上的人。其不足的是，该测评是用来测验个体之间的创造力的差异，而难以用于社会心理问题的研究。

三、领导人才测评

领导人才在现实生活中历来具有压倒性的突出地位和重要作用。与一般人才相比，领导人才要求具备的素质具有明显的特殊性，如高责任心、高水平性、全面性、完备性、开拓性、创造性、沟通能力等。通过对领导人才进行修养、气质、性格、人际关系、八小时外等维度的测评，可以科学、客观地识别领导人才。在现实中，领导人才还有分类，例如政治领导、军事领导、政党领导、企业领导等。层级上从高和低又可以划分成：高层领导、中层领导、基层领导。这些都要在测评中加以设计和考虑。

（一）领导人才的修养测评

俗话说："兵熊熊一个，将熊熊一窝"，很显然领导对一个团队、组织的发展起着至关重要的作用。领导人才修养测评包括下面四个方面的内容。

1. 忍耐力测评

领导忍耐力自我测验，见表4-5，可以用来测评领导的忍耐力水平。得分如果低于30分，那么就应该继续努力培养这项技能了。

表4-5 领导忍耐力自我测验

项目	总是	常常	很少	从未
1. 处于变动的时代，是否保持耐心和不屈不挠？	4	3	2	1
2. 在变动的过程中，是否检讨自己和自己的眼光？	4	3	2	1
3. 对自己的眼光有信心吗？	4	3	2	1
4. 是否只对得要领的事做决定？	4	3	2	1
5. 是否避免在时机不成熟时做决定？	4	3	2	1
6. 只制定能有效执行的决策吗？	4	3	2	1
7. 避免对别人应做的事做决定吗？	4	3	2	1
8. 会控制自己对侵略性行为所采取的反应吗？	4	3	2	1
9. 是否养成把眼光放到未来的习惯？	4	3	2	1
10. 一旦您对未来有了一套看法时，是否会冷静自持，而非总是对后果牵肠挂肚？	4	3	2	1

2. 意志力测评

我们每个人随时都要作出各种各样大大小小的决定，而做这种决定的方式又是千差万别、各不相同。不管是“眉头一皱，计上心来”、还是“三思而后行”的决策原则，都要使自己具有良好的意志性格。

3. 控制情绪力测评

一个好的领导必须善于控制自己的情绪。情绪分为“A 型行为”和“B 型行为”。A 型行为是内心不安和愿望得不到满足的外部表现；B 型行为的人平静、沉着、耐心、不草率地作判断和作决定，能跟周围的人相处得很好。

4. 随机应变力测评

该测评是对领导的处乱不惊能力的测评，它是对领导的知识、胆略、个性的一个综合测评。

（二）领导人才的气质、性格测评

了解领导的气质对了解领导的领导风格、设计组织模式、提高领导魄力、处理好同事间及上下关系等，都有着重要的意义。我们可以通过外向或内向、性格类型这两个体现气质、性格特征的方面来测评领导人才气质、性格。

1. 外向或内向测评

性格的内向或外向没有绝对的好坏之分，任何一种倾向在某种情况下可能有积极意义；而在另一种情况下，可能具有消极意义。但是，在一定的情况下，采取合适的行为最为关键。因此，内向或外向的测评就显得很重要了。下面的一组题目，请被测评者根据自己的实际情节回答是或否，然后根据其回答，可判断出被测评者的性格是内向还是外向。

（1）对人十分信任。

（2）喜静安闲。

（3）能在大庭广众之下工作。

（4）工作时不愿别人在旁边观看。

（5）不常分析自己的思想和动机。

（6）遇有集体活动您愿留在家中而不出席。

（7）自己擅长的工作愿意别人在旁观看。

（8）宁愿节省而不愿耗费。

（9）能将强烈的情绪（喜、怒、哀、乐等）表现出来。

（10）很讲究写应酬信。

（11）不拘小节。

（12）常写日记。

（13）与观点不同的人自由联络。

（14）非及其熟悉的人不轻易信任。

（15）好读书而求其甚解。

（16）常回想自己做过的事情。

（17）喜欢常常变换工作。

（18）在公众场合中肃静无喧哗。

（19）不愿别人提示，而愿别出心裁。

（20）三思而后决定。

将这 20 道题分成两组：奇数组和偶数组。如果奇数组中被测评者的答案“是”多，那么他的性格是外向的；如果偶数组中被测评者的答案“是”多，那么其性格是内向的；如果两者相差不多，则属于中间型。

2. 性格类型测评

人的性格各不相同。一般在生活中，与人交往中的性格特点分为 4 类，即敏感型、感情型、思考型和想象型。作为一个领导，了解自己的性格类型，可以在生活和管理工作中扬长避短，有助于改善上下级的关系，提高工作绩效。

这四种性格类型的特点如下。

（1）敏感型。这类人的精神饱满，好动不好静，办事速战速决，但是行为常有盲目性。与人交往中，往往会拿出全部热情，但受挫折时又容易沉默失望。这类人最多，约占 40％。

（2）感情型。这类人感情丰富，喜怒哀乐溢于言表。别人很容易了解其经历和困难，不喜欢单调的生活，喜欢刺激，爱感情用事。在生活中喜欢鲜明的色彩，对新事物很有兴趣。在与人交往中，很容易冲动，有时反复无常，所以这种类型的人与人不易相处，也不太适合做领导。

（3）思考型。这类人善于思考，逻辑表达能力强，有较为成熟的观点，一切以事实为依据，一旦作出决定，能够持之以恒。生活、工作有规律，爱整洁，时间观念强，重视调查研究和精确性。

（4）想象型。这类人想象力丰富，憧憬未来，喜欢思考问题。在生活中不太注意小节，对那些不能马上了解其想法价值的人往往不耐烦。有时行为刻板，不易合群。

（三）领导潜能测评

从领导人才现有的领导方式和领导情势预测分析领导人才的领导潜能，有助于挖掘领导人才的潜力，提升企业业绩。

1. 了解领导方式

领导方式可以分为“关系导向型”和“工作导向型”。了解被测评者的领导方式，尽量做到和被测评者所处的环境匹配，这样能更大地发挥其领导才能。

“最不同意的同事”量表也叫 LPC 量表，它可以帮助被测评者了解其领导方式，LPC 量表包括很多不同的形容词。

2. 认识领导情势

领导情势控制和影响力主要取决于下列三个因素：①领导与下属间的关系。它指下属对领导的支持程度。②工作结构。它指工作目标、程序与工作方针的明确性。③职权。它指领导在职位中所拥有的赏罚权力。

（四）领导人才的竞争力测评

领导人才是否具有竞争力，不仅关系到领导人才个体的成功与否，而且关系到被领导的团队的成功与否。对领导人才竞争力的测评可从思维敏捷、经营洞察力、敏感力及应变力 4 个方面来进行。

影响领导人才竞争力的因素有很多，领导人才的思维是否敏捷、是否有经营洞察力、敏感力以及应变力，对于提升领导人才的竞争力起着关键的作用。下面将分别对思维敏捷测评、经营洞察力测评、敏感力测评和应变力测评进行介绍。

1. 思维敏捷测评

对领导人才的思维敏捷的测评一般采取内容不是很深，但是要求在确定时间里回答一定数量的问题。这些问题一般包括数字推理、数字计算、数量关系、图表推理等。

2. 经营洞察力测评

洞察力包括从各种角度去观察，能抓住问题的核心，而非只看见表征。缺乏经营洞察力的领导，会使资源不能有效利用，不能使利润最大化。

3. 敏感力测评

领导人才的敏感体现在方方面面，包括管理上的创新、人力资源的开发和管理等。

4. 应变力测评

应变力是一种很难的技能，具有应变力意味着：他能实现推测应该注意的问题，而不是那些使企业立即受到压力的问题。

（五）领导人才的人际关系的处理能力测评

领导人才的艺术性很重要，其中领导人才的人际关系能力是核心，表现在领导的沟通艺术、领导者的社交技能和潜能，以及领导者的处境心态等方面。

1. 沟通艺术测评

在工作中遇到别人持有与自己不同的意见、主张和态度是经常的事，作为领导怎样对待，并把自己意见与他人有效地沟通，这是非常重要的。

因此，对领导来说，要避免主观武断、工作作风霸道粗野、性格固执。而应善于观察和注意他人并与之沟通，同时能够目的非常明确、效果非常好地影响他人、引导他人和推动他人。这种人具有非常强大的社会沟通能力、协调能力和驾驭能力。

2. 社交技能与潜力测评

社交能力测评，主要是要使被测评者了解自己，能以一种健康良好的心态、或恰当的技能与人交往，并能较好地维持一个健康、文明、良好的人际关系氛围，这种人有较好的建设和引导现代团队的潜力。如果不善于与人沟通交流，那就存在较大的社交心理障碍，这种人因为心态不太正常，根本无法去有效影响他人、团结人，通常会把事情和人际关系搞得复杂混乱，几乎无法维持一个群体或组织的健康正常秩序。

3. 处境心态测评

一个良好的心态有助于科学地作出决策。处境心态不好，容易使人感到困顿、受嘲弄、挫折和失败；相反，有比较健康的心理素质和比较良好的社会生活技能的人，更加充满活力和自信，领导工作往往很有成效。

领导者沟通艺术测评、社交技能与潜力测评、处境心态测评是领导人才人际关系测评的三个重要方面，科学合理地运用“沟通艺术测评”量表、“社交技能与潜力测评”量表和“处境心态测评”量表，将帮助被测评者准确评估其人际关系能力。

（六）领导人才的创造能力

创造力的测评一直是人才测评的一个难点。根据不同的创造力测评目的，设计不同的开放性测评题目，是创造力测评的一个基本思路。

创造力对领导人才来说极为重要，因为他决定的是一个组织的事业是否有所创新、有所发展。领导人才的创造力的测评至今已经发展了 100 多年，测评方法包括美国心理学家尤金·劳德塞设计的自测试卷、发散思维衡量创造力水平，以及目前国际上影响最大、应用最广的托兰斯测验。

1. 尤金·劳德塞创造能力测评量表

尤金·劳德塞创造能力测评量表可以帮助被测评者测评自己的创造能力，见表 4-6。其中，A 代表非常同意，B 代表同意，C 代表中间态度，D 代表反对，E 代表坚决反对。

表 4-6　尤金·劳德塞创造能力测评量表

比较项目	A	B	C	D	E
1. 在解决某一特定问题时，总是很有把握地认为您是按正确的步骤工作的	−2	−1	0	1	2
2. 如果认为得不到回答，提问题就是浪费时间	−2	−1	0	1	2
3. 觉得有条理地一步步去做是解决问题的最好方法	−2	−1	0	1	2
4. 偶尔在集体内发表一些似乎令人扫兴的意见	2	1	0	−1	−2
5. 花大量时间考虑别人对您的看法	−2	−1	0	1	2
6. 觉得自己能对人类作出特殊的贡献	2	1	0	−1	−2
7. 认为做自己认为正确的事比努力争取别人的赞成更重要些	2	1	0	−1	−2
8. 那些看上去做事没把握、缺乏自信心的人得不到您的尊重	−2	−1	0	1	2
9. 能长时间盯住一个难题不放	2	1	0	−1	−2
10. 偶尔，对一些事情变得过于热心	2	1	0	−1	−2
11. 常常在不具体做什么事时想出最好的主意	2	1	0	−1	−2
12. 凭直觉、凭“是”“非”感解决问题	2	1	0	−1	−2
13. 解决问题中、分析问题时干得较快；而综合所获信息时，工作较慢	−2	−1	0	1	2
14. 有喜欢收集的嗜好	−2	−1	0	1	2
15. 幻想为执行许多较重要的计划提供了动力	2	1	0	−1	−2
16. 假若放弃现在的职业，而在两个职业中选择一个，宁愿当医生而不愿当探险家	2	−1	0	1	2
17. 与社会地位、职业阶层和您大致相同的人在一起，会相处得好一些	−2	−1	0	1	2
18. 有高度的审美力	2	1	0	−1	−2
19. 直觉不是解决问题的可靠向导	−2	−1	0	1	2
20. 与其说热衷于向别人介绍新思想还不如说兴趣在于创造新思想	2	1	0	−1	−2
21. 往往避开使自己不如他人的场合	−2	−1	0	1	2
22. 在估价信息时，觉得来源比内容更重要些	−2	−1	0	1	2
23. 喜欢那些遵循“先工作后享乐”规则的人	−2	−1	0	1	2
24. 一个人的自尊比受别人尊重重要得多	2	1	0	−1	−2
25. 认为那些追求至善至美的人是不明智的	2	1	0	−1	−2
26. 喜欢那种能从中影响他人的工作	−2	−1	0	1	2

续表4－6

比较项目	A	B	C	D	E
27. 认为凡物必有其位、凡物必在其位	−2	−1	0	1	2
28. 那些抱着“怪诞”思想的人是不实际的	−2	−1	0	1	2
29. 即使新思想没有实际效用，却宁愿去想	2	1	0	−1	−2
30. 当某一个解决问题的办法行不通时，能很快改变思考问题的方向	2	1	0	−1	−2
31. 不愿意问显得无知的问题	−2	−1	0	1	2
32. 宁可为了从事某一工作或职业而改变自己的爱好，而不会为了迎合自己的爱好而变换工作	−2	−1	0	1	2
33. 问题无法解决往往在于它是错误的问题	2	1	0	−1	−2
34. 经常能预感到解决问题的方法	2	1	0	−1	−2
35. 分析失败是浪费时间	−2	−1	0	1	2
36. 只有思路模糊的人才会借用隐喻和类比	−2	−1	0	1	2
37. 有时非常欣赏一个骗子的技巧，乃至希望他能安然逃脱惩罚	2	1	0	−1	−2
38. 经常对一个只是隐隐约约感受到了的但又说不清楚的问题，想去解决它	2	1	0	−1	−2
39. 往往容易忘记像人、街道、公路、小城镇的名称这类东西	2	1	0	−1	−2
40. 觉得勤奋是成功的基础	2	1	0	−1	−2
41. 被别人看作是集体的好成员是很重要的	−2	−1	0	1	2
42. 知道怎么控制自己的内心活动	−2	−1	0	1	2
43. 是个完全可靠、责任心很强的人	−2	−1	0	1	2
44. 不喜欢干事情没把握或不可预见	−2	−1	0	1	2
45. 宁愿和集体共同努力而不愿单枪匹马	−2	−1	0	1	2
46. 许多人的问题在于他们对事情过于认真	2	1	0	−1	−2
47. 经常被要解决的问题困扰，但却又无法撒手不管	2	1	0	−1	−2
48. 为了达到自己树立的目标，很容易放弃眼前的利益和舒适	−2	−1	0	1	2
49. 假若您是大学教授，宁愿教实践课，而不愿教理论课	−2	−1	0	1	2
50. 为生命之谜所吸引	2	1	0	−1	−2
得分总计					

计算一下总得分，如果得分在20分（包括20分）以下，说明被测评者太缺乏

创造能力了；如果得分在 21～60 分，说明被测评者的创造能力很一般；如果得分在 61～80 分，说明创造能力高于一般人；如果得分在 81～99 分，说明很有创造能力；如果得分为 100 分，说明具有非凡的创造能力。

2. 发散思维的创造力测评

利用发散思维程度衡量创造能力水平，也是一种测评方法和技术。例如，讲出一句诗词的多种含义，一件工具的多种用途等，创造力强者往往会比创造力弱者讲出更多的含义或用途。

3. 托兰斯创造能力测评

托兰斯创造力测评技术是目前国际上影响最大、应用最为广泛的一种测评方法。托兰斯测评由语言创造思维、图画创造思维、声音和词创造思维 3 部分组成。

（1）言语创造思维测评。该测评有 7 项分测评，前 3 项分测评以一幅图画为背景提问。这 7 项分测评如下。

①提问题。要求被测评者列出对图画的内容所想到的一切问题。

②猜原因。要求被测评者列出图画事件的可能原因。

③写后果。要求被测评者列出图画中所发生的事件可能产生的各种后果。

④产品改造。要求开列出所有可能的对某种产品图形进行改造的方法。

⑤非常用途。要求对一特定事物列出不同寻常的用途。

⑥非常问题。要求对同一事物提出尽可能多的不同寻常的问题。

⑦联想。要求对同一事件推断出可能产生的各种后果。

（2）图画创造思维有三个分测评都是要求被测评者对抽象的或未完成的图案加以完成，说明图案表达的意义。

（3）声音和词的创造思维有两个分测评，即音的想象、象声词想象，其指导语和信息都来自录音磁带。

发散思维的创造能力测评、托兰斯创造能力测评是领导人才创造能力测评的两种方法。托兰斯创造能力测评覆盖面广，相对复杂。针对不同的测评目的，选择合适的测评方法对于选拔、评估领导人才有着重要的意义。

四、管理人才测评

管理者对企业的发展至关重要。管理活动既是一门科学又是一门艺术，因此，对管理人才的测评不仅仅是智力的测评，更重要的是沟通能力、人际交往能力、逻辑能力、敏感性、人格、心理等素质的测评。现实测评中，也要在设计中加入分类、分层的定位信息。

（一）管理人才测评包括的内容

管理人才的测评包括人际敏感能力测评、管理变革测评、团队指导技能测评、自我实现测评、人际关系测评、沟通技能测评和基本管理风格测评。

作为一个管理人才，究竟应该具备什么样的素质呢？下面讲的内容就是管理人才测评包括的 7 个内容，同时也是高绩效管理人才应该具备的素质。对这些素质进行测评，有助于了解管理者的沟通能力、人际交往能力、团队指挥能力、管理风格等，从而为管理人才选拔、绩效评估提供依据。

1. 人际敏感能力测评

（1）“人际敏感能力测评”是考察管理者一般沟通尝试的测评。它包括 80 个陈述题目，均以现实生活和管理中的现象为内容，描述常见的人际关系，反映了生活、工作中常见的恰当和不恰当的沟通概念和行为，测评关于正确的言语或非言语沟通的方法或概念，对思想、感情、事实的表达提供参考，对预测被测评者的真实的人际技巧有较高的效度。

（2）分数评价。该测评要求测评者对问题作出是或否的判断，最后加总分计分。把加总的分数分为很低到很高 5 个等级，给予评价。

（3）测评样题。

①提问多的人不如提问少的人理解得清楚。是或否

②当人们不理解某个意思时，总是会告诉你他们不明白。是或否

2. 管理变革测评

（1）“管理变革测评”是用来帮助管理者了解自己在多大程度上对企业组织中引入的变革，以及有关引入变革的方法有正确的了解。它旨在了解管理者对变革的认识、掌握程度。

（2）测评样题。

①如果人们对自己如何工作有发言权，他们会工作得更好。是或否

②若允许员工自己定绩效标准，他们会比管理者给他们的标准定得更高。是或否

3. 团队指导技能测评

（1）“团队指导技能测评”是用来帮助管理者了解自己对所在团队的成员进行指导的方法。一个好的管理者通常有以下一些认为。

①对团队的指导通常可以促成更为轻松、高效率的氛围。

②最理想的是，管理者了解下属的优缺点。

③管理者不仅应指导下属的工作技巧，而且要指导下属待人接物的人际社会技能。

④团队指导的一个根本的目的是要查出并说明造成不良绩效的所有原因。

⑤如果管理者真正倾听下属的意见，下属会更多地发表自己的见解。

⑥对下属的指导与下属的评价应该分开进行。

⑦团队指导往往以不拘泥形式的方式进行时效果最佳。

（2）测评样题。

①低效的一个普遍原因是因为人们干的工作不适合他们。是或否。

②管理者不应该试图显得总是乐于助人，那会使他们被感觉心肠太软。是或否。

4．自我实现测评

（1）“自我实现测评”帮助管理者了解自己有哪些需求尚未得到满足，并且了解这些需求在多大程度上可能成为行为的原因和驱动力量。该测评是根据马斯洛的需求层次原理来设计的，马斯洛认为人有5个需求层次，而自我实现是最高层次的需求。该测评旨在考察管理人才的需求定位，进而了解其工作动机。

（2）测评样题。请对下面陈述的同意程度评分，同意程度越高，分数越高，一定程度上同意计分为2，不太同意计分为1，完全不同意计分为0。

①我希望能拥有更多的美食。（　　）

②我希望能买更多合算、保额更大的保险。（　　）

③我希望拥有更多的朋友。（　　）

5．人际关系测评

（1）“人际关系测评”帮助管理者了解自己的人际关系以及社交能力的强弱。人际关系涉及上下级之间、同事之间的关系，测评为高分数者，表明被测评者对人际关系有好的处理方法，对他人有积极的态度。

（2）测评样题。

①要维系对部门的控制，管理者应当与员工保持一定的距离。是或否。

②对所有员工最初应当作不同的个体来对待。是或否。

6．沟通技能测评

（1）“沟通技能测评”帮助管理者了解自己在多大程度上掌握了正确的沟通常识和方法。内容涉及上下级、同事、下属的沟通，下达命令，引入变革，语言及非语言沟通等。该测评为高分数者，表明被测评者在相当程度上对沟通有深入的认识并掌握了良好的沟通技巧，对他人有积极的态度。

（2）测评样题。

①对那些即将开始的变革有关的事项，应当对员工事先予以说明和沟通。是或否。

②公司政策不必在非管理层进行沟通。是或否。

7. 基本管理风格测评

“基本管理风格测评”帮助管理者思考自己现有的管理风格和其他可能的管理风格。旨在为管理者调整自己的管理风格，提高管理绩效提供依据。

人际敏感能力测评、管理变革测评、团队指导技能测评、自我实现测评、人际关系测评、沟通技能测评、基本管理风格测评是管理人才测评必不可少的内容，这个方面也是高绩效管理人才必备的素质。

（二）如何有效测评管理人才素质

目前，常用的管理人才素质测评方法为评价中心技术法。一个完整的评价中心技术包括文件筐测验、无领导小组讨论、案例分析法、角色扮演等。目前用于选拔管理人才使用的最多的是文件筐测验和无领导小组讨论两种方法。

管理人才素质测评由一般考试法、测验法、面试法、文件筐测验、案例分析法、无领导小组讨论、角色扮演进行详细描述。这些内容将在第十一章加以介绍。

五、科技人才测评

建立科学的人才测评指标体系，针对不同的测评目的，阐述分析相对应的科技人才综合测评方法，这将引领您进入一个科技人才测评的世界。采集到的科技人才测评数据是否符合测评目的、是否适合进行数据统计分析等，对于科技人才测评的有效性和可靠性至关重要。在现实测评中还要加入科技分类的信息。

（一）如何建立科技人才测评的指标体系

建构科技人才测评的指标体系是全面、客观地测评科技人才的基础。建立一套科学的能反映科技人才素质的测评指标体系，是科技人才测评成功与否的关键。

1. 心理健康

具有良好的心理健康品质是科技人才应具备的重要素质。衡量科技人才个体和群体的心理健康是科技人才测评的一个重要方面。若科技人才个体的情绪稳定性高，群体的平均值高，常常表现为心情轻松愉快、自信心强，说明科技人才的心理健康程度高；反之就低。

2. 事业成就欲望

如果科技人才个体对自己所从事的工作具有强烈的进取性、事业心、竞争意识和开拓欲望程度，而且科技人才个体还具有良好的智力、实验性和责任心等，就表明个体在事业成就方面得分高；反之就低。

3. 管理能力

管理能力指科技人才具备领导能力、管理他人的欲望、与人交往能力和社会主动性等。该指标要求科技人才具备较高的表现性、灵活性、智慧性、兴奋性、世故性等。如果科技人才具备这些特征，则表明其管理能力高；反之就低。

4. 创新能力

创新能力指科技人才对其所掌握的知识的应用程度，通过创造性思维而在实践中有所创新和发展的能力。创造能力高的个体比较富于幻想、具有对新事物敏感、自主性高、办事当机立断和好强固执等特征；反之就低。

5. 人际关系

科技人才不仅具有良好的知识结构和科研能力，还应具备良好的适应能力、说服能力、坚持己见、求实精神和团结合作等方面的才能。如果具有这些特征，就表明其人际关系能力强；反之就低。

6. 成长能力

科技人才在新环境、新工作条件下能否很快适应并顺利成长，需要他们具有较高的智慧、富有才识、责任心、知己知彼、自律严谨和严肃审慎等优点，这样他们的成长能力才较强。

7. 其他综合因素

其他综合因素是指科技人才的文化修养、知识结构、智力结构、年龄层次和职称结构等基础信息。对科技人才进行综合方面的测评可以间接反映科技人才的能力。

（二）如何对科技人才进行综合测评

国际竞争的日趋激烈，迫使企业越来越重视科技人才的选拔，越来越重视科技人才的综合素质的测评。下面将介绍 5 种能准确、可靠、有效地测评科技人才个体和群体综合素质的方法。

1. 案例研究法测评

（1）案例研究法是对组织内的个体、群体或组织的一个或几个以至更多的变量之间的关系所作的描述和说明。在案例研究法中，研究人员是一个独立的观察员，它通过组织正式和非正式的访谈、问卷调查和实地观察所收集的资料，以及从组织结构内的记录与档案中去收集有关个人、群体或组织的各种情况，用文字、录音等方法如实记录下来，以供研究、讨论和分析。这种方法是体现理论与实践、知识与能力、教学与研究、科学与艺术统一的好方法。

（2）适用情景及存在的缺陷。案例研究法测评适用于测评科技人才的逻辑推理能力及创造力。其缺陷在于：案例研究法测评主观性较强，研究结果的信度、效度无法确切说明。

2. 观察法测评

（1）含义及其分类。观察者以自己的眼、耳、鼻、舌和皮肤等感觉器官为工具，直接观察科技人才的行为，并通过对外在行为的分析去推测科技人才的心理状态。现在，摄录机等现代工具也用来协助观察。

在实践中，观察法一般分为以下内容。

①按观察者与被观察者的关系分类，可以分为“参与式观察”与“非参与式观察”。

②按观察情景的差异分类，分为“自然情景中的观察”与“实验室观察”。

（2）适用对象。观察法测评适用于对科技人才的初步测评，从整体上对科技人才有一个感性认识。

（3）实施步骤。

①明确观察的目的和意义，确定观察对象、时间、地点、内容和方法。

②收集有关观察对象的文献资料，对所要观察的条件有一个一般的认识。

③编制观察提纲。对观察内容进行明确分类，并确定观察的重点。

④实施观察。该步骤要求做到有计划、有步骤、全面而系统的观察。

⑤记录并收集资料。

⑥分析资料，得出结论。

3. 调查法测评

（1）它是与系统观察法密切相关的调查法。这种方法主要是了解被调查者对某一事物或人的想法、感情和满意度。可以用这种方法来调查科技人才对所在组织和所作工作满意度，以及影响科技人才积极性因素等。

调查法一般采用“面谈法”“电话调查法”和“问卷调查法”三种方法。

（2）采用调查法测评需要注意的是：用“问卷调查法”进行测评时，调查问卷的设计是非常重要的一个环节，决定着调查法测评的成功与否。第一，调查问卷要明确调查的目的和内容；第二，调查问卷设计的言语措辞要得当；第三，调查问卷要充分考虑数据统计和分析是否易于操作；第四，问卷的问题数量要合理化、逻辑化和规范化。

4. 测验法测评

测验法测评采用标准化的心理测验量表或精密的测验仪，以及各种图表来测量被测试者有关智力、能力倾向、兴趣爱好、个性性格、成就需要等心理和行为特征的研究方法。在运用测验法测评时，测验的信度和效度要维持在一个合理范围内。

5. 实验法测评

实验法测评的意义在于通过实验，可以知道某些特殊因素会带来什么影响，进而明确解决的措施。关于实验法，因实验的场所不同，分为室内实验与室外实验两种。

实验法测评要先假设一个或多个自变量对另外几个因变量的影响，然后设计一个实验，有目的地改变自变量，再测量这些改变因变量的影响。它适用于高级科技管理人才的测评。

案例研究法、观察法、调查法、测验法、实验法是测评科技人才的 5 种方法，在实践中，往往 5 种方法综合使用来进行测评，以求得真实可靠的数据，保证科技人才的准确性和科学性。

（三）如何获得科技人才的测评数据

采用合适的测评方法对科技人才兴趣、态度、情绪、需要和性格等内容进行测评，得到比较符合实际的测评数据，以此进行测评结果的分析、评价，达到全面、准确、科学地选拔、培养和使用科技人才的目的。

科技人才测评数据采集的合理性和有效性关系到科技人才测评的信度和效度。因此，了解科技人才测评常用的测评问卷，针对不同的测评目的选取不同测评方法至关重要。

1. 科技人才测评常用的测评问卷

（1）科技人才的兴趣、态度等测评常用的测评问卷。针对科技人才的兴趣、态度、情绪、需要等的测评选用以下问卷。

①卡特尔人格（16PF）问卷。

②艾森克人格（EPQ）问卷。

③爱德华个人偏好测评（EPPS）。

④SCL－90 临床症状自评量表。

（2）科技人才的智力及竞争能力测评常用的测评问卷。针对科技人才的智力及面对社会竞争环境能力强弱的测评选用以下问卷。

①瑞文智力测验（SPM）。

②加州人际关系测评（CPI）量表。

是否能通过测评问卷采集到有效的数据，关键在于问卷设计的合理性、科学性，以及问卷的回收率和答卷的正确性。因此，要设计合理的问卷，同时采取一些措施保证问卷回收率及答卷的可靠性。

2. 提高科技人才测评的有效性应该注意的问题

在科技人才测评中，为了防止被测评者不认真答卷或者不如实答卷，并减少测评环境对测评结果的影响，在综合测评过程中可以采取下述办法。

（1）将测评目的告诉被测评者，使他们对测评感兴趣。

（2）强调测评分数的重要性，使被测评者了解分数能正确表示他们做什么或哪些方面有能力，哪些方面能力不足。

（3）在测评问卷中加入稳定量表，以确定答卷的真实性，并向被测评者说明问卷中有测谎题目，打消被测评者的伪装心理。

（4）在测评问卷中要求被测评者独立答完全部 6 种问卷，包括个人需要、爱好、兴趣、生活习惯、人际关系、饮食、归纳和推理等多方面的内容，以提高测评的一致性。

（5）对于被测评者的测评结果给予保密。

（6）选择理想的测评环境。

这些方法有助于提高问卷的收回率和有效性，而且，使被测试者尽可能真实地独立答卷，减少他们在问卷测评中的伪装，并激发他们在测评中尽量努力答卷，使外界环境测评的影响减少到最小。

4. 如何用聚类分析法分析科技人才综合测评数据

面对采集到的大量科技人才测评数据，通过聚类分析的方法，可以帮助我们将具有近似的人格特征的人才分为一类，有助于合理管理和应用科技人才。

在对科技人才进行测评管理的过程中，需要将具有近似人格特征的人才，分为相应的类型，这样便于合理管理和应用科技人才，力求充分发挥和应用每一科技人才个体和群体的积极性。统计分析中的聚类分析方法是以科技人才群体为单位，对个体进行聚类分析，得到不同类型的科技人才，为管理决策部门和人力资源部门合理选拔、培养科技人才提供依据。

聚类分析根据实际需要有两个方面：一是对样本聚类，二是对变量聚类。聚类分析常用的方法有以下两种。

（1）系统聚类法。首先，将 N 个变量看成 N 类，然后将性质最接近的两类并为一个新类，得到（$N-1$）类，再从中找出最接近的两类加以合并，变成（$N-2$）类。以此类推，达到相似特征合并的目的。

（2）分解法。分解法的过程正好和系统聚类法相反。首先所有的样本均在一类，然后用某种最优的准则将其分为两类。再用同样的准则将这两类试图分为四类。如此类推，一直分解到每类只有一个样本为止。

思考题

1. 不同素质测评的类型以及它们的作用是什么？
2. 现实中怎样恰当地使用好素质测评不同类型的工具？
3. 怎样使人才测评的体系流程化，它的作用是什么？
4. 怎样对职业适应性和职业能力加以测评，它包括哪些内容？

5. 对领导人才的测评与管理人才的测评有什么不同?
6. 科技人才测评的特点有哪些?
7. 怎样在现实中针对不同测评对象建构自己的测评体系?

第三篇

人员素质测评的方法

第五章　人员素质测评的量化与质化方法

本章要点

1. 素质测评中的量化方法的内容特点与作用
2. 素质测评中的质化方法的内容特点与作用
3. 素质测评中量化与质化方法的有机结合
4. 人员素质测评的统计分析方法的三大步骤

量化与质化，即通常人们所说的定量和定性，量化方法与质化方法在许多方面都不同，但是它们彼此又是互补的。人员素质测评中所使用的量化方法与质化方法都需要系统地收集、分析经验资料，谨慎地检验其中的模式，以便了解、分析、解释和评价测评对象。这两种类型之间的不同之处是资料本身的性质。量化的资料是数字形式的硬资料；质化的资料则是印象、词语、句子、照片和符号等形式的软资料。这样就规定了量化方法与质化方法不同的研究策略和资料收集技术。下面我们将对质化方法与量化方法作一个对比，以便使我们更好地了解它们的各种属性及关系，见表5－1。

表5－1　质化方法与量化方法对比

	质化（定性）方法	量化（定量）方法
分析标准	通常用社会认可的标准	社会的或专业的标准
分析手段	个人或群体的经验和常识、主题分析①	量化、统计分析或推断
内容	建构社会现实、文化意义	测量客观的事实
关注焦点	互动的过程、事件	变量

① 主题分析（analytic domain），是一种主题范围（domain），指研究者运用他（她）发明的类别或术语理解社会环境。

	质化（定性）方法	量化（定量）方法
关键	真实性①	信度
结果特性	较模糊	较精确
优点	直观、形象、易懂，适用于文化水平差异较大的人群	客观、可靠、较少随意性，将结果图形化后也不难理解
缺点	往往因人而异，带有主观随意性	工作量大、投入大
关系	建立量化标准后可转化为定量分析	对结果划分等级后可转化为定性的结果

第一节　素质测评量化及其作用

一、量化的概念

量化，即数量化，指给事物以数学形式的表示，也就是人们说的定量。人员素质测评量化，即用数学形式描述素质测评的过程。数量化只是给事物性质赋予数值，所以它既不表示质的消灭，也不表示量的随意创造。素质测评量化就是通过素质测量法则，把个体稳定的行为特征，与某一项量之间建立起同态关系，使定性评定中不便综合处理的行为特征信息，得到统一的数学处理，来揭示素质的数量特征与质量特征，使人们对素质有更深入、更本质的认识。这样，可使测评者对不同个体素质的心理感觉差异反映在数量差异上，进而综合反映个体素质的差异与水平。

二、量化的作用及意义

进行人员素质测评量化的作用与意义是什么呢？既然可以进行定性的人员素质测评为什么要那么复杂与抽象呢？我们不妨先来分析人类认识世界发展史中的实例。

对于自然界的气候，人类对它的认识，开始时是模糊甚至还带有迷信的色彩。随着经验的积累，什么时候下雨，什么时候出太阳，是根据人类自身的经验来判定的。气候谚语：“云朝东，一场空；云朝西，披蓑衣；云朝南，水满田；云朝北，

① 真实性（authenticity），通过那些日常生活中普通人的观点，对社会生活给出一个合适的、诚实的和均衡的说明。

黑一黑。”也就是这些经验的总结。当然这些经验并未上升到理论的层面。只有当现代气象科学建立，人们对空气对流的方向、速度，空气中水汽混合比，温度高低，气压高低，等压面积及边界等各个指标的得以明确，人们才能科学地认识气候，并预测气候的变化。可见对气象科学的认识很重要的一个环节，就是对气象的相关因素的量化。

以上的实例是自然科学范畴中的东西，与人的素质这种社会科学中的东西有所不同。人的素质是与人自身行为直接相关的主观对象，而自然现象是独立于人之外的客观对象。前者的载体是能动的主体（人），而后者的载体是被动的客体。但是作为行动主体之外的测评对象来说，它们都是认识的客体。量化作为一种个体认识的物化手段，它不仅适用于自然科学而且也适用于社会科学。人的素质作为一种客观的认识对象，通过其量化使我们对其某一属性、特征、关系的认识更加规范、简捷明了。从而能更深入地把握对象。

目前人们对于个体素质的认识与研究，大多还处于个体的感觉体验阶段。其中许多结果不乏正确之处，但都局限于只能意会不能言传的“第六感觉”范围，语言难以表达，其认识与评定处于内部的自我封闭状态，无法上升扩展到自我之外，使之参与群体的共识测评。这种感觉体验性的测评，由于缺乏简便的物化手段，往往随着测评者个体的经验多寡而不同，甚至随着测评者个体感觉的消失而消失。借助于量化手段，素质测评能够从测评者个体感觉经验的局限中跳出来，由个体的感性测评上升到群体的理性测评，由模糊混沌的体验测评转化为明确清晰的测评。

素质测评量化，除了方便简洁的物化表述功能外，还有助促进测评者对素质特征进行细致、深入的分析与比较，有助于从大量的具体行为中抽象概括出本质的特征和作出尽可能准确的差异比较。

量化素质测评的结果表现为分数，因此，就使得纷繁复杂的行为特征描述，可以由彼此离散的状态综合为简单的分数或等级，使难以比较的操行评语转化为可以比较的分数，从而大大简化了对各个素质水平与差异的比较与评定，使选拔录用中的测评标准落到实处，使分数、评语有机地结合在一起。

三、素质测评量化的形式

素质测评的量化形式，从理论上来说，有一次量化、二次量化、类别量化、模糊量化、顺序量化、等距量化、比例量化与当量量化等形式。

（一）一次量化与二次量化

什么是一次量化与二次量化，人们对此似乎还模糊不清。我们认为其中“一”

与“二”可作两种解释，当“一”与“二”作序数词解释时，一次量化是指对素质评价的对象进行直接的定量刻画。例如违纪次数、出勤频率、身高体重、产品数量等。一次量化的对象一般具有明显的数量关系，量化后的数据直接提示了素质测评对象的实际特征，具有实质意义，因此也可以称为实质量化。二次量化指对素质测评对象进行间接的定量刻画，即先定性描述后再定量刻画的量化形式。二次量化的对象一般是那些没有明显的数量关系，但具有质量和程度差异的素质特征。如果量化的结果没有直接揭示量化的内容，换句话说，当量化的表现形式与量化的具体内容并不存在任何实质性的数量关系时，我们把这种形式的量化称之为形式量化。

当“一”与“二”当作基数词解释时，一次量化是指素质测评的量化过程可以一次性完成。素质测评的最后结果，可以由原始的测评数据直接综合与转换。二次量化则不然，它是指整个素质测评量化测评过程要分二次计量才能完成。

（二）类别量化与模糊量化

类别量化与模糊量化都可以看作是二次量化（第一种作序数词解释的二次量化）。所谓类别量化就是把素质测评对象划分到事先确定的几个类别中去，然后每个类别都赋予不同的数字。例如，把职员划分为管理人员、技术人员与非技术人员三种，然后给“管理人员”赋予数字“3”，给“技术人员”赋予“2”，给“非技术人员”赋予“1”。

这种量化的特点是，每个测评对象仅属于一个类别，不能同时属于两个以上的类别。量化在这里是一种符号性的形式量化，“分数”在这里只起符号作用，无大小之分。

模糊量化则要把素质测评对象同时划分到事先确定的每个类别中去，根据该对象的隶属程度分别赋值。例如，我们可以将管理者的风格划分为“民主型”“专制型”“中介型”，每一种都可以拟定一些具体标准。一个管理者的所有行为，可能有些符合“民主型”，有些符合“专制型”，而有些符合“中介型”。因此，要把它归入任何一类中都比较困难，此时，可以根据该管理者实际符合于“民主型”“专制型”与“中介型”三者标准的程度，分别给出三个隶属度值，若认为有 60％把握说该管理者符合“民主型”的标准，就可给“民主型”赋值 0.6。

这种素质测评模糊量化的特点是，每个测评对象同时且必须归属到每个类别中，量化值一般是不大于 1 的正数，是一种实质性量化。

由此可见，模糊量化测评对象是那些分类界限无法明确，或测评者认识模糊和无法把握的素质特征；类别量化的测评对象则是那些界限明确且测评者能完全把握的素质特征。

（三）顺序量化、等距量化与比例量化

在同一类别中常常需要对其中的诸素质测评对象进行深层次的量化，这就是顺序量化、等距量化与比例量化，它们也都可以看作是二次量化。

顺序量化一般是先依据某一素质特征或标准，将所有的素质测评对象两两比较排成序列，然后给每个测评对象一一赋予相应的顺序数值。

等距量化则比顺序量化更进一步，它不但要求素质测评对象的排列有强弱、大小、先后等顺序的关系，而且要求任何两个素质测评对象间的差异相等，然后在此基础上才给每一个测评对象一一赋值。例如，对于公司的主要领导干部的能力实行量化测评，从第一个开始依照间隔一个难度等级赋值，排列第 1 位的赋值“1”，与第一位相差 1 个等级难度的测评对象赋值“2”，与第一位相差 2 个等级难度的测评对象赋值“3”，以此类推。等距量化可以使素质测评对象进行差距大小的比较。

比例量化又比等距量化更进一步，不但要求素质测评对象的排列有顺序等距关系，而且还要存在倍数关系。假设排在第 2 位的人的能力是第 1 位的 2 倍，则排在第 3 位的是第 1 位的 3 倍、排在第 4 位的是第 1 位的 4 倍，以此类推。然后在此基础上再给每个测评对象赋值。标准分数可以说是一种比例量化。

比例量化的步骤可以在顺序量化的第一步基础上进行。当素质测评对象排成序列后，其赋值的法则规定，以排列在第 1 位的素质测评对象为基准，后续的每一个测评对象顺次与它进行倍数比较，当第 2 个素质测评对象是第 1 个的 2 倍时，给第 2 个素质测评对象赋值 2；当第 2 个素质测评对象是第 1 个测评对象的 0.5 倍时，则赋值 0.5。比例量化可以使素质测评对象进行差异比例程度的比较。

（四）当量量化

在素质测评的量化过程中，常会遇到不同类别的对象如何综合的问题。类别量化仅仅起了给测评对象“数值”分类的作用，并没有解决其量化后的综合问题，因此，类别量化之后常常需要再作当量量化。

当量量化，就是先选择某一个中介变量，把诸种不同类别或不同质的素质测评对象进行统一性的转化，对它们进行近似同类同质的量化。例如，对各项测评指标的纵向加权，实际上就可以看作是一种当量量化。当量量化实际上也是近似的等值技术。当量量化常常是一种主观量化形式，其作用是使不同类别不同质的素质测评对象量化，能够相互比较和进行数值综合。

第二节　素质测评质化方法

一、质化的概念

质化方法即我们通常所说的定性方法。它是指将研究对象的诸属性、性象、素质、表征、关系等纳入研究者预先设计的类别、术语中进行理解，然后作出某种描述和解释，以揭示对象存在的样态和样式。质的研究遵循的是与量的研究不同的思维范式，关注的不是客观的分类计量、因果假设论证或统计推论等，而是社会事实的建构过程和人们在特定社会文化情景中的经验和解释。所以素质测评的质化方法更加关注用“个案和情景”语言进行表述，强调对出现在社会生活的原始、自然状态下的个案进行细致考察，并对于特定的社会历史情景保持敏感。

二、质化的作用与意义

在人们的研究过程中，存在许多难以量化的问题，比如：对性质的判断。这就需要我们用质化的方法来解决。严格地说，与量化方法相比，质化方法不是对同一问题的不同方法，而是通过不同途径来回答不同类型的问题。因此，质化方法有自己的优点与作用。

第一，质化方法比量化方法进行起来成本低。因为它关注的是场景性的东西，而非技术化的投入。

第二，在特定的场景中，更能深入了解被考察对象内心动机与感觉。

第三，质化方法可提高量化方法的效率。这就是说当被考察对象的某种或某些特性被确定后，在此基础上的量化方法更能直接解析对象。

在人才素质测评中，质化的方法被广泛地运用。例如在测评中，投射测评、叙述故事、无领导小组讨论、管理游戏、角色扮演、文件筐处理、个人访谈、小组访谈等，这些与情景密切相关的测试项目，都要运用到质化方法。

为什么质化方法有其独特作用呢？这是由于它在取向、抽样、分析上，有其自身的特点。

三、质化（定性）的取向

1. 超验的观点

超验的观点比较贴近于解释性（interpretive）与批判性（critical）的取向。就这个观点而言，研究问题来自于被研究者个人的观点，而不是局外人的立场。其目的在于清除被研究者的错误观念，并且把人当成具有创造力、同情心的生命体，而不是物体。它经常提出有关权力或不平等的问题，这些问题是社会中政治哲学层面上的，并且认为社会关系产生于有意识的行为，而不是人性自然法则的结果。它试图帮助人类成长、把握自己的生活，并介入社会变迁，也就是说，超越当下的社会状况。

2. 实践逻辑

实践逻辑是实际上如何展开研究的现实逻辑。它是相对凌乱的，带有较多的模糊不清之处，而且与特定个案紧密相连，以实际完成一项工作为目的，没有多少固定的规则。这套逻辑的基础是有经验的研究者之间共享的判断或规范。它来自于研究者们聚在一起用午餐、喝咖啡，以及讨论做研究的相关事务时，相互之间传递的非正式的智慧。

3. 非线性路径

定性研究的路径更多是非线性和循环的。与在一条直线上前进相比，非线性研究路径通过不同的阶段向前移动，有时候前进之前会倒退甚至走入歧途。它更像一个螺旋体，缓慢朝上移动，而不是直线向上。在每个循环或重复的过程中，研究者收集到新的资料并且有新的领悟。同时，它也可能是“漏斗型”，多因一果，也可以是散点对应多因多果，开放型一因多果等状况。

4. 完整性

定性研究为了确保研究的诚实性、真实性，在关注的方式往往通过强调人的因素和所研究的背景中直接私密的（intimate）第一手资料，他们力图防止自己远离他们所研究的人和事。因此，研究者的完整性是定性研究中的一个重要议题。

类似于定量研究设计中的客观性标准，定性研究者们强调研究的可信性。这确保了研究工作的可依赖性和可信任性。

5. 逐渐形成的研究问题

当着手一个研究方案时，第一步工作是选择一个主题。选择主题并没有一定的定式。不论你是经验丰富的研究者，还是刚入门的初学者，最佳方针就是对一件你感兴趣的事进行研究。主题的来源非常多，它们包括个人经验，出于对媒体报道事件的好奇心，某个领域内的知识状况，基于解决问题，社会奖励，个人价值，日常生活等。

因此，定性研究类型具有弹性，它鼓励在整个研究过程中缓慢地聚焦主题。它更多的还是存在于研究者收集资料的过程中。

四、质化（定性）样本抽样方法

质化研究者关注样本、小的单位、个案或行为的集合是怎样展示社会生活的。抽样的基本目的是收集特殊的个案、事件和行动，以澄清和深化理解。他们侧重的是发现个案，以提升研究者在特定内容方面对社会生活过程的认识。由于这个原因，定性研究者倾向于采用非概率抽样。它包括了以下典型的抽样方法。

1. 随意（偶遇或方便）抽样

随意抽样是研究者随意选择很方便就可取得的个案，这时他可能会很轻易就得到一组相当不代表总体的样本，这种样本很方便而且很快到手，但可能产生无效的、非常不具代表性的样本。

2. 配额抽样

配额抽样是对随意抽样的一种改进。在配额抽样中，研究者首先要给出人们的相关类别。例如，男性和女性，或 30 岁以下、30 岁—60 岁之间、60 岁以上，然后决定在每一个类别中要抽取多少人。因此，在样本中的不同类别人数都是固定的。例如，研究者决定要选取 30 岁以下 5 位男性和 5 位女性，30—60 岁之间 10 位男性和 10 位女性，60 岁以上 5 位男性和 5 位女性，形成一个 40 人的样本。这样选取出来的样本很难精确地把总体的所有特性都表现出来。

3. 立意抽样或判断抽样

立意抽样是一种在特殊情况下可接受的抽样类型。它借助专家的判断来选择个案，或者以心中特定的目的来选择个案。如果用它来挑选“一般的家庭主妇”或“典型的学校”就不大适合，使用立意抽样的研究者并不知道被选出的个案是否会代表总体。这种方法常用在探索性研究或实地研究中。

立意抽样适用于：①研究者使用它来选择特别能提供信息的独特个案；②研究者可能使用立意抽样来选取难以接近、特殊总体中的成员；③当研究者想要确认特殊个案类型，以便进行深入探究。它的目的不是要推论到较大的总体上，而是要获得对这种类型的深入了解。

4. 雪球抽样

测评者常对相互关联的人或者组织网络感兴趣。雪球抽样，也称为网络、关系链或声望抽样，它是一种辨识和抽取（或选择）网络中个案的方法。它建立在滚雪球的类比之上，雪球开始的时候很小，但是当它在潮湿的雪地上滚动而增加额外的雪片时就越变越大。雪球抽样是一种多阶段的技术，它开始于一个人或少数人或个案，然后根据与初始个案的联结而扩展开来。这种抽样属于非概率抽样，常见的程序是先收集目标群体少数成员的资料，然后再向这些成员询问有关信息，找出他们认识的其他研究对象。它通常用于探索性研究。①

5. 异常个案抽样

当研究者搜寻与主导模式不同，或与其他个案主要特征不同的个案时，会采用异常个案抽样法（也称为极端个案抽样法）。与立意抽样类似，研究者使用多种技术来确定具有某种特征的个案。而异常个案抽样与立意抽样不同之处在于，其目的是确定一个不平常、有差异或特殊的个案集合，并不要求它代表总体。之所以选中某些异常个案，是因为它们是不平常的，研究者希望通过考察那些落在一般模式之外的个案，或者说包含超出主流事件的东西，更多地了解社会生活。

6. 连续抽样

除一点不同外，连续抽样与立意抽样类似。在立意抽样中，研究者竭尽时间、财力和个人精力，试图找到尽可能多的相关个案，原则是寻遍每一个可能的个案。而在连续抽样中，研究者持续地收集个案，直到满足了对新的信息或个案差异性的要求，原则是收集个案直至达到饱和点。用经济学术语表示，就是说信息收集要符合边际收益，即新增个案带来的收益增值是有意义的。这需要研究者不断地对已收集到的个案进行评估。

7. 理论抽样

当研究者进行扎根理论收集对象信息时，他会采用理论抽样，仔细地选择样本（例如，人群、局面、时间、时间段等）。不断增长的理论兴趣引导个案的选取，研究者根据对个案特点新的理解来选取个案。例如，实地研究者也许会在周末观察某个场景和一群人。理论上，他也许会问在其他时间、场景的其他方面改变后，人们的行为是否相同。于是研究者可能会在其他时间段（例如，夜晚和周末）进行抽样以获取更丰富的图像，了解是否重要的条件是相同的。

五、质化（定性）资料的分析方法

编码、撰写备忘录和找寻浮现事实的技术在定性资料分析中是相当普通的。大部分定性研究者结合定性资料的分析策略，不同程度地使用这些技术。与定量资料的分析相比，定性资料的分析策略更加多样化，标准化程度相对较低，研究者对研

① 〔美〕艾尔·巴比著，印泽奇译：《社会研究方法》，华夏出版社，2005 年版，第 178 页~179 页。

究过程的描述相对模糊。

资料分析（data analysis）通常是指找出资料中的模式——反复出现的行为、目标或知识体系。一旦一种模式被辨认出来，我们就会以某种社会理论或是它出现时的情景来加以解释。定性研究者从描述一个历史事件或社会情景出发，进而对这个事件或情景的意义，提出更具通则性的解释。

分析定性资料主要有7种方法：叙述法、理想类型法、连续逼近法、例证法、路径依赖与偶然事件法、主题分析法和分析性比较法。

1．叙述法

在实地研究中，它被称为自然历史（natural history）或现实主义故事方法（realist taleapproach）。叙述法在很大程度上是理论描述（theoretical description）。研究者——作者从分析中“消失”，并以时间顺序展示研究的具体细节，好像它们是一系列独一无二的“自然展开的”事件的产物。他仅仅是“讲述一个故事”，一个已经发生的故事。叙述法其基本要素包括：①对整个故事的概要性陈述；②一个区分特定时间、空间、人物和状况的定位；③“发生了什么”的情景中的复杂行动或转折；④一个关于该叙述的意义或重要性的评价或情感性评估；⑤对于戏剧性的高潮过后发生了什么；⑥叙述结束时的尾声或信号。

2．理想类型法

理想类型是社会关系或过程的模型或纯粹抽象的思考，它们是完美的标准，资料或“事实”可以与这个标准进行比较。理想类型是一种用作比较的工具，因为没有任何事实会完全与理想类型相符。举例来说，研究者建构一个关于领导与追随者的模型。虽然这些抽象的陈述罗列了一长串的特征，却并不描述任何一个特定领导与追随者的关系。不过，当把这些特征用到许多特定的个案，以观察每个个案符合理想类型的程度时，将会非常有用。一般情况下它包括对比的情景和类比两种工具。

3．连续逼近法

这个方法涉及在向最后的分析阶段迈进的过程中，不同阶段的不断重复与循环。随着时间的流逝，或是经过几次重复之后，研究者逐步从资料中模糊的想法与具体的细节，过渡到对通则的理解性分析。这与前面讨论的三种编码类型相似。

研究者从研究问题与一个假设和概念的框架出发，探究资料，提出关于证据的问题，据此察看概念与证据的符合程度，并且显示资料的特征。他也会通过将证据抽象化来建立新的概念，并且调整概念使之与证据更加吻合。研究者接着会收集更多的证据，以便对第一阶段尚未解答的议题进行讨论，然后再重复这个过程。在每一个阶段中，证据与理论互为调整。这种方法称为连续逼近法，因为修改后的概念与模式更加接近完整的证据，并在一次次反复修改之后，变得更加准确。

4. 例证法

通过例证法，研究者把理论应用到某个具体的历史情景或社会背景中，或者根据先前的理论来组织资料。事先存在的理论为其提供了一些“空盒子”（empty boxes）。研究者察看是否可以收集证据来填满这些“空盒子”。盒中的证据不是证实就是拒绝理论，研究者将此看作诠释社会世界的有力工具。理论可以一般模型、类比或是一连串的步骤的形式出现。例证法有两种不同的方式：一种用于表明理论模式能够说明或澄清某个特定的个案或单一的情景；另一种是研究者通过同时列出多个个案（即单位或时期），来表明该理论适用于多个个案，以此对一个模型进行并列证明。

5. 路径依赖与偶然事件法

定性研究者，尤其是历史比较研究者，经常用与路径依赖和偶然事件相关的思想，来分析资料并形成关于社会事件如何与为什么沿时间展开的解释。

路径依赖是指一个独一无二的起点如何导致一系列事件的发生，并产生一种确定性的路径，规定着一连串后续事件的出现。这个路径有一种因果效应。它涵盖或限制着正在发生的后续事件的发展方向。

6. 主题分析法①

它是一种创新的、整体性的分析定性资料的方法。它把文化情景中的基本单位界定为一个主题，即一个用于组织资料的观念或概念。它的体系建立在对主题的分析上。在以后的分析中再把若干个主题组成类别与范围更为广阔的论题，以便对文化场景或社会情景作出整体性的解释。

主题有三个部分：一个主概念（cover term）或短语（phrase）、语意关系（semantic relationship），以及几个从属概念（included terms）。主概念是简单的主题名称，从属概念是主题之下的次级类型或部分，语意关系说明从属概念在逻辑上如何与主题相符。举例来说，在法院情景中证人这个主题下，主概念是“证人”，两个次级类型或从属概念是“被告证人”与“专家证人”，语意关系是“属于某个种类”。因此，专家证人或被告证人都是证人的一个种类。大部分类型的定性资料分析都包含六大步骤：①重新阅读包含所有细节资料的笔记；②在脑海里重新把细节归类到用来组织资料的想法之中；③从记录主观意义的笔记中，或研究者用来组织资料的想法中建构新观念；④找出这些想法之间的关系，并且根据逻辑相似性将其分成不同的小组；⑤通过比较与对比各组概念，将这些小组组成较大的类别；⑥重新组织并结合各个类别，使之成为更为广泛的整合性主题。这个过程开始于笔

① 〔美〕威廉·劳伦斯·纽曼著，郝大海译：《社会研究方法：定性和定量的取向》，中国人民大学出版社，2007年版，第557页～559页。

记中的具体内容，最终形成一组整体性的逻辑关系。

7. 分析性比较法

分析性比较法即进行比较的逻辑方法，包括取同法（method of agreement）与取异法（method of difference）构成定性资料分析中分析性比较的基础。它从已有的理论或归纳中，形成关于规则或模式关系的想法。

第三节　量化方法和质化方法的结合

这两种方法之间进行结合是因为两种方法各有其利弊，结合起来使用可以相互取长补短，比单独使用一种方法更具优势。

一、量化（定量）与质化（定性）方法各自的优缺点

（一）量化（定量）方法

其优点是：①研究工具和资料收集标准化，效度和信度相对准确；②可以使用实验干预的手段对控制组和实验组进行对比研究；③通过随机抽样可以获得有代表性的数据和研究结果；④适合对事情的因果关系以及相关变量之间的关系进行研究。

其缺点是：①只能对事物的一些比较表层的、可以量化的部分进行测量，不能获得具体的细节内容；②测量的时间往往只是一个或几个凝固的点，无法追踪事件发生的过程；③只能对研究者事先预定的一些理论假设进行证实，很难了解当事人自己的视角和想法。

（二）质化（定性）方法

其优点是：①在微观层面对社会现象进行比较深入细致的描述和分析，对小样本进行个案调查，研究比较深入，便于了解事物的复杂性；②注意从当事人的角度找到某一社会现象的问题所在，用开放的方式收集资料，了解当事人看问题的方式和观点；③对研究者不熟悉的现象进行探索性研究；④注意事件发生的自然情景，在自然情景下研究生活事件；⑤通过归纳的手段自下而上建立理论，可以对理论有所创新。

其缺点是：①不适合在宏观层面对规模较大的人群或社会机构进行研究；②不

擅长对事情的因果关系或相关关系进行直接的辨别；③不能像量的研究那样对研究结果的效度和信度进行工具性的、准确的测量；④研究的结果不具备量的研究意义上的代表性，不能推广到其他地点和人群；⑤研究没有统一的程序，很难建立公认的质量衡量标准。

二、结合方式

（一）整体式结合

整体式结合的方式是将量化（定性）研究和质化（定量）研究分成两个部分，在一个整体设计中将这两个部分各自完整地结合起来。它有三种不同的设计方案：顺序设计、平行设计和分叉设计。

1. 顺序设计

顺序设计典型的做法是：首先使用一种方法，然后再使用另外一种方法，两种方法的使用存在一个前后顺序。通常的做法是先作一个质的研究，使用归纳的方法提出理论假设，然后再使用量的方法，通过演绎的手段对这些假设进行检验。当然，将这个顺序翻转过来也同样适用。例如，我们可以先对一个比较大的人群作一个统计调查，然后根据研究问题的重点从中选择一些人进行深度访谈。这样做不仅可以帮助我们有目的地选择信息提供者，而且可以深入地探讨他们在问卷中所作的回答。

2. 平行设计

在这种设计里，不同的方法被同时使用，而不是按先后顺序进行。使用这种方式的好处是：可以对从不同方法中得出的研究结果及时进行相关检验和相互补充，研究的结果比较丰富，不仅有“骨头”框架而且有“血肉”的支持，不仅有面上的分布状态而且有点上的过程和变化。而与此同时有可能出现的问题是：如果使用不同方法得出的结论不一样，很难将其进行整合。

3. 分叉设计

这种研究设计实际上是结合了上述顺序设计和平行设计两种形式。通常，在研究开始的时候使用一种方法，然后在继续使用这种方法的同时使用另外一种方法。分叉设计的方式结合了上述两种方式的长处，不仅可以使我们在前期结果的基础上进行后期的设计，而且可以在后期使用平行法时对两种方法所产生的结果进行相关检验和相互补充。

（二）分解式结合

这种方式将不同方法中的各个部分进行分解，然后将其中某些部分重新进行组合，形成一个完整的设计。在这类设计下面通常也有三种不同的设计方案：混合式设计、整合式设计、内含型设计。

1. 混合式设计

混合式设计是将不同研究方法中的某些部分提取出来，然后结合成一些混合型的方法策略。这么做对社会科学研究具有十分重要的建设性意义。这一设计是由社会学家派顿提出[①]。他将量的研究和质的研究范式分为三个部分：①研究设计（如自然主义的设计或实验的设计）；②测量（质的测量或量的测量）；③分析（内容分析或统计分析）。研究者可以使用不同的方式将这些不同的部分组合起来，形成一系列不同的组合设计。他设想了一些混合结合的可能性，提出了四种整合形态：①量的实验设计，质的资料收集与分析；②量的实验设计，质的资料收集和量的统计分析；③质的自然研究设计，质的资料收集和量的统计分析；④质的自然研究设计，量的资料收集和量的统计分析。

2. 整合式设计

在这种设计中，量的研究和质的研究在不同的层面（如问题、抽样、资料收集和分析）同时进行，并且不断地相互互动。

3. 内含型设计

在这种设计方式里，一种方法形成研究的整体框架，另外一种在这个框架中发挥作用。通常，一个研究项目使用的是实验型或半实验型的总体设计，对实验条件和控制条件进行对比，具体的操作方法通常是“民族志”[②] 或其他质的方法。

综上所述，我们可以得出如下结论：量化方法和质化方法的结合是可能的，也是有益的，但是必须考虑到结合的必要性以及随之而来的理论假设方面的问题。虽然量的研究方法和质的研究方法可以用很多不同的方式结合起来使用，但是我们并不希望完全消除两种方法之间的区别。方法就像文化一样，应该是越丰富多彩越好，而不应该过于简单、单一。

第四节　测评资料统计分析的基本方法

测评资料包括量化（定量）资料与质化（定性）资料。测评资料的统计与分析

① Patton，M. Q（1990）. Qualitative Evaluation and Reasearch Methods. and Cd. New — bury Park：Sage.

② “民族志”方法，是一种典型的解释性研究方法。它是在描述一个种族或一个团体中的人的生活方式中，解析其与文化中的人、事、时、地、物各因素之间的交互影响的过程。具体的方式主要有：研究者的“长时间参与”或者是“一对一的访谈”方式收集数据。

实际上是通过收集、整理与分析的形式，对测评资料进行一次量化、二次量化、类别量化、顺序量化、当量量化及其运算的过程。下面按照实际的统计过程，将资料的收集、资料的整理和资料的分析三个部分来介绍人员测评研究与实践中所需要的统计学基本知识与基本方法。

一、测评资料的收集

收集测评的信息资料或收集测评的数据是测评过程中进行统计工作的第一个阶段，是全部统计工作的基础。常用的收集方法大致有三种。一是收集，即从日常的工作记录、统计报表、档案资料中收集。二是调查，即采用科学的方法和手段深入实际收集客观资料的一种方法，调查一般分为普查的全面性调查与包括典型调查、重点调查和抽样调查三种形式的非全面性调查。其中抽样调查是测评实践中常用的一种方法。在抽样中，又有随机抽样、分层抽样、多阶抽样、集团抽样和系统抽样五种形式。实践表明，把其中的多阶抽样与分层抽样结合起来，是抽样中最有效的一种抽样方法。三是测量，即根据一定的标准和系统的法则把所测评对象的特质或度量的等级以数字记录下来，这些数据就是可以用于统计的资料。

二、测评资料的初步整理

当收集了一大堆测评资料之后，所面临的工作就是要对他们进行初步的整理，以便去粗取精。这种初步性的整理工作，一般是通过分类和制成图表两个步骤来完成的。

（一）测评资料的统计分析

测评资料的统计分析又称统计分组。这是对测评资料进行初步整理的第一步工作。分类时所依据的特征称为分类的标志。分类标志按形式可分为性质标志和数量标志两种。也就是说，分类的类别按形式分，可分为性质类别和数量类别两大类。性质类别反映测评对象所属组别与种类的不同。例如，将测评客体按男女或年龄来分组就是属于性质类别。数量类别就是将测评数据按其数值大小排列出一个秩序来。

（二）统计表与频数分布表

1. 统计表

统计表是以表格形式表达测评数据关系的重要工具，它可以化繁为简地反映表中各类测评对象或数据的情况，便于分析、对比、计算和记忆。统计表的形式通常有简单表、分组表和复合表三种。

2. 频数分布表

频数分布表也称次数分布表。常见的有单频数分布表、累积频数分布表和累积百分比分布表三种形式。

（三）统计图与频数分布图

1. 统计图

统计图是以点、线、面、体来表示各种数据间关系及其变动情况的重要工具。

2. 频数分布图

频数分布图也称次数分布图，是以曲线来表示相应的频数分布表的一种统计图。

三、测评资料的分析

经过对测评数据与资料的归类、列表、绘图等初步整理工作后，测评对象的面貌和某些特征可能已经反映出来了。要进一步把握测评对象的本质特征，就必须进一步做分析工作，分析与计算出一些统计量数来。一般只要进行如下一些测评数据分析工作：集中量数的计算、差异量数的计算、相关与回归的分析、总体平均数与比率的推断、显著性检验以及方差分析。下面就主要内容进行介绍。

（一）集中量与差异量

集中趋势和差异趋势是测评数据频数（次数）分布的两个基本特征。前者是反映关于在分布中大量测评数据向某点集中的情况，它一般以集中量数来描述；后者是反映关于在测评数据分布中大量数据彼此离散的情况，它一般以差异量数来描述。

集中量数，指的是一组同类测评数据的代表数值。它表明了该测评对象群体的数量特征。它一般用来进行测评对象群体间的比较，以判明某一测评对象群体与另一测评对象群体的差别。

（二）相关性分析

当要分析两组以上的测评数据之间的相互关系时，常要进行相关分析两种对象间的相互联系，如从数量关系的特点来考察，大体可以分为函数与相关两种关系。函数关系是一种确定的关系。当两组数据之间的关系一时无法用函数关系来确定时，就要进行相关分析。例如，某个领导干部的届中与届末各种素质测评分数之间的关系就可能是一种相关关系。

（三）显著性检验

当计算出两个人在50项测评指标各自得分的平均数或其他统计量后，发现他们彼此不同时，为了确定他们差异的程度，常常要进行显著性检验，即要确定这种差异性程度到底如何。

思考题

1. 人员素质测评中量化方法的作用和意义。
2. 人员素质测评中质化方法的作用和意义。
3. 量化的主要形式有哪些？
4. 质化的抽样方法与分析方法有哪些？
5. 量化方法与质化方法各自的优、缺点有哪些？
6. 怎样使量化方法与质化方法有机地组合在一起？

第六章 人员测评内容标准化方法

本章要点

1. 素质测评的内容、目标与指标
2. 人员素质测评标准化方法——工作分析
3. 测评内容标准化的七个主要步骤
4. 素质测评中的信度分析
5. 素质测评中的效度分析

第一节 素质测评内容与标准化方法

测评内容的标准化，主要是如何建构人员素质测评标准体系。人员素质测评标准体系是一个群体概念。在素质测评标准体系中，一般在素质测评目的下规定测评内容，在测评内容下设测评目标，测评目标下设测评项目，测评项目下设测评指标。素质测评项目、测评指标与测评目标之间的区别是，素质测评目标具有实在独立的意义，它是素质测评内容的抽象性概括；素质测评项目是对素质测评目标的具体规定；素质测评指标则是对素质测评项目的具体分解。

素质测评标准体系对素质测评对象的质量与数量的测评，起着“标尺”作用，素质的特征只有通过测评标准体系，或者把它投影到测评标准体系中，才能表现出它的相对水平与内在价值。素质测评标准体系及其分数等级、评语在素质测评过程中是充当一种价值等价物的作用，它一般由标准、标度和标记三个要素组成。

标准，就是指测评标准体系的内在规定性，常常表现为各种素质规范化行为特征或表现的描述与规定。所谓标度，即对标准的外在形式划分，常常表现为对素质行为特征或表现的范围、强度和频率的规定。所谓标记，即相应于不同标度（范围、强度和频率）的符号表示，通常用字母（A、B、C 等）、汉字（甲、乙、丙等）或数字（1、2、3 等）来表示，它可以出现在标准体系中，也可以直接说明标准。标记没有独立意义，只有当它们与相应强度或频率的标度相联系时才有意义。

一、素质测评的内容、目标与指标

素质测评的内容、目标与指标之间的相互关系是什么呢？这是素质测评研究与实践工作者确定测评内容及其标准化的过程中必然会遇到的问题。

（一）测评的内容及其确定

任何一种素质测评都是有明确目的的，任何测评目的的实现，都离不开具体的测评内容。测评内容的正确选择与规定，是实现测评目的的重要手段。

测评内容在这里是指素质测评所指向的具体对象与范围，它具有相对性。例如，干部素质测评中的“德”与“才”，面试中的“仪表”“口才”，“科研能力与水平”测评中规定的“近 5 年以来取得的研究成果”，公务员录用考试中的“数学”“语文”“英语”等。相对“数学能力与数学知识”来说，则相关考试用书上所列具体章、节、目又是测评内容。

测评内容的确定是以测评目的与所测评的客体的特点为依据。考核性素质测评的内容一般范围越广泛越好，而诊断性素质测评的内容一般要求精细和具有针对性，区分性素质测评则要求选择那些变异较大的问题作为测评内容。

测评内容的确定的步骤一般是先分析被测评对象的结构，找出所有值得测评的因素。然后根据测评目的与职位要求进行筛选。内容分析最好借助于内容分析表进行。内容分析表的设计，纵向可以列出被测客体的结构因素，横向可以列出每个结构因素的不同层次或不同方面，在中间表内则可以具体列出测评的内容点。表 6－1、表 6－2 列示了两种测评内容分析。

表 6－1 个体素质测评内容分析表

表现形式 结构	知识	能力	思维形式	操作行为	日常表现	绩效表现
德						
智						
体						

表 6－2　岗位知识测评内容分析表

表现形式 结构	记忆	理解	评价与运用
德			
智			
体			

（二）测评目标

素质测评目标是对测评内容筛选综合后的产物。有的测评目标可能是测评内容点的直接筛选结果，有的则是测评内容点的综合。测评目标是素质测评中直接指向的内容点，例如，“品德”中的“诚实”“正直”“谦虚”；“管理能力”中的“号召能力”“协调能力”“决策能力”；“知识”中的“基础知识”“专业知识”“最新知识”等。显然素质测评内容与测评目标具有相对性与转换性。“管理能力”在这里是作为测评内容，而它相对“才能”来说又可能是一个测评目标。

测评目标的确定主要依据测评的目的与工作职位的要求。不同的测评目的决定了有不同的测评目标，但相同的测评目的却不一定有相同的测评目标。同一测评目的依据不同的工作职位的要求可以有不同的测评目标。表 6－3 列示了某省政府干部选拔不同职位能力测评目标。

表 6－3　某省政府干部选拔不同职位能力测评目标

副厅	正处
1. 决策能力	1. 组织实施能力
2. 战略思维能力	2. 综合分析能力
3. 应变能力	3. 协调能力
4. 工作创新能力	4. 计划能力
5. 合作共事能力	5. 沟通能力

测评目标是测评内容点的一种代表。这种代表的选择要通过定性定量的方法来实现，不能任意指定。一般采取德尔菲法、问卷调查与层次分析、多元分析相结合的方法进行选择效果好些。

（三）测评指标

测评指标在这里并非完全同义于统计学中的“指标”，它是素质测评目标操作化的表现形式。例如，室外温度是测评地区气候的一个目标，但“温度”是一个不便直接测评的东西，人们通过温度计把它操作化表现出来。温度计内的水银柱长短即是“温度”这一气候测评目标的测评指标。

指标的编制包括对测评目标内涵与外延的分析，包括对揭示目标内涵与外延标志的寻找。一个测评目标可能要用几个指标来揭示，几个目标也可能共用一个指标。

例如，纪律性这一目标的测评指标，可以从以下不同的方面来拟定：一些常规记忆的程度，生活学习中的计划性与规律性，作业书写规范程度，迟到、早退的次数，听父母话的情况，失约次数，业余时间安排的情况等。因此对纪律性的测评，可以选上述某一指标作为代表，并以每个人在该指标上的得分多少评判他的纪律性，也可以选择几个指标为代表，以每个人在这几个指标上总分为依据测评他的纪律性。

测评内容、测评目标与测评指标共同构成了素质测评的标准体系。也就是说，测评内容、测评目标与测评指标是素质测评标准体系的不同层次，测评内容是测评标准体系的基础，测评目标是测评标准体系的主体，测评指标是测评标准体系的实体。

测评标准有两种基本形式。一种是依据测评内容与测评目的而形成的测评指标体系。这种标准一般是对测评对象内涵的直接描述或解释，属效标参照性标准。另一种是对测评客体外延的比较而形成的标准。前一种标准与测评客体本身无关，而后一种标准与测评客体直接相关，属常模参照性标准。例如，飞行员选拔标准来自于对飞机驾驶工作本身的直接描述，这种选拔标准就是效标参照测评标准；干部选拔标准则是属于常模参照性标准，这里的选拔标准不是客观的、绝对的，而是主观的、相对的，是由参加干部选拔的所有候选人的“一般”水平决定。高于“一般”水平的人被提拔，而低于“一般”水平的人被淘汰。

由此可见，效标参照性标准制定的关键，在于对测评对象或测评目标内涵揭示标志的寻找；而常模参照性标准制定的关键，在于对反映测评对象或测评目标“一般”水平的揭示。当常模参照性标准单位可量化时，则其关键在于建立分数常模。

“标准”是相对“测评”来说的。“标准”在测评过程既起着依据作用又起着参照规范作用。对于同一个测评目标的指标，既可以是“效标”参照性的，也可以是“常模”参照性的。

例如，“诚实”是一个测评目标，当制定测评指标时，就必须考虑怎样的表现才是诚实的，怎样的表现则是不诚实的。如果最后找到一系列的评判标志，那么由这些评判标志组成的测评指标就是“效标”参照性的。如果制定测评指标时不是出于上面那种考虑，而是就所有的被测评的人相互比较，找出其中“一般”性诚实行为，把这些“一般”性的诚实行为作为测评指标，那么这种指标就是属于“常模”

参照性的。例如，“语言清晰流畅，层次清楚，有条理，说服力强，用词准确、恰当，有分寸”，可以说是测评“语言表达能力”的“效标”参照性指标。

二、工作分析

（一）工作分析的概念

工作分析是采用科学的方法收集工作信息，并通过分析与综合所收集的工作信息找出主要因素，为工作评价与人员录用提供依据的管理活动。

工作分析活动的实质就是要从不同个人职业生涯与职业活动的调查入手，顺次分析工作者、职务、职位、职责、任务与要素的过程，并由此确定工作的性质要求与任职条件。

要素即是工作活动中不便再继续分解的最小单位；任务即是工作活动中为达到某一目的的要素组合；职责即某人担负的一项或多项任务集合；职位即某一时间内个体所担负的一个或数个责任的集合；职务即重要性相当的一组职位的统称；职业即不同时间不同组织中同类工作群的统称；职业生涯，是指一个人在其生活中所经历的一系列职位、职务或职业的总称。

工作分析结果是职位说明书与职位工作规范。

（二）工作分析在人员测评标准体系制定中的应用

不同的工作职位对任职者具有不同的职责要求，因而对任职者也就会有不同的素质要求。人员素质测评不是目的，而仅仅是一种手段，其目的是使人事配置相适宜。在人事配置过程中事是被动的，人是主动的。事是客观固有的，而人的素质是可以改变的。因此，人力资源管理中的素质测评，往往是因事择人，通过招聘与录用来解决，而不是教育上的因人开发。这就要求在制定素质测评目标时，必须从工作本身的要求出发，进行工作分析。

然而素质测评标准体系制定中所进行的工作分析，并不一定要求最后形成职位说明书与职位规范。它既不需要阐述各个职位的具体工作性质与内容，也不需要详细分析过程和具体行为。最为关键的是分析从事某一职位工作的人需要具备哪些素质条件，履行职责与完成工作任务应以什么指标来评价，同时提出这些素质条件与评价指标中哪些更为重要，哪些相对不那么重要等。工作分析的具体应用程序如下。

（1）根据素质测评目的与需要，确定需要进行调查的职位范围，制定调查的提纲与计划。

（2）采用一定方法广泛收集有关某一职位任职者主要素质条件与绩效指标的素材。

（3）通过一些方法（定性）筛选形成内容全面的素质调查表。

（4）在更大的范围内进行调查，要求被调查者对调查表上的内容进行评价与补充，并对调查结果进行统计分析，形成职位素质测评标准体系。

（5）对所制定的素质测评标准体系进行测试并修改。

（三）工作分析的方法

工作分析的方法是指可以用于收集与测评对象相关的工作信息的基本方法，包括工作分析过程中所采取的手段、工具与方式。

1. 观察法

观察法是由有经验的人通过直接观察，记录被观察者某一时期的工作内容、原因和方法而不干扰其工作的活动。它通常是一种隐蔽性的观察。为了提高观察的效度，所有重要的工作内容都要记录下来，而且应选择几个对象在不同的时间内进行观察。不同的工作者会表现出不同的行为方式，平衡后有助于消除工作行为方式上的偏见；对同一工作者不同时间下的观察，也有助于消除工作情景与时间上的偏差。一般来说，观察适用于短时间（几分钟到几小时）的生理性工作特征的调查分析，而不适用于长时间（几星期到几个月）的心理性工作特征的调查分析。

观察法一般要求以标准格式记录观察结果。

2. 工作者自我记录法

该方法是由工作者本人按标准格式及时详细记录自己在工作中的行为与感觉。其基本依据是考虑到从事某一工作的人员对其工作任务要求最清楚。

这种方法可能因偏见存在某种误差，要求事后进行必要的检查，但是这种潜在的偏见可以由工作者的上级领导来校正。这种方法对于高水平与复杂工作的分析特别经济、有效。

3. 主管人员分析法

该方法是由主管人员通过日常的管理权力来记录所管理人员的工作活动、任务、职责。因为主管人员对这些工作有相当深刻的了解，许多主管人员以前也曾干过这些工作，他们有双重的理解，所以，主管人员往往对职位所要求的工作技能的鉴别与确定非常内行。但有的主管人员的分析中也许存在一些偏见，尤其是那些只干过其中部分工作而不了解全部工作的人，往往偏重于他所干过的那部分工作。这种偏差系数用工作者自我记录法就可以得到有效地消除。

4. 访谈法

访谈法既适用于短时期的生理性工作特征的调查分析，又适用于长时间的心理性工作特征的调查分析，但访谈者必须细心准备访谈计划。

访谈法一般适用于那些分析者不可能实际去做或直接观察困难的工作，例如飞行员、建筑师的工作。对于这些工作的分析，可采取访谈方法，以了解他们所做的工作内容和方法，由此获得资料信息。

访谈法的记录也应采取标准形式，这样便于归纳与比较，并限制在与工作有关的范围内。

5. 关键事例法

关键事例法是一种通过对实际工作中特别有效或无效的工作者行为的简短描述，来调查与分析工作的一种方式。

关键事例累积到一定程度后，按照它们所描述的工作内容进行归纳分类，最后就会对实际工作的要求有一个非常清楚的了解。

关键事例的收集可能由主管、职工本人或两方面共同完成。这种方法对于那些复杂性或长时间才能完成的工作分析是很有效的。

6. 问卷调查法

问卷调查法是工作分析中最常用的一种方法。它具体的形式又可以分为通信问卷与非通信的集体问卷、检核性问卷。问卷调查法相对其他方法来说，花费少，收效大。有的问卷要求工作时间内完成，完成之后即由主管检查修订，当工作者与主管意见一致之后才返回给工作调查与分析者。

问卷形式还有标准化与非标准化两种。例如，PAQ 就是一种标准化问卷。

7. 文献查阅法

文献查阅法又称职业信息法。1939 年美国出版了第一本《职业名称录》，至今已出第 4 版。其中对数千种不同职业一一列出了四个主要特征：任务的复杂性，职业培训要求，体现职业特点的兴趣、才能和气质，身体要求和工作条件。此外，美国劳工部每两年出版一期《职业一览手册》。该手册图文并茂，描述了 300 余种职业和 35 种主要行业中工作者所从事的活动、所需要的训练与教育、晋升机会、就业情况、收入和工作条件，以及去哪里获得进一步的资料。此外，还有 IA 限特性分析、能力需求量表、工作职能分析、工作要素法、数量分析法等。

三、测评内容的标准化步骤

测评内容的标准化，前面已说明，实际上是指人员素质测评标准体系的建构，它主要包括以下几个步骤。

（一）明确测评的客体与目的

素质测评标准体系的制定，首先必须以一定的测评客体为对象，以一定的测评目的为根据。测评客体的特点不同，测评标准体系就不同。即使同一测评客体，若测评目的不同，则所制定的标准体系也不尽相同。

素质测评客体的特点一般由行业性质决定，农民素质测评的标准体系显然不同于科研人员素质测评的标准体系，选拔性素质测评的标准体系显然区别于配置性素质测评的标准体系。

（二）确定测评的项目

当明确了素质测评的客体与测评目的之后，需要确定测评的项目。测评项目确定的方法有以下内容。

1. 工作目标因素分析法

这种方法是运用工作分析方法对（职位职务）工作目标进行分解，也即进行目标分解。目标分解，就是把一个工作目标分解为几个相互联系的子系统。子系统中的元素一般叫项目。每个子系统又继续分解为下一层次的若干子系统，直至每个具体测评项目都能满足可测性的要求为止。满足可测性要求的因素一般称之为指标。分解工作目标必须要有整体观念，从全面出发，从整体上把握各个子系统中元素所表现的一般性质、特点和功能。

由于素质结构的复杂性，对工作目标大的一次分解可能难以满足可测评要求，一般要进行多层分解。每个测评项目既可用一个具体指标来反映它，也可用一群具体指标来反映它，因此，具体分解多少次要由实际需要来决定。

2. 工作内容因素分析方法

这种方法是把工作分析法运用于工作内容的结构分析。把每个职位（职务）工作的活动，按内容归类，确定出几个主要方面，并由此决定素质测评的项目。

3. 工作行为特征分析法

这种方法是把工作分析法直接运用于分析每个职务（职务）工作行为的特征，从行为特征中找出素质测评的主要项目。

（三）确定测评标准体系结构

在测评内容标准化的过程中，工作分析是按一定的层次进行的。作为工作分析结果的素质测评标准化体系也具有一定的层次结构。第一分析层次的各个项目称为一级指标（测评目标）；第二分析层次的各个项目称为二级指标（测评项目）；第三分析层次的各个项目称为三级指标（测评指标）。其中一级指标表示测评对象的总体特征，二级指标反映一级指标的具体特征，三级指标说明二级指标的具体内容。然而，无论哪一级指标都是反映或说明测评对象的特征，只不过具体反映与说明的程度有所不同。

值得注意的是，指标在这里是指用来反映素质测评对象的品质特征或数量特征的名称。这与社会经济等统计学中的指标要领有所不同。

（四）筛选与表述测评指标

对每一个素质测评指标都必须认真分析研究，界定其内涵与外延，并给以清楚、准确的表述，使测评者、被测评者以及第三者均能明确测评指标的含义。指标的表述特别要注意保证不要引起测评者产生不同的理解并由此对标准掌握不一而产生误差。此外，还要分析测评指标体系的整个内涵，把那些内容上有重复的指标删除掉。同时根据方便可测性的要求，反复斟酌，用较简便可测的指标去代替看似精确但可测性较差的指标。

如何来筛选那些优良的素质测评指标呢？一般是依据下列两个问题逐个检核指标：①这个测评指标是否具有实际价值；②这个测评指标是否切实可行。

一个测评指标虽然具有实际价值，但并不切实可行，或者虽有可行的条件但实际价值不大，这种指标都应筛掉，而另行设计符合实际的测评指标。假如对上述两个问题的回答都是肯定的，就需要进一步检核这个测评指标是否比其他指标更为合理。

怎样检验一个测评指标的实用价值与可行性呢？第一步就是要对这个测评指标陈述一个明确的道理与用途，说明为什么要制定这个测评指标，以及所得结果将如何使用。做到了这一点也就回答了这个测评指标的潜在价值。假如某一个测评指标保留的必要性与潜在价值得到了肯定，第二步就要考虑它的可行性与实现性了。这可以针对下面四个问题进行检核：①保留这个测评指标并进行测评，这在逻辑上是否可行？②所需要的数据结果及其行为表现是否可以从这个测评指标中得到，或者测评者与被测评者双方经过合理的努力之后是否能够得到？③实施这个测评指标的条件是否具备？④这个测评指标的保留有无充分的价值，并保证有理由使用其结果？

（五）确定测评指标权重

以上四项工作仅仅涉及了测评标准体系的内容，然而不仅要涉及测评对象的质，还要涉及测评对象的量，何况不同的质也需要不同的量来区分。因此在完成以上四项工作之后，还要认真权衡一下，每个层次及其中的每个指标在整体测评标准体系中所处的地位和作用，并且适当地增大或减小有关测评指标在总分中的比重，而不能把每个测评指标都等量齐观，把每个测评指标的结果简单加总。因为各个测评指标相对不同的测评对象来说，会有不同的地位与作用。

1. 权重的种类

要根据各个测评指标对测评对象反映的不同程度而恰当地分配不同的权重。权重可分为以下三种。

（1）纵向加权。纵向加权是指对不同的测评指标给予不同的权数值。纵向加权的目的是使不同的测评指标的得分可以进行纵向比较，或者说使各个测评指标的分数计量单位相等。例如，现要总计 1 美元与 1 元人民币的价值。显然美元与人民币无法直接比较，必须通过它们在市场中的经济价值才能进行计算。如 1 元人民币可以买 2 个鸡蛋，而 1 美元可以买 8 个鸡蛋，当我们将 1 美元与 8 相乘，而 1 元人民币与 2 相乘，美元与人民币就可以相互比较了。这里的 8 与 2 即为美元与人民币的权数。

（2）横向加权。横向加权是指给每人指标分配不同等级分数。其目的是使不同的测评客体在同一测评指标上的得分可以相互比较。

（3）综合加权。综合加权是指纵向加权与横向加权同时进行。其目的是使不同的测评客体在不同的测评指标上的得分可以相互比较。

权数的形式有两种：一种是绝对权数，另一种是相对权数。所谓绝对权数，即为分配给测评指标的分数，也称为自重权数。它常常为绝对数量。所谓相对权数，是指某个测评指标作为一个单位，它在总体中的比重值。它常常表现为相对数量，即百分比、小数等。所有测评指标的绝对权数之和为总分，而所有测评指标的相对权数之和则为 1。

一般的加权是根据不同的测评主体、不同的测评目的、不同的测评对象、不同的测评时期和不同的测评角度，而指派不同的数值，因此加权是在相对特定的情况而进行的，适用于某一场合的权数并不一定适用于另一场合。

2. 确定权重的方法

（1）德尔菲法（又称专家咨询法）。德尔菲法据说是美国兰德公司于 1964 年首先用于技术预测的。它是请专家“背靠背”反复填写对权重设立的意见，不断反馈信息以期专家意见趋于一致，得出一个较为合理的权重分配方案。

这种方法避免了权威、职称、职务、口才以及人数优势对确定权重的干扰，集中了大多数人的正确意见。其缺陷是由于最后不再考虑少数人的意见，容易失去一部分信息，同时也缺乏科学的检验手段。弥补的办法是，可以检验各个测评指标的积分和总分的相关性。重要测评指标的积分应与总分有较强的相关性，否则就应更改已定的权重系数。尽管这种检验方法不甚客观，但目前尚有一定的使用价值。不过，在民主气氛较浓的场合下，也可以面对面地反复充分讨论，最后形成一致的意见。

（2）层次分析法。这是一种目标决策方法。应用此法，首先必须把素质测评目标分解为一个多级指标，在同一层次上根据斯塔的相对重要性等级表，见表6－4，列出两两比较矩阵，计算出每项指标的相对优先权重。

表6－4　斯塔的相对重要性等级表

相对重要程度	定义	说明
1	同等重要	两者对所属测评目标贡献相等
3	略为重要	据经验一个比另一个测评的结果稍微重要
5	基本重要或高度重要	据经验一个比另一个测评的结果更为重要
7	确实重要	一个比另一个测评的结果更为重要，其优势已为实践证明
9	绝对重要	明显更重要程度可以断言为最高
2，4，6，8	以上两相邻程度中间值	需要折中时采用

层次分析法把专家的经验认识和理性的分析结合起来，并且两两对比分析的直接比较法，使比较过程中的不确定因素得到很大程度的降低。因此它是确定权重中常用的一种方法。

同时，当标准体系由各级指标组成时，我们可以自上而下地沿递阶层次计算各层次指标对上一层次指标的组合权重，直至计算出每一个指标的权重为止。

这种方法有一种变形称为对偶比较法，它是根据以下规定来分配权重的：

设有A，B，C，D，E　5个指标，要确定它们各自的权重。

首先，确定各对指标比较的顺序。如A分别与B，C，D，E比较，B再与C，D，E比较……根据上述顺序以0～4记分，规定对各个指标分配权数，结果见表6－5。

表6－5　测评指标权重确定示例

指标＼指标	A	B	C	D	E
A		1	0	0	0
B	3		0	0	0
C	4	4		2	1
D	4	4	2		1
E	4	4	3	3	
总分	15	13	5	5	2
权重W	0.375	0.325	0.125	0.125	0.05

从表6－5可知，A比B略重要一些，故在A列B行交叉处给A记3分，而在

B列A行交叉处给B记1分；当A与C相比时，认为A比C重要得多，故在A列C行交叉处给A记4分，在C列A行交叉处给C记0分。以此类推，得到表6-5中间部分的权数。然后将每列的得分相加即得到倒数第二行A，B，C，D，E5个指标的总分，分别为15，13，5，5，2，它们的总和为40分。最后将每个指标总分除以总和40，即得到最后一行5个指标的权重，分别为0.375，0.325，0.125，0.125，0.05。

虽然该方法较原来的层次分析法简单些，但是一般只能分别用于各个层次内确定同一层次内各目标或指标的权重。因为指标项目一旦增多，配对的次数将按几何级数增大，如确定10个指标的权重需要配对分析45次，确定100个指标则需要配对分析49 507次。同时，为了提高可靠性，在实际工作中，常常不是由单独的一个人确定权重，而必须找一组专家，让每个人独立地按规定比较评判，然后求出所有专家评判结果（权重）的平均值，并将其归一化，才能得到比较可靠的权重数。

（3）多元分析法。确定权重也可以利用多元分析中的因素分析、主要成分分析，以及多元回归分析来计算各个测评指标的权数。因素分析与主要成分分析一般是首先把同一级的各个测评指标看作观察变量，并计算变量之间的相关系数，然后通过计算机进行因素分析或主要成分分析，以确定各个测评指标的权重。多元回归分析是把同级的单个测评指标看作与另一个更高级的指标有关系的变量，并通过数学运算找出同级指标 X_i 与另一高级的指标有关系的变量，并通过数学运算找出同级指标 X_i 与另一高级、更概括的指标 Y 的线性代数式：$Y=b_0+b_1X_i+\cdots+b_nX_n$。Y与 X_i 转化为标准分数后即成为 $Z=d_iZ_i+d_2Z_2+\cdots+d_nZ_n$，其中 Z 代表高一级指标的测评值，d_i（$i=1$，2，$\cdots n$）则表示分指标 Z_1，Z_2，$\cdots Z_n$ 相对于总指标Z的权重系数。

这种方法比较客观，但要求测评者或研究者精通多元分析。

（4）主观经验法。当对于某一测评对象非常熟悉而有把握时也可以直接采用主观经验来加权。但要注意以下几个原则。

①权重分配的合理性，即权重分配要反映测评对象的内部结构和规律，防止因权重分配不当而脱离实际或产生偏向。

②权重分配的变通性，即权重分配要符合客观实际的需要，可以根据测评目的与具体要求而适当变通分配。

③权重数值的模糊性，即对权重的分配不必十分精确，可以为方便测评而模糊一点。实际上有些测评指标根本无法做到精确，只能模糊一点。

④权重数值的归一性，即各个测评指标的权数和应为1或100。

（六）规定测评指标的计量方法

素质测评指标的量化，除了上面的权数分配外，还有对各测评指标的计量问题。

素质测评是相当复杂的，它的测评指标是由多方面的属性和因素构成的集合体，在所有的这些测评指标中，大多数的内涵都是模糊的，其外延也是无法界定的。因此，如果仅有一个权数，而没有对每一个指标规定一个统一的计量方法，则测评者的测评结果会有很大误差。

任何一个测评指标的计量均由两个因素决定，一是计量等级及其对应的分数，二是计量的规则或标准。为了使测评的结果规范化、统一化和计分简单化，便于计算机处理，对于测评指标体系中的每一个指标，可采取统一的分等计分法，即每个测评指标均分为一至五等：一等代表最高的水平，二等代表较高的水平，三等代表一般的水平，四等代表较差的水平，五等代表最差水平。它们均匀而连续地递降排列，分别对应分数 5，4，3，2，1，即一等 5 分，二等 4 分，三等 3 分，四等 2 分，五等 1 分。这种分等记分的好处是简单规范，便于最后统一运算。

可能有人担心，对所有测评指标都机械地分成五等，而且计分相同，这样会不会把不同测评指标的某些相同的测评值等同起来？其实这种担心是多余的。对于不同的两个测评指标，尽管有时被判断的等级得分相同，但由于它们相应的指标在总体中的权数不同，其最后的实际得分并不相同。为了消除人们的担心，也可以直观地用不同的分数反映不同的测评指标及不同等级间的区别，此时只要把各个等级的实际得分直接标出，而不再通过权数或其他方式来辗转计算。例如，指标 A 比较重要，且各个等级的差别并不相等，则指标 A 的 5 个等级的分数由高到低分别为 9，8，5，2，1，而指标 B 的 5 个分数为 5，4，3，1，0。这样最后测评总分就不用加权转换了，只要直接相加就可。

计量的规则或标准，一般因具体的情况而不同，常见的有以下两种情况。

（1）客观性测评指标。有些测评指标具有客观性的数据与结果，如出勤率，犯错误的次数等，均可采取客观性的计量方法来计量。在测评指标暂时没有统一的“法定”标准之前，可以参考下列两种计量方法。

①可列出与测评指标有关的“参考标准”。这个“参考标准”可以是有关政策的规定，也可以是国内外提供的经验数据，计量中以“参考标准”为“效标”，根据测评的对象偏离“效标”的实际程度来确定相应的等级。

②可以把测评对象在某一测评指标上实际达到的水平从高到低顺序排队，以获得最高分者得 5 分为标准，余下按比例量标折算，确定等级得分。假如被测评的总体是 5 个工人，他们在某年内抽检的特优产品分别为 14 件，13 件，10 件，8 件和 7 件。这里件数最多的是 14 件，因此规定件数最多（14 件）的这个工人在相应的测评指标——产品质量上的得分就为 5 分，其余得分依次为 4.64 分，3.57 分，2.86 分，2.5 分。这里件数最少——7 件的那个工人并不是处于最末一个等级得 1

分，而是介于2分与3分之间。

（2）主观性测评指标。在素质测评指标体系中，大部分的测评指标既没有客观性的数据与结果，也没有可参考的量化标准。对于这种测评指标的计量则要求测评者在调查研究的基础上进行定性分析，然后根据自己以往的经验和当前的实际来确定测评对象在该指标上的等级水平并给予相应的分数。在这种情况下，一般借助于模糊数学的方法进行模糊计量。为了保证测评的结果相对客观准确，测评者不能是一个人而必须是一个群体。具体的计量方法是，先要求每个测评者对同一测评指标按统一的等级量表测评对象，然后统计出各个评判登记上的总人数，并据此算出分数。例如，有25个测评者相对某一测评指标测评同一个职员的素质，测评结果中评一等5分的4人，评二等4分的9人，评三等3分的5人，评四等2分的7人，评五等1分的没有，则这个职员再此测评指标下的得分为：

$$5\times4/25+4\times9/25+3\times5/25+2\times7/25=85/25=3.4$$

若许多测评指标都需要进行类似的模糊计量，则可采用矩阵进行综合计量。对于主观性测评指标的计量，除了上面介绍的方法外，还有下列几种具体方法。

①分点赋分法，即先将测评指标化为若干等级，然后将指派给该测评指标的分数（权重分）根据指标等级的程度及个数划分几个数值点，每个分数值与相应的等级对应。分段赋分法，即先将测评指标分为若干个等级，然后将指派给该测评指标的分数（权重分）根据等级个数划分为相互连接的数段。

②连续赋分法，即先把测评指标水平等级看作是一个连续的系统，用0～1之间的任何一个数值来表示被测者在相应的指标上达到的水平，然后再把这个小数值与该指标被赋的权重分数相乘即得测评分数。

③积分赋分法，即用文字描述测评指标的不同等级和不同的要素（指标），把测评指标权重分数分配到各个要素上去，各判定要素分数相加即为该测评指标的测评分数。积分赋分法具体地分为分等积分法和累计积分法两种。所谓分等积分即测评指标各要素上分配的分数均相等；所谓累计积分就是测评指标各要素上分配的分数不相等。

（七）试测并完善测评指标体系

经过以上6个步骤所制定的测评指标体系由于在工作中受到许多因素的干扰，因此尽管主观上按着科学方法行事，尽了很大的努力，但实际效果并不一定就能如愿。其客观性、准确性如何，可行性怎样，还必须经过实践的检验。因此，测评指标体系在大规模的实施之前，还必须在一定范围内试测一下，同时还要对整个的测评指标体系进行分析、论证、检验并不断修改，进一步充实与完善，最后形成一个客观、准确、可行的测评指标体系，以保证大规模测评的可靠性与有效性。

第二节　素质测评的信度与效度分析

一、信度

信度（reliability）即可靠性，指的是测量结果反映测量对象实际情况的可信程度。换句话说，信度主要是指测量结果的一致性或稳定性，即同样条件下，同一被测试者多次测验的结果一致或接近，说明此测验信度高。一般认为，它是量化方法中的关键。例如，用同一台磅秤去称某一物体的重量，如果称了几次都得到相同的结果，则可以说这台磅秤的信度很高；如果几次测量的结果互不相同，则可以说它的信度很低。大部分信度指标都以相关系数（r）来表示，其基本的类型主要有以下四种。

1. 再测信度

这是指设计一种调查工具，对同一调查对象先后进行两次调查，然后比较两次调查结果，并求出信度系数。这是一种最常用、最普遍的信度检查方法。使用这种方法时，两次测量所采用的方法、所使用的工具完全是一样的。再测信度的缺点是容易受到时间因素的影响，即在前后两次测量之间的某些事件、活动的影响，会导致后一次测量的结果客观上发生变化，使两次结果的相关系数不能很好地反映两次测量的实际情况。

2. 复本信度

这是指设计两种内容、难度、篇幅等相似的调查工具，对同一调查对象进行调查，然后比较两种调查结果，并求出信度系数。例如，学校考试时出的 A、B 卷就是这种复本的一个近似的例子。在社会研究中，研究人员可以设计出两份研究问卷，每份使用不同的项目，但都用来测量同一个概念或事物，对同一群对象同时用这两份问卷进行调查，然后根据两份问卷所得的分数计算其复本信度。复本信度可以避免上述再测信度的缺点，但是它的要求是：所使用的复本必须是真正的，即二者在形式、内容等方面都应该完全一致。然而，在实际研究中，真正使研究问卷或其他类似的测量工具达到这种要求往往是一件十分困难的事情。

3. 一致性信度

一致性信度，是指所测评素质相同的各测评项目分数间的一致性程度。如果被测者在第一个项目上比其他人分数高，在第二个项目上又比其他人高，在第三个项目上也比其他人高……相反另一个人在第一个项目上比其他人的分数低，在第二个项目上又比其他人的分数低，在第三个项目上也比其他人的分数低……那么，毫无疑问，我们会认为测评结果比较可靠。这里所展示的就是内部一致性的形式。

4. 评分者信度

测评结果的差异来自两个方面：一是被测者本身，二是测评者及其测评。信度的度量是以后者作为依据，测评者及其测评的无关差异越小，说明测评结果就越可靠。

然而，测评者及其测评引起的差异又划分为两个方面：一种是恒定的系统误差与随机误差，另一种是测评者个体的主观误差。前三种信度形式所揭示的主要是恒定的系统误差与随机误差，而评分者信度则主要揭示测评结果中个体的主观误差。这种信度分析主要用于通过面视与观察评定等主观的测评方法获得的结果的可靠性分析。

评分者信度与测评方法对结果的影响，测评方法在这里包括测评工具、测评过程及其组织，它与评分者的评分信度共同决定着测评结果的可靠性。他们之间具有下列关系。

（1）高信度的测评者用高信度的测评方法获得高信度的测评结果。

（2）高信度的测评者用低信度的测评方法难以获得高信度的测评结果。

（3）低信度的测评者用高信度的测评方法难以获得高信度的测评结果。

（4）低信度的测评者用低信度的测评方法获得的测评结果必然不可靠。

因此要提高测评结果的可靠性，一要选择高质量的测评工具，二要控制测评过程及其系统的误差，三要训练与提高测评者的操作水平。

同时在测评实践过程中，我们发现信度与效度的关系是既有区分，又有统一。我们用图形来表示，那就一目了然了。如图 6-1 所示。

图 6-1　效度与信度区分及统一

二、效度

效度是指测验结果与测验目的的相符程度，即所测量到的内容确属原本想要测量的内容。也可以说是测量的有效度或准确度。我们说效度指的是测量标准或所用的指标能够如实反映某一概念真正含义的程度。结合前面所介绍的有关概念，当一项测量所测的正是它所希望测量的事物时，我们就说这一测量具有效度，或者说它是一项有效的测量；反之，则称为无效的测量或者测量不具有效度。效度有以下三方面的性质：①效度具有相对性。②效度具有连续性。测验的有效性只有程度上的差别。③效度也不是直接就可以测量到的，它是从已有的证据推理而来的。

例如，假设我们打算测量某个样本中的大学生的智商分布情况。我们采用一份标准的智商测验表对他们进行测验，并用他们每个人在测验中所得的分数来表示他们的智商，那么，这一测量是有效的；但是，如果我们采用的是一份英文的智商测验量表，那么，当我们同样用所得到的分数来表示他们的智商时，我们的测量就不具有效度。因为此时我们所测量的并不是大学生们的智商，而是他们的英文水平了（我们所测量到的并不是我们所希望测量的东西）。

（一）量化研究中的效度

量化测量的效度大体分为三种不同类型，即内容效度、结构效度和关联效度。他们分别从不同的方面反映测量的准确程度。同时，人们在评价各种测量效度时，也往往采用这三种类型作为标准。

1. 内容效度

内容效度也称表面效度或逻辑效度，它指的是测量内容或测量指标与测量目标之间的适合性和逻辑相符性。也可以说是指测量所选择的项目是否“看起来”符合测量目的和要求。评价一种测量是否具有内容效度，首先必须知道所测量的概念是如何定义的，其次需要知道这种测量所收集的信息是否和该概念密切相关。然后评价者才能尽其判断能力之所及，作出这一测量是否具有内容效度的结论。例如，如果某一套发音技能测试题仅仅考察发音所必须具备的某些技能，如只考单一音素的发音，而不考察重读、语调或音素在词语中的发音，那么，该测试的内容效度就很低。

2. 结构效度

结构效度就是实际测评的结果与所想测评素质的同构程度。它涉及一个理论的关系结构中其他概念（变量）的测量。例如，假定我们设计了一种测量方法，来测量人民的“婚姻满意度”。为了评价这种测量方法的效度，我们需要用到与婚姻满意程度有关的理论命题或假设中的其他变量。假定我们有下列假设：婚姻满意度与主动做家务的行为有关。婚姻满意程度越高，越是主动承担家务。如果我们的测量在婚姻满意程度与承担家务方面的结果具有一致性，则称我们的测量具有结构效度；如果婚姻满意程度不同的对象在承担家务方面的行为都是一样的，那么，我们测量的结构效度就会面临挑战。

3. 关联效度

关联效度是指测评结果与某种标准结果的一致性程度。根据效标（效标是用来衡量测评有效性的参照标准）是否与测评结果同时获得，可以划分为同时效度与预测效度。当作为效标的结果与测评结果是同时获得的，那么这种效度叫同时效度。同时效度很高的素质测评，不但说明它的测评结果比较客观、公正，而且还启示我们可以用一个较为简单的测评代替另一个复杂的测评。

（二）质化研究中的效度

效度是传统的实证主义量化研究的一个判定标准，目的是通过客观的测量和量化推论寻求一种普遍的法则。质的研究不关注客观的分类计量、因果假设论证或统计推论，而重视社会事实的建构过程和人们在特定社会文化情景中的经验和解释。这种过程性的、发生在人际互动之中的对意义的探索，其效度的确认一般说来与量化研究的一个判定标准是不同的。质的研究中的效度问题主要分成四种类型：描述型、解释型、理论型、评价型。

1. 描述型效度

描述型效度指的是对外在可观察到的现象或事物进行描述的准确程度。这一概念既适用于质的研究也适用于量的研究。衡量这一效度有两个条件：①所描述的事物或现象必须是具体的。②这些事物或现象必须是可见或可闻的。例如，医院里的病房和病人，诊断时医生向病人发问。假设一位研究人员到学校观察课堂上老师和学生的互动关系，如果该教室临街，外面很嘈杂，该研究人员听不清楚老师和学生所说的话，那么他/她对师生互动关系的描述就有可能失真。又假设一位研究人员去采访一位工厂的工人。访谈开始后，他/她的录音机出了毛病，没有录下工人所说的话，那么，他/她事后凭记忆所作的记录也有可能有所遗漏和错误。在这种情况下，不论是研究者收集的原始材料还是基于这些材料之上所做的结论，其描述效度都有问题。

研究结果的描述型效度还可能受到研究者个人的社会地位、价值观念、思维方式、知识范围、心理特征、生理特点等因素的影响。

2. 解释型效度

解释型效度只适用于质的研究，指的是研究者了解、理解和表达被研究者对事物所赋予的意义的“确切”程度。满足效度的首要条件是：研究者必须站到被研究者的角度，从他们所说的话和所做的事情中推衍出他们看待外界以及构建意义的方法（而不是像量的研究那样，从研究者预定的假设出发，通过研究来验证自己的假设）。质的研究重在探索研究对象的文化习惯、思维方式和行为规范，因此研究者在收集原始资料的时候必须尽最大的努力理解当事人所使用的语言的含义，尽可能使用他们自己的词语作为分析原始材料的码号，并力图在研究报告中真实地报告他们的意义解释。

3. 理论型效度

理论型效度又称诠释效度，与量的研究中的理论效度有类似之处，指的是：研究所依据的理论以及从研究结果中建立起来的理论是否真实地反映了所研究的现象。所谓“理论”一般是由两个部分组成：一是概念，如“学校”“好学生”“差学生”等；二是概念和概念之间的关系，如因果关系、序列关系、时间关系、语义关系、叙述结构关系等。例如，某研究人员对一所小学的教师如何看待“差生”这一现象进行了研究以后，得出如下结论：“老师称有些学生为差生是因为他们成绩不好”，这便是一个因果关系的理论陈述。

4. 评价型效度

评价型效度是研究者对研究结果所作的价值判断是否确切。通常，出于自己的生活经验和价值观念，我们在设计一项研究时头脑中往往对要探讨的现象有一些自己的“前设”或“倾见”。因此，在研究的过程中我们往往会注意到那些对自己来说“重要”的、“有意义”的东西，而忽略那些我们认为“不重要”的东西。特别是在从事一项行动研究时，我们通常带有自己的一个理论框架（或者从研究资助者那里得到一个明确的指示），认为被研究的现象中存在着“问题”，需要我们去发现并提供改进意见。在这种情况下，我们通常会戴着有色眼镜去看待被研究的现象，有意无意地挑选那些可以用来支持自己的观点的材料。因此研究的评价效度就比较低。

（三）效度分析中的几个理论问题

1. 效度评价问题

任何一种素质测评的结果其效度都不是“全有”或“全无”，而只是程度上的差别而已，因此其效度系数一般都介于0和1之间。评价时不能说某素质测评的结果无效或有效，而只能说效度“较高”或“较低”。然而高、中、低如何区分呢?一般认为效度的高低要视测评的性质和所采取的分析方法而定。能力测评采用预测效度、同时效度与内容效度分析法，而品德测评多采用结构效度分析法。预测效度与同时效度应保证在0.30以上。笔者认为效度评价可以下面的标准进行。

高：效度系数在0.70以上。

中：效度系数在0.30～0.70之间。

低：效度系数低于0.30。

不过，在具体的情景下，对于不同的测量方法来说，其效度系数的确定和选择也是不同的。例如，表 6－6 所显示的就是人们经常使用的一些预测工具和方法的平均效度。

表 6－6 预测工作绩效的不同指标的平均效度①

测量方法	效度
一般智力测试	0.51
工作样本测试	0.54
诚信测试	0.41
责任心测试	0.31
职业面试（结构化）	0.51
职业面试（非结构化）	0.38
与工作有关的知识测试	0.48
工作试用过程	0.44
同事打分	0.49
培训与阅历级别	0.45
证明审查	0.26
工作经历（年）	0.18
自传性资料	0.35
评定中心	0.37
培训和阅历的分数	0.11
受教育年限	0.10
兴趣	0.10
笔迹分析	0.02
年龄	－0.01

2．效度系数的相对性问题

效度是针对某种特殊测评目的而言的，并不具有普遍意义。例如对技能测评有效度的结果，相对品德测评就不一定有效度了。

3．效度分析的多面性问题

本节所介绍的效度类型，实际上是效度分析的方法。效度是一个复杂的对象，采取单一的分析方法有时是不够的，需要同时分析各种类型的效度之后，综合起来

① 〔美〕韦恩．F．卡肖著，王重鸣译：《人力资源管理》，机械工业出版社 2006 年版，第 112 页。

才能把握测评结果的有效性。

4. 效度概念的特定性问题

效度这一概念，一般是相对每个测评总分来说的。换句话说，效度分析的数据是每个被测评者的总分数，但是相对每个素质测评的子分数与相对每个测评项目（试题、行为指标）来说，也同样有效度问题。当一个测评同时测评了几种素质时，针对每种素质的数个试题组合实际上就是一个分测评了，被测评者在这些分测验上的总分即为子分数。当针对一种素质测评的子分数或一个项目上的得分与某个外在参照效标分数作相关分析时，所揭示的就是子分数或项目得分的关联效度。

5. 效度的定义问题

一般认为效度是测评结果反映所测评对象的正确性或真实性程度。实际上，素质本身是模糊不清的，测评结果究竟是否反映了素质，根本无法对证。如果把效度定义为测评结果反映被测评者、个体间素质差异的真实性程度，是比较可行的。因为差异是一种可以测评到，也可以感觉到的东西。然而这种定义对于区分性与选拔性的测评来说是可行的，但对诊断性、目标管理性、总结考核性的素质测评来说，又不如原先的定义好。

思考题

1. 素质测评的内容、目标与指标三者之间的关系。
2. 对素质测评的工作分析的内容方法、步骤有哪些？
3. 确立指标权重的方法主要有哪些？
4. 素质测评怎样提高效度与信度？
5. 信度的基本类型有哪些？它们各有什么特点与作用？
6. 量化研究中的效度与质化研究中的效度有什么区别？

第七章　人员测评内容效果分析方法——项目分析

本章要点

1. 项目分析的两大部分——项目难度与区分度
2. 项目难度与区分度的实际运用
3. 对项目其他指标分析

项目分析这里是指对测评项目的效果分析。项目分析是根据测评结果对组成测评的各个题目进行分析，从而评价题目的好坏，对题目进行筛选的程序和方法。它是测评题目本身好坏和合理与否的工具。与信度和效度相比，项目分析更为基础。

项目分析分为定性分析和定量分析，定性分析主要考虑内容效度，即题目表达的恰当性和有效性；定量分析主要考察题目难度和鉴别度是否适度，即测评题目的难易程度。

测评信度、效度最终都依赖于题目表达的恰当性、有效性及难易程度等特性。因此，通过项目分析，对测评题目进行选择和修改，可以提高测评的信度和效度，从而提高测验的可靠性和有效性。

第一节　项目的难度和区分度

项目的难度和区分度是衡量测评工具（试题）质量的两个指标参数，两者相互区别、相互联系并直接影响和决定人才测评的鉴别性。

一、项目的难度

项目的难度就是指测验项目的难易程度，从测评的目的考虑，许多测评者都希望能准确测评个体间的差异。如果在某题上，被测评者全答对或全答错，则该题无法提供个别差异的信息，即不能把不同的被测评者区别开来。题目难度（即答对或通过该题的人数百分比）越接近于 0 或者 1，越无法区分被测评者之间能力的差异；题目难度越接近 0.5，区别力越高。因此，设计测评题目时，尽量选择难度在 0.5 左右的试题比较合适。

一个项目的难度大小，除了与所测的内容本身的难易程度有关外，与测验的编制技术和被测评者的知识经验有关，也与测试问卷表述不清或被测评者没学过有关，这样一个本来容易的项目就可能变得较难。这是说明测验的难度具有相对性，正因如此，必须进行测试，通过实践来对难度做检验。

对于是非题、选择题等采用二分法记分的项目，难度通常用通过率来表示，即用答对或通过该题人数的百分比作为指标：

$$P = R/N \tag{7.1}$$

式中 P 为试题或项目的难度指标，R 为答对试题或通过该项目的人数，N 为全体考生人数。

如果有这样一组试题情况：应试者总数为 20 人，第一题答对人数为 14 人，第二题答对为 17 人，则

第一题的难度为：$P=14/20=0.7$

第二题的难度为：$P=17/20=0.85$

这两组数据说明，答对试题的人越多，试题难度值越高；试题难度值越高，试题越容易。可见第二题比第一题容易。

当被测评者人数较多时，可以先将被测评者依照测验总分从高到低排列，然后将总分最高的 27%和最低的 27%的被测评者定为高分组和低分组，分别计算两组在某一项目上的通过率，最后用下式计算该项目的难度：

$$P = (PH + PL)/2 \tag{7.2}$$

式中 PH、PL 分别为高分组与低分组的通过率。

如果试题是多项选择，多项选择由于猜测因素的影响，答对的人数比率可能增加，而且选择项越少，猜对的机会越大。对此，可采用下列公式对多项选择题的难易程度进行校正。

$$CP = (KP - 1)/(K - 1) \tag{7.3}$$

式中 CP 为校正后的试题难度，P 为校正前的试题难度，K 为选择项的数量。

例如，上述第一题校正前难度值为（P）0.7，选择项的数量（K）为 4，那么，校正后的试题难度为：

$$CP = (4\times 0.7-1)/(4-1) = 0.6$$

上述第二题校正后的难度是：

$$CP=(4\times0.85-1)/(4-1)=0.8$$

可见，校正后的试题难度值要低于校正前的难度值。一般认为试题难度值在 0.3～0.7 之间比较合适，整份试卷的平均难度值最好把握在 0.5 左右，高于 0.7 和低于 0.3 的试题不能太多。

对于论述题等不用二分法记分的项目，常常用下面的公式来计算难度：

$$P=p/Xmax \quad (7.4)$$

式中 p 为全体被测评者在某一项目上的平均分，$Xmax$ 为该项目的满分。

进行难度分析的主要目的是为了筛选项目，项目的难度怎样才合适，取决于测验的目的、性质以及项目的形式。

在实际工作中，有些测验是为了了解被测评者在某方面知识、技能的掌握情况，这时候对难度不必考虑过多，只要是测评者认为重要的内容就可以选用。例如，教学中，在教完某部分知识后，为了检查学生的掌握情况所进行的测验，即使每道题目都有很高的通过率，这些题目仍然是可用的。

当测验用于选拔人员时，应该比较多地采用那些难度值接近录取率的项目。例如，我们要招收 20%的申请者，测验难度就应较高。

此外，项目难度还与测试分数的分布有关。通过考察测验分数的分布，可以对测验的难度作出直观检验。

由于人的多数心理特征是正态分布，而我们目前所采用的统计分析方法又大都以正态分布为前提，所以大多数测验在设计时希望分数呈现正态分布的模式。如果被测评者的取样具有代表性，对于中等难度的测验，其分数分布呈正态。

测验分数的分布背离正态时有两种情况：其一是项目难度普遍较大，被测评者得分普遍较低，使低分段出现高峰，呈正偏态，如图 7－1 所示；其二是项目难度普遍较小，被测评者的得分普遍较高，使高分段出现高峰，呈负偏态，如图 7－2 所示。

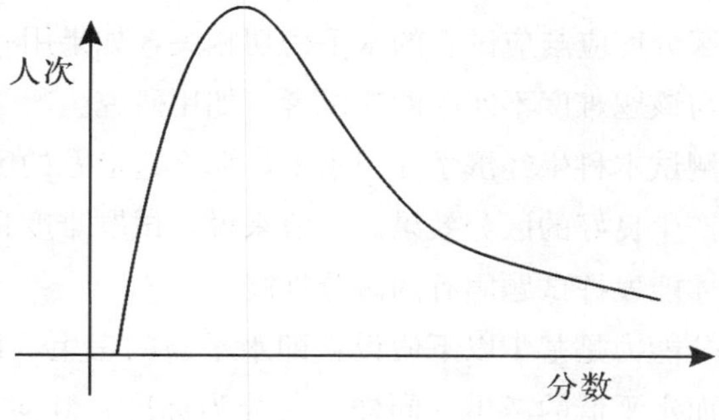

图 7－1　测验分数分布为正偏态状

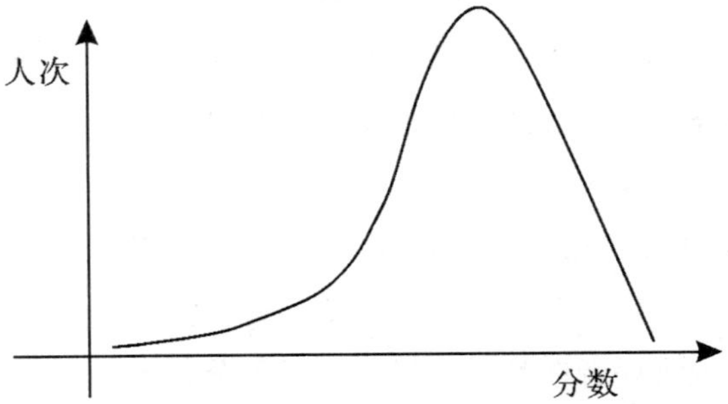

图 7—2　测验分数分布为负偏态状

并不是所有测验都要求其分数分布为正态，例如，标准参照测验的分数分布就常常是偏态的。

二、项目的区分度

区分度是反映测评工具（如试题）区分应试人心理特征水平高低的指标。区分度高的项目，能将不同水平的被测评者区分开来，即可使水平高的应试者得高分，水平低的得低分；区分度低的项目，则不能很好地鉴别被测评者水平，水平高的和水平低的被测评者得分差不多，甚至反映不出不同应试者的水平差异。

试题的区分度与试题的难度直接相关。调整试题的难度，是提高试题区分度的重要方法。

通常来说，试题具有中等难度，其区分度较大。就一道试题来说，若 100 人中，没有 1 人答对，$P=0$，或没有 1 人答错，即 $P=1$，那么该试题对区分应试水平差异毫无意义；如果有 1 人答对或答错，则这个人分别与另外 99 人各区分一次，即该题对 100 人能做 99 次区分；如果有 50 人答对，另外 50 人答错，该题可对 100 人进行 50×50 次区分，区分能力最大。因此，难度为 0.5 的试题，具有最大的区分能力。

另外，试题的区分度应与应试者的水平密切相关，如果用一道区分性能好的试题去测试能力水平与该题难度不匹配的应试者，如用研究生所学经济学中的一道区分性能好的试题去测试本科生经济学知识水平，那么这道题的区分能力是体现不出来的，因而也不能产生良好的区分效果。一般来说，试题难度只有等于或略低于应试者的实际能力，才能发挥试题固有的区分性能。

测评工具的区分能力是基于以下假设：即水平高的考生（以整份试卷为标准）倾向于答对试题，而水平低的考生（同样以总分为标准）倾向于答错试题。因此，区分度高的试题能分辨水平高的考生和水平低的考生，区分度低的试题则无法区分考生的水平。区分度一般用以下公式计算：

$$D=(H-L)/N \tag{7.5}$$

式中 D 为区分度指数，H 为高分组答对题的人数，L 为低分组答对题的人数，N 为各组的人数。

区分度的指数越高，区分能力就强。试题的区分度指数高于 0.3 便可以被接受。

应该指出，试题的难度和区分度指数只能用做筛选试题的参考，而不能被看作是绝对标准，而且，它们主要用于常模参照考试测评，用于需要区分考生水平高低的考试。对于标准参照考试测评来讲，试题的难易程度取决于预先规定的用人目标，即以外部标准为依据，而不是以试题与试卷内部关系为依据。如果根据某一用人目标而命制的试题被考生全部答对，这不一定说明试题本身不好，而可能是考生都掌握了用人目标所规定的内容。区分度对标准参照考试测评来讲意义不大，因为标准参照考试只要求检查被测评者是否达到规定目标，而不需要区分一个被测评者的水平高低。

三、难度与区分度的关系

区分度与难度有密切关系。假如，某项目的通过率为 1.00 或 0，则说明高分组与低分组在通过率上不存在差异，因此，鉴别指数 D 为 0。假如，项目的通过率为 0.50，则可能是高分组的所有人都通过了，而低分组却无人通过，这样 D 的最大值可能达到 1.00。从上述分析可以看出，难度越接近 0.50，项目的潜在区分度越大；难度越接近 1.00 或 0 时，项目的潜在区分度越小，如图 7－3 所示。

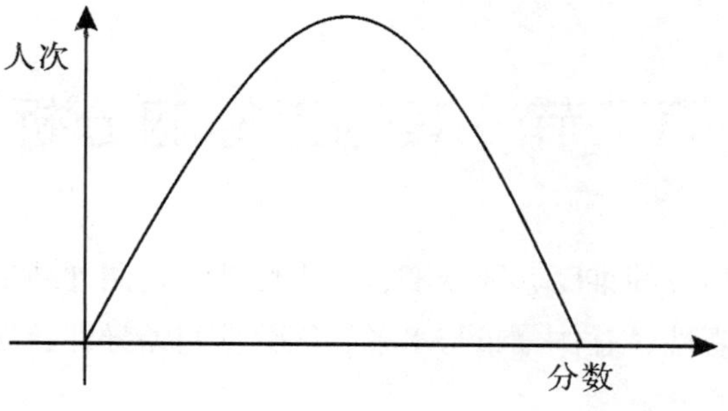

图 7－3 项目难度与区分度的关系

在实际编制测验时，不能要求所有项目的难度均为 0.50。由于一个测验中的项目大多趋向于有关的内容或技能而具有某种程度的相关，假如，所有的项目都完全相关，并且难度均为 0.50，在一个项目上通过的人在其他各项上也会通过，在一个项目上失败的人在其他各项上也将失败。那么一半被测评者将通过每一个项目，另一半将不能通过。在这种情况下，测验将只有两种分数：满分和零分，呈U形分布。这样，从整体来说，测验所提供的信息便相对减少。事实上，如果测验的所有项目都是中等难度，只有项目的内在相关为零时，整个测验分数才能产生正态分布。考虑到一般测验项目之间都具有某种相关，难度的分布广一些，梯度多一些，是合乎需要的。分布广，才能把各种水平的人都区分开来；梯度多，才能区分得更细。

难度和区分度都是相对的，是针对一定团体而言的（绝对的难度和区分度是不存在的）。一般说来，较难的项目对高水平的被测评者区分度高，较容易的项目对水平低的被测评者区分度高，中等难度的项目对中等水平的被测评者区分度高，这与中等难度的项目区分度最高的说法并不矛盾。因为对被测评者总体是较难或较易的项目，对水平高或水平低的被测评者便成了中等难度。由于人的多数心理特征呈正态分布，所以当需要把人作最大限度区分时，项目难度的分布也以正态为好，即特别难与特别容易的项目较少，越接近中等难度的项目越多，而所有项目的平均难度为0.50。

四、难度值的运用

从测评的作用考虑，对于选拔用的人才测评，应该尽量使题目难度值接近录取率。例如，测评若是要辨别或选择少量的最优秀的应试者，那么，测评应该有较高的难度，即题目难度值要小；反之，题目难度值要高。并且需要从题目的形式考虑。一般的，对于选择题，其题目难度以0.5最为合适；对于是非题而言，其难度值以0.75最为合适；对于四选一题目，其难度值约为0.63最合适。

第二节　其他指标的分析

信度、效度、项目的难度、区分度、独立性等，是测评结果考评中常分析的指标。除此以外，客观性、总体分布与水平、区分性与差异性、误差情况等也需要我们在测评中加以考察分析。

一、客观性

测评结果的客观性由测评方法的客观性与测评者的客观性两方面构成。测评方法的客观性指它对测评者主观影响的控制程度。例如，核查表就比一般评定量表要更客观些。

客观性的分析主要通过测评方法及其实施过程的措施情况来估计。一般来说，如果客观的测评方法对操作者的经验没有什么特别的要求，那么操作越简单，越容易把握，测评结果就越客观；同时如果测评的内容或每次判断不过于复杂，那么判断的内容越单一准确。但是也可以通过比较不同测评者操作它测评同一对象的结果的一致性进行分析。这种一致性可以用相关系数法。

测评者的客观性可以通过比较其测评结果与他人的测评结果来分析。既可以用该测评者测评结果与其他人测评结果的平均数之差来揭示这种客观性，也可以用他和其他人测评的平均结果之间的相关系数来揭示。

二、总体分布与水平

总体分布是指测评结果在各水平层次上的分布情况，其分布内容主要是统计各个分数段上的人数分布，包括最高分、最低分、偏态与峰态等情况，一般有次数分布表与次数分布图两种形式。

总体水平一般指对测评结果集中的分析，内容包括众数、平均数、重要指标上的得分情况等。

三、区分性与差异性

项目有区分度指标，作为测评工具本身来说，它也有区分性的问题。我们的测评，尤其是选拔性测评，目的是通过测评把不同水平的被测评者相互区分开来。测评的区分性可以反映这种目的的要求的满足程度。

测评区分性一般通过测评结果差异性的分析来揭示。测评结果的差异性分析包括两极差、四分差、平均差、方差、标准差、差异系数等指标内容。其中标准差、方差与差异系数比较常用。

四、误差

误差是指通过测评结果的定性分析与定量分析，判断测评结果是否受到心理效应的严重影响。分析的内容主要是心理误差、标准误差以及单个测评结果的置信区间。

思考题

1. 确定人员测评内容的难度与区分度的意义。
2. 怎样确定人员测评内容的难度与区分度？
3. 项目分析中其他指标分析包括哪些？

第四篇

人员素质测评途径

第八章　心理测验

本章要点

1. 心理测验的定义及相关概念
2. 心理测验的分类
3. 性格测评
4. 气质与态度测评
5. 能力测评

俗话说："知人知面不知心。"人的心理是世界上最复杂、最难了解的。多年来，研究者们试图像检测其他物质一样，用一种特制的"标尺"对人的心理进行测量，因而逐步形成了一门以揭示人的心理特征为目的的学科。它将数学导入心理学，借助于特定的标准程序和工具，对人的心理特征的个体差异进行数量分析，这就是"心理测量"，也称"心理测验"。心理测验的目的，是了解个体的智力水平、人格特征、特殊技能（或才能）以及为临床诊断提供帮助，为学习、职业选择、人才选拔等提供指导。本章简要介绍心理测验的起源与发展，心理测验的定义、种类与形式，并着重分析智力测评、能力测评、人格测评等常用的心理测验。

第一节　心理测验概述

一、心理测验的定义

心理测验（psychological testing）就是依据一定的心理学理论和测量技术，遵循一定的操作程序，对人的行为进行量化，从而对其性格、气质、能力等心理特征作出推断。人们在能力、学识、技能、兴趣、态度以及人格特征等方面各不相同，构成了人与人之间的个体差异。心理特征总会在行为上有所反映，心理测验就是通过人的行为表现对他的某些心理特征作出数量化的解释。

心理测验是心理学中一种常用的方法，也是人员素质测评所使用的一种重要方法。通过心理测量，管理者可以了解被测者的个性心理特征，以达到“人适其职，职得其人”的目的。

二、相关概念

1. 信度

信度是指测量结果反映测量对象实际情况的可信程度。信度主要是指测量结果[①]的一致性和稳定性，即同样条件下，同一被测试者多次测验的结果一致或相近，说明此测验信度高。

2. 效度

效度是指测验结果与测验目的相符程度，即所测量到的内容确属原本想要测量的内容。如一些测验由于测验题目复杂导致被测试者误解题意，所得的结果与测验目的不一致，这样的测验效度就低。

3. 常模

常模是一种供比较的标准量数，它由一个样本组成，这些样本代表了测验所针对的人群。由标准化样本测试结果计算而来，它是心理测验时用于比较和解释测验结果的参照分数标准。常模有很多种，例如百分位数、年龄等值，年级等值或标准分数。

4. 量表

量表是心理学测验所使用的测量工具。

三、心理测验的构成要素

一般而言，规范的心理测验应包括以下内容。

1. 测试题目

测试题目必须是从相关的大量题目中经过比较和筛选所确定的，必须能够根据心理测验要求，测察个体心理特征，同时保证心理测验题目在相当时间内的稳定性。

---

① 信度、效底详细内容参见本书第 152－160 页。量表参见本书第 5 页。常模参见〔美〕罗伯特·格雷戈里著，《心理测量：历史、概述与应用》（一影印本），北京大学出版社，2005 年版，第 57 页。

2. 施测方法

测试的方法必须经过严格的标准化，包括测试材料（问卷、答题纸等）、物理环境（照明、间距等）、主试的指导等都基本一致，以尽量保证平衡，去掉一些可能对心理测验结果产生影响的无关因素。

3. 计分方法

心理测验的计分方法应该从心理测验的原理出发，根据心理测验的常模，确定统一、规范的计分方法，以保证心理测验结果的可比性和一致性。

4. 技术指标

心理测验必须有客观、真实的技术指标，包括信度、效度、区分度等，技术指标在很大程度上决定了心理测验的质量和效果。

5. 结果解释

心理测验必须提供对有关数据结果的解释方法，同时必须根据心理测验的常模，保证心理测验解释方法的规范性和一致性。

第二节 心理测验的分类

一、按测评目的分类

1. 智力测量

智力测量是采用比较系统的测验题目并用数值表示个人智力发展水平，以测量人的记忆、观察、想象、判断等一般能力的一种测量方法。在人事管理中，根据不同的职业与岗位，对人员有相应的智力要求。著名的智力测验量表是韦氏智力量表，这是当今世界上流行最广也是最具权威的智力测验工具。

2. 人格测量

以测量人格为目的的心理测验。人格测验涉及人的心理状态、情感或行为的非智力方面的人格因素，通常包括对性格、情绪状态、人际关系、动机、兴趣和态度的测量。通用的人格测验量表有卡特尔 16 种个性因素量表、艾森克人格问卷、罗夏墨迹测验等。

3. 能力倾向测验

与智力测验主要测验人的智力发展水平不同，能力倾向测验用以弥补智力测验的不足，以测验被测试者的能力倾向，预测专业成就，它包括特殊能力测验以及创造力测验等。这类测验较著名的有差别能力倾向测验、明尼苏达文书测验等。

二、按测验材料性质分类

1. 文字的测量

测验项目是用文字表达的，回答时用文字进行。要求受试者有一定的文化水平。各种团体调查表、个人调查表等多属这一类。

2. 非文字的测量

测验项目是用符号、图画、仪器、模型等实物做测验材料，并以非语言的方式来表达。回答时只要作简单记号、指点或者操作，而不用语言或书写，亦适用于不识字者。

当然，也有一些心理测验是既有文字部分也有非文字部分。

三、按测量方法分类

1. 问卷法

问卷法，又称自陈量表，多以自我报告的形式出现。通常采用文字叙述的方法，列出一些问答题或命题，后面有几种答案，让受试者选择，也可由受试者根据自己的评判在不同评价等级上表明某种程度，根据赋予不同评价等级程度的分值，将原始数据统计处理后，即得到评判结果。

2. 投射测量法

投射测量法的特点是通过间接的方法来了解人们对某个事物的态度或内心世界的看法及认识。通常是利用某些材料，如一些模糊的人形或墨迹图，或让受试者自己画一个人，或给受试者一个场景，要受试者讲故事等，受测试者在自由问答时不知不觉地把自己的思想、情感态度等泄露出来。投射法比自陈法的偏差一般要小些，其原因是受试者根本不知道测量什么？所以无法隐藏或伪装自己的内心世界。其中著名的投射法有默瑞的主题统觉测验、罗夏的墨迹测验等。

四、按测量对象分类

1. 个体测量

个体测量是指一个主试者在同一时间测验一个受试者。这种方法的优点是可以对受试者各方面情况进行仔细观察，并且有充足时间与受试者合作，能激发受试者尽最大的努力发挥，使测验结果可靠性更高。其缺点是费时、手续复杂。

2. 团体测量

团体测量是一个主试者同时测试多个受试者。团体测量有时间限制，要求所有受试者同时开始同时结束。主试者在布置和交代方法时不许被试者看测量材料，不懂的可以提问，但已经开始测量后则不能提问。团体测量的优点是省时、速度快。主试者不必经严格的专业训练，只要掌握了测量程度、方法、注意事项和如何解释测量结果就可以了。其缺点是变量控制不严，测量结果粗糙一些。

第三节 性格测评

一、性格

什么叫作性格？心理学认为，性格是一个人的“典型性的行为方式”。性格，是一个人比较稳定的对现实的态度和习惯化了的行为方式。也就是说，一个较成熟的人在各种行为中，总贯穿着某一种典型的方式，这是经常的，而不是偶然的，这就是性格。例如，甲君不论在众人聚会的场合，或是在工作中，甚至一个人在房子里，都是生气勃勃、喜欢活动的。这样，我们说他的性格是活泼的。如果某一日，他有点心事，因而变得沉默寡言，但这只是很偶然的情形，我们就不能说他的性格是沉默寡言。

一个人的性格是在后天的社会化过程中逐渐形成和发展起来的。因此，性格既是一种比较稳定的心理特征，也是可以在一定社会条件下改变的，即具有较强的可塑性。人的性格是客观环境（家庭境况、学校教育和社会影响）的作用和主体自我教育要求相结合的产物。例如，一个人不幸处在十分艰苦的境遇中，如果他受到的教育是劝他忍受、安分，久而久之，他会养成安分守己的性格，即使遇到什么不幸，他也是安分守己；如果他受到的教育是鼓舞他去战胜困难，久而久之，他会形成乐观的、坚强的性格。

性格有明显的个体差异，种类繁多。按照性格特征来分，有理智型、情绪型、意志型、中间型；按照独立性特点来分，有独立型、顺从型、反抗型；按照心理活动的倾向性来分，有内倾型、外倾型、内外平衡型；按照人类社会文化生活形式来分，有理论型、审美型、社会型、权力型、宗教型；按照性别特征来分，有男性型、女性型等。

二、性格测评

性格是组成个性心理特征的核心部分，甚至说一个人的性格就是他的个性倾向系统在他对人、对己、对事的态度及其行为方式上的具体体现。因此，从某种角度讲，性格测评对人员的选拔尤为重要。性格测评的方法一般有问卷法和投射法。

（一）问卷法

问卷法是心理学的常用方法之一，通常在问卷上列出许多问题，由被测试者回答。这种方法使用极为方便，题目、记分、评分都是标准化操作，但需特别关注被测试者回答问题的真实性。问卷法可以个别测评，也可以团体测评。国内外常用的问卷测验有：明尼苏达多相个性问卷、卡特尔 16 种个性因素问卷、艾森克人格问卷等。

1. 明尼苏达多相个性问卷

明尼苏达多相个性问卷是 20 世纪 40 年代初期由美国精神病学家霍瑟卫（S·Hathaway）和麦金莱（J·Mckinly）编制。这种问卷共有 566 个项目，被测试者只需要做出“是”或“否”的选择，不能确定的项目，不做选择。明尼苏达多相个性问卷开始时用于区别精神正常与异常，区别不同类型的精神病人，以后经多次修订，在世界许多国家广泛使用，不仅用于医学诊断，而且也用于正常人的性格评定。

2. 卡特尔 16 种个性因素问卷

卡特尔 16 种个性因素问卷是由美国心理学家卡特尔（R·B·Cattell）编制的。他认为人的个性是由许多特性所构成的，这些特性分为“表面特性”和“根源特质”。表面特性是指一个人经常发生的、可以从外部观察到的行为；根源特质则是制约着表面特性的潜在基础。卡特尔从许多表面的行为中抽取了 16 种“根源特质”，称为 16 种个性因素，编制专门的量表来测量这 16 种特质。这就是卡特尔 16 种个性因素测验。卡特尔 16 种个性因素测验具有较好的信度和效度，因而在全世界应用范围很广。

卡特尔在 16 种个性要素的基础上设计出一种自陈式问卷。卡特尔 16 种个性因素共有 187 题，每题有 3 个备选答案。16 种人格因素及其高分、低分特征（每一类型的最高分为 10 分，最低分为 1 分，3 以下为低分，7 以上为高分），见表 8−1。

表 8-1　卡特尔 16 种个性因素人格量表

人格因素	低分	高分
A 乐群性	执拗，对人冷漠，吹毛求疵，宁愿独自工作，且工作标准常常很高	和蔼可亲，容易与人相处、合作，适应能力强，愿意参加或组织种种社团活动
B 智慧性	思维迟钝，学识浅薄，抽象思维能力较弱	聪明，富有才能，善于抽象思维
C 稳定性	情绪容易激动，容易受环境支配而心神动摇不定	情绪稳定而成熟，充满魄力，能以沉着的态度应付现实中的各种问题
E 恃强性	谦虚、顺从、通融、恭顺	有主见，独立性强，但易自高自大，自以为是
F 兴奋性	严肃、审慎、冷静、寡言	活泼、愉快、健谈
G 有恒性	苟且敷衍，缺乏远大的理想和目标	责任心强，工作细心周到，有始有终
H 敢为性	畏怯退缩，缺乏信心，有强烈的自卑感	冒险敢为，少有顾忌。有时也可能粗心大意，忽略细节
I 敏感性	理智，注重现实，自恃自力	心肠软，易受感动，较女性化，爱好艺术，富于幻想
L 怀疑性	信赖随和，容易与人相处，顺应合作，善于体贴人	多疑，与人相处斤斤计较，不顾别人的利益
M 幻想性	现实、合乎成规，力求妥善合理，不鲁莽从事，在关键时刻也能保持冷静	忽视生活细节，只以本身动机、当时兴趣等主观因素为行动的出发点，可能富有创造力
N 世故性	思想简单、感情用事，与人无争，但有时也显得幼稚、粗鲁、笨拙	处事老练，行为得体，能冷静分析一切，理智、客观
O 忧虑性	安详、沉着、有自信心	忧虑抑郁，烦恼自扰
Q1 实验性	保守，不愿尝试探新，常常激烈地反对新的思潮和变革	自由、激进，不拘泥于现实，对新的思想和行为有兴趣
Q2 独立性	依赖、随群，常放弃个人主见，附和众议	自立自强，当机立断
Q3 自律性	既不能克制自己，又不能尊重礼俗，更不愿考虑别人的需要	言行一致，能够合理支配自己的感情行动，为人处世能保持自尊心
Q4 紧张性	易知足，心理容易平衡，也可能过分松懒，缺乏进取心	缺乏耐心，心神不定，过度兴奋，时常感觉疲乏

例如，心理健康者的人格特质是情绪稳定（高 C），轻松兴奋（高 F），自信心强（低 O）和心平气和（低 Q4）。

又如，创造力强者的人格特质是缄默孤独（低 A），聪慧、富有才识（高 B），好强固执（高 E），严肃审慎（低 F），冒险敢为（高 H），敏感、感情用事（高 I），幻想、狂放不羁（高 M），坦白直率（低 N），自由、批评、激进（高 Q1），当机立断（高 Q2）。

3. 艾森克人格问卷

艾森克人格问卷是由英国伦敦大学教授艾森克等人所编制的个性问卷，有成人问卷和少年问卷两种，分别测量16岁以上的成人和7—15岁儿童，各包含100个左右的题目。每种问卷都包括4种量表：外内向量表（E）、情绪稳定性量表（N）、精神质量表（P）和效度量表（L）。问卷采取是非题的形式。P分高表示被测试者倔强固执、粗暴强横和铁石心肠的特点，P分低表示被测试者具有温柔心肠的特点；E分高表示外向，E分低表示内向；N分高表示情绪不稳定，N分低表示情绪稳定；L分高表示回答中有虚假或掩饰。

（二）投射法

投射法是一种个别测量的方法，它给予被测试者某些模棱两可的刺激，例如，滴墨迹的图片或无题绘画等，使被测试者在回答中不知不觉地把自己的思想、感情、愿望投射到那个模糊的刺激中去，从而确定其性格特征。国内外常用的投射法有罗夏墨迹测验、主题统觉测验和句子完成测验。

1. 罗夏墨迹测验

墨迹测验是瑞士精神病学家罗夏于1921年创立的。墨迹测验是这样进行的：罗夏把墨水洒在白纸上，然后对折起来，使纸上的图沿一条对折线形成对称的墨迹图。测验共有10张墨迹图，5张黑色，图案浓淡不一；两张是红、黑两色构成；其余3张是多色混合构成。这10张图片都编有一定的顺序，施测的时候每次出示一张，同时问被测试者："你看这像什么？"或者"这让你想起了什么？"让被测试者按照自己所想象的内容作出自由的描述。测试者要如实记下被测试者的每一句话，并记下每一次反应所需要的时间以及行为表现。记录完毕后，要询问被测试者是根据墨迹的哪一部分作出反应的，以及引起反应的因素是什么，对回答内容也要作详细记录。

罗夏墨迹测验的评分与解释十分困难，须由专业人员进行。记分时主要考虑下面四个方面。

（1）反应的部位。被测试者对墨迹图的反应着重什么部位？是全体、部分、小部分、细节还是空白？

（2）反应的决定因素。被测试者进行反应的决定因素是什么？是墨迹的形状，还是颜色？把图形看成是静止的还是运动的？

（3）反应的内容。被测试者把墨迹看成什么？

（4）反应的普遍性。被测试者的反应与一般人的反应相同还是不同？一般可分为两种：普遍反应（P）表示多数人共有的反应，独特的反应（O）表示比较特殊的反应。作出特殊反应的被测试者，可能基于创造性联想，也可能是病态思想的象征。

罗夏墨迹测验关心的是受测者对图形知觉过程的途径、理由及内容。如果受测者的知觉途径和墨迹图的建构过程相符合，则说明受测者的心理机制完好正常，他的现实定向是完善的；反之，受测者的心理机制就是残缺不全的，或者说机能不足，有不切实际的幻想或异常的行为，现实定向不良。

罗夏墨迹测验主要用于诊断，鉴定精神病人的性格，对正常人只用这种方法往往难以确定一个人的性格，必须与其他方法结合使用。此法主要靠经验，主观性大，技术复杂，训练要求高，费时间，难掌握，我国目前临床使用较少。

2. 主题统觉测验（TAT）

主题统觉测验（TAT）是由美国心理学家默瑞（H・A・Murray）和摩尔根（C・D・Morgan）于1938年在美国哈佛大学编制的人格投射测验。主题统觉测验包括30张内容模棱两可的图片和1张空白卡片。图片内容多为人物，以及部分景物。

测验时，每组被测试者选取适用的图片20张（其中1张白卡片），每套图片分为每组10张的两个系列，分两次进行测验。第二系列的图片设计得较为独特，比第一系列的图片更富有戏剧性、更离奇古怪。第一次测验约需1小时，第二次测验需要1天或更多的时间。两次测验之间至少应该相隔1天的时间，并且要使被测试者的想象充分自由。

对于一般成人被测试者的指导语是："这是一个想象力测验，用来测验你的智力。我将向你呈现一些图片，每张图片你看一会儿。你的任务是对每张图片尽你所能编一个富有戏剧性的故事，说明导致图片上出现事情的原因，现在正在发生什么，图片上的人物正在想什么、感觉到什么、结果会怎样。明白了吗？因为有50分钟来看10张图片，所以你可以用5分钟讲述一个故事。"成人被测试者所述的标准长度是300字，如果正常成人所讲述的故事字数不足140字，则被认为缺乏合作态度。TAT中有一张空白卡片，在测验时要求被测试者想象卡片上有一幅图画，并且将这幅图画加以描述，然后根据这幅图画编造故事。测验后，测试者要与被测试者谈一次话，以便测试者了解和理清被测试者描述故事的内容。在解释结果时，测试者应特别注意被测试者故事的主题思想，找出故事的主人公及英雄人物。

主题统觉测验认为，个体面对图画情景所陈述的内容与其生活经验有着密切的关系。内容当中，有一部分内容固然受当时知觉的影响，但其想象部分却包含着个人意识以及潜意识的反应。也就是说，个体在陈述内容时，常常不自觉地将隐藏在内心的冲突和欲望融入故事情节中，借助于故事中人物的行为宣泄出来，即把个人的内心世界投射于故事中。测试者通过对被测试者陈述内容的分析，从而了解其性格特征。

3. 句子完成测验

句子完成测验是只提供句首部分，其余的要求被测试者根据自己的想法去把它填写成完整句。在填写完整句子的过程中，被测试者会自觉不自觉地表达出其人格特征。

例如："我母亲……""我想……""我爱……"

这种测验方式用于对员工的选拔，较其他投射测验简便又更有价值。当然，要全面、准确选拔员工，还应与其他测评方式配合使用。

投射法的优点是被测试者反应不受限制，因此所得材料比较真实。但它也有明显的局限，即评分缺乏客观标准；测验效度不容易建立；测验结果不易解释；对测试者要求很高，应经过专门训练，其主观状况可能会影响被测试者的得分。

第四节　气质与态度测评

一、气质测评

1. 气质

气质是一个古老的概念。我国古代春秋战国时期的医学界就有气质的五行说，把人的某些生理解剖特点与心理上的个别差异联系起来诊断。如按阴阳的强弱，分为太阴、少阴、太阳、少阳、阴阳和平 5 种类型；按五行法则，把人分为"金形""木形""水形""火形"和"土形"5 种，不同的类型有不同的体质形态、不同的肤色、腺性和不同的气质。

古希腊医学家希波克拉底提出，有机体的状态主要取决于有机体内的血液、黏液、黄胆汁、黑胆汁 4 种液体的混合比例，根据这些体液的混合比例，哪种体液占优势，就属于哪种气质。

真正回答气质的本质是苏联的著名生理学家巴甫洛夫，他创立了高级神经活动类型学说。巴甫洛夫通过实验研究，发现高级神经活动的兴奋与抑制过程具有 3 个基本特性，即强度、平衡性、灵活性。他发现这 3 个基本特性的不同匹配，可以组成多种高级神经活动类型。其中有 4 种典型类型，即强，不平衡的兴奋型；强，平衡，灵活的活泼型；强，平衡，不灵活的安静型；弱型。巴甫洛夫根据 3 种基本特性及其不同的结合，把高级神经活动分为 4 种基本类型并与传统的 4 种气质类型相对应，见表 8-2。这种对应性为气质类型的生理机制提供了依据。

表 8-2 高级神经活动类型与气质类型对照表

<table>
<tr><th colspan="5">高级神经活动特性及类型</th><th>表现特点</th></tr>
<tr><th>强度</th><th>平衡性</th><th>灵活性</th><th>特性组合类型</th><th>气质类型</th><th>主要心理特征</th></tr>
<tr><td rowspan="3">强</td><td>不平衡（兴奋占优势）</td><td></td><td>不可抑制型（兴奋型）</td><td>胆汁质</td><td>直率，热情，精力旺盛，有魄力，坚忍不拔，敢于承担责任；但情绪易激动，过分自信，有时独断专行，影响人际交往</td></tr>
<tr><td rowspan="2">平衡</td><td>灵活</td><td>活泼型</td><td>多血质</td><td>活泼好动，敏感，表情外露，反应迅速，善于交往，适应性强；但注意力容易转移，兴趣容易变换，做事缺乏持久性</td></tr>
<tr><td>不灵活</td><td>安静型</td><td>黏液质</td><td>安静，稳重，沉着，善于忍耐；但沉默寡言，情绪不易外露，反应较慢，不够灵活，比较固执，不容易接受新生事物，不能迅速适应变化的环境</td></tr>
<tr><td>弱</td><td>不平衡（抑制占优势）</td><td></td><td>弱型（抑制型）</td><td>抑郁质</td><td>细心，谨慎，感情细腻，善于觉察到别人不易觉察到的事物；但较孤僻，多忧思，心地狭窄，疑虑重重，行动迟缓，缺乏果断，经不起强烈的刺激和猛烈的打击</td></tr>
</table>

我们认为，气质是指个体不以活动目的和内容为转移的典型的、稳定的心理活动的动力特性，是一个人心理活动在发生速度、灵活性、强度和指向性等方面特征的综合。心理活动的速度和灵活性，主要指知觉的速度、思维的灵活程度、注意力集中时间的长短等；强度主要指情绪的强弱、意志努力的程度等；指向性即个体的心理活动是倾向于外部现实还是倾向于自己的内心世界。

“江山易改，禀性难移”。气质是非常稳定的，主要受遗传因素影响较大。有人曾对同卵双生子进行 14 年的追踪研究，发现他们的气质几乎没有什么变化。当然，气质并不是一成不变，在生活条件和教育的影响下，它可以被掩盖并缓慢地发生变化，使之符合社会实践的要求，但其稳定性是主要的。

人的气质类型没有好坏之分，不同气质的人的忍耐性、感受性、可塑性、敏捷性、兴奋性等都有所不同，每个人的气质都有其所长，也有其所短。因此，了解一个人的气质特点有利于发挥其优点，克服其气质的消极方面。

2. 气质测评

气质测评，目前主要采取问卷测验法。见表 8-3。

表 8−3　气质类型问卷测验（节选）

序号	项目	很不符合	不太符合	有点符合	比较符合	完全符合
得分		−2	−1	0	1	2
1	做事力求稳妥，不做无把握的事					
2	喜欢安静的环境					
3	生活有规律，很少违反作息制度					
4	遇到令人气愤的事，能很好地自我克制					
5	能够长时间做枯燥、单调的工作					
6	与人交往不卑不亢					
7	不喜欢长时间谈论一个问题，愿意实际动手					
8	理解问题总是比别人慢些					
9	认为墨守成规比冒风险强些					
10	对工作抱认真严肃、始终一贯的态度					
11	在体育活动中，常因反应慢而落后					
12	喜欢有条理而不甚麻烦的工作					

（备注：该问卷共计 60 题，篇幅所限，节选 12 题）

确定气质类型的方法有以下几点。

（1）将每题得分填入计分表相应得分栏，见表 8−4。

（2）计算每种气质类型的总得分数。

（3）确定气质类型。

表 8−4　不同气质类型相应题号的计分表

胆汁质	题号	2	6	9	14	17	21	27	31	……	总分
	得分										
多血质	题号	4	8	11	16	19	23	25	29	……	
	得分										
黏液质	题号	1	7	10	13	18	22	26	30	……	
	得分										

续表8-4

胆汁质	题号	2	6	9	14	17	21	27	31	……	总分
	得分										
抑郁质	题号	3	5	12	15	20	24	28	32	……	
	得分										

如果某类气质得分明显高出其他三种，均高出 4 分以上，则可确定为该类气质；如果该类气质得分超过 20 分，则为典型型；如果得分在 10 分～20 分，则为一般型；如果两种气质类型得分接近，其差异低于 3 分，而且又明显高于其他两种，高出 4 分以上，则可定为两种气质的混合型。多数人的气质是一般型气质或两种气质的混合型，典型气质和 3 种或 4 种气质混合型的人较少。

二、态度测评

1. 态度

态度是个体依据自己的观念体系对某一对象所持的较持久、较稳定的综合心理倾向。它是在某种心理过程的基础上综合而形成的。态度一旦形成，就比较稳定，对及特定的人、观念、情感、事件等具有稳定的看法、理解和评价。一个人的态度会对他的行为具有指导性的动力性的影响。

态度是由认知因素、情感因素及意向因素三项心理成分构成，他们在态度结构中各有不同的地位作用。认知因素是指带有评价意义的叙述，包括个人对态度对象的认识与理解，以及赞成或反对，这是构成态度的基础；情感因素是指个人对于态度对象的情感体验，如尊敬与轻视、同情与挑剔、喜欢与厌恶等，这在态度结构中起动力与核心作用；意向因素是指个人对态度对象的反应倾向，又称为行为的准备状态，准备对态度对象作出某种反应，这在态度结构中起到表达态度的作用。

态度的形成与改变一般经历 3 个阶段：服从、同化、内化。服从阶段是指个体在社会生活环境压力的影响下，对某一对象的态度只是在外显行为上与他人保持一致，这样做并非真心愿意，而是受强化原则的制约；同化阶段是指个体不是被迫而是自愿地接受某人或某团体对某一事物的观点、态度并使自己的态度与之相一致；内化阶段是指个体发自内心相信并接受他人或团体对某一事物的观点、态度，并彻底转变原有态度。

态度不是天生的，是在后天生活环境中经过学习形成的。影响态度形成的重要因素有个人的需求与欲望、知识与信息、团体影响以及个性特点等。

2. 态度测量

态度是内在的，看不见的，它们只能通过结果变量来推断，通过态度测量来衡量。态度的测量有态度方向测量，如肯定、否定，喜欢、讨厌，赞成、反对等测量；有态度强度测量，如肯定、否定的强弱变化测量等。常用的态度测量方法有量表法、行为观察法、自由反应法、情景法。

（1）量表法。研究证明，运用具有高信度与效度的量表法进行态度测量，可以比较准确地获得资料。量表法使用的工具是标准化的测量量表。

在制定态度量表以前，必须确定自变量、因变量，尽力排除或严格控制无关变量。测定态度的深度，一般运用数量上的指数进行衡量。目前流行的五点法、七点法、十一点法 3 种尺度均把态度数量化。测量态度的问卷量表一般不用“是非法”。

量表制作，要做抽样预测，从预测中筛选出能反应一般人态度特点的项目，并按随机原则加以编排，然后附上作答模式，印刷成卷，就是一份测量量表。一个态度测量量表由两部分组成：要求被测试者作答的项目和被测试者的作答模式。项目可以用陈述句形式表达，也可以是对立词表示；作答模式，就是测试者把人们对量表列出的项目可能采取的态度分成若干等级，并把相应的答案列出。施测时，被测试者只需根据个人的想法从模式中选择一个答案，并在该答案处画勾或圈即可。例如，五点法，把某人对某事的态度划分为 5 个等级，其中两端为极端态度，中间为中性态度，每个等级见表 8−5。

表 8−5　量表基级

最反对	反对	无所谓	赞成	最赞成
−2	−1	0	1	2

不同的量表，作答模式不同，多采用 5 个等级以上的指数进行测量。这是因为态度既受个体的信念、价值观、个性特征以及其他社会因素影响，又包含着个体的认知因素、情感因素和意向因素的复杂心理现象，所以如果作答等级过少，就较难测出态度真实状况。

态度测量完成后，测试者根据被测试者的所有选择分别进行记分，求得平均数，即为被测试者某种态度状况。如果测量对象是群体，统计分析应先作每个项目全体被测试者的记分平均数，再作总结性平均数，即可测得群体某种态度的状况。

（2）行为观察法。尽管态度是内在的，看不见的，但人的行为是态度的外在表现，是受态度支配的，因此，通过对人的行为的观察可以推测人的态度。对人行为的观察可以采用不被对方发现的隐蔽观察方法，这样获得的材料比较真实可靠。但是，人的行为与态度的关系并不都是一一对应的，同一态度可能有不同的行为，同一行为也可能代表不同的态度。因此，行为观察法所得到的态度只能作参考，应结合其他方法综合运用。

（3）自由反应法。它是对态度要素中的认知、情感因素加以了解的方法。其特点是提出一些开放式的问题让被测试者自由回答，例如，“您对您工作的热爱程度如何?”“您对超产计件奖的看法是什么?”“您对您的工作岗位满意吗?”从被测试者的回答中可以看出其对工作及工作岗位的态度和对奖酬制度的态度。也可以根据被测试者对模糊图画的回答，未完成句子、故事的续完，测量被测试者的态度。

（4）情景法。它是根据态度的稳定性，从已知情景中的个体态度，预测个体对未来类似情景中的态度。例如，让被测试者在一团队中充当一位队长，在野外生存训练中事先有意设置好困难的情景，比如要露营又没有帐篷，要吃饭又没有足够的干粮等，观察被测试者的态度及表现，从而推测出他未来在困难以及突发情况下的态度。

上述各种测量方法各有长处，也各有局限性，使用时可以综合运用上述方法，互相印证参考。

第五节　能力测评

一、智力测评

心理学把人们能够顺利完成某种活动的心理特征称为能力。能力是个体顺利地完成某种活动的必要条件。人的实践活动是在从事这样或那样的工作和探作中进行的，为了顺利完成这些活动和探作，重要的心理前提就是具有某种能力。常用的能力测评内容如下。

智力测评是通过测验的方法来衡量人的智力水平高低的一种科学方法。由于通常把智力看作人的各种基本能力的综合，因此智力测评又称为普通能力测评。

1905 年，法国心理学家比奈第一个用科学方法把测验编制成量表来测量个人智力。他和西蒙合作完成了世界上第一个智力测验量表，即比奈－西蒙量表。该量表主要适用于 3—15 岁儿童智力的测量。1916 年，美国心理学家斯坦福大学教授刘易斯·推孟将比奈－西蒙量表加以修订，使测量进一步标准化，称为斯坦福－比奈智力测验。目前常用的智力测验有斯坦福－比奈智力测验和韦克斯勒智力测验。

1. 斯坦福一比奈智力测验

此量表 1916 年出版，又经过 1937 年、1960 年、1972 年 3 次修订，已成为国际上最具影响的量表。此量表首次采用了智商的概念，用以表示个体的智力水平。智商（IQ）是智力年龄与实足年龄的比率。为了避免计算的小数，通常将商数乘以 100。

一般来讲，智商为100者，其智力相当于他的同龄儿童的一般水平，表明智力中等；智商高于100，表明智力较高；智商低于100，表明智力较低。

2. 韦克斯勒智力测验

美国心理学家韦克斯勒先后制定出韦克斯勒儿童智力量表（1949年）、韦克斯勒成人智力量表（1955年）、韦克斯勒学前儿童与学龄初儿童智力量表（1967年）。韦氏量表所测的一般智力是多种能力的综合，是当今世界上流行量广也是最具权威性的智力测验工具。

以1981年修订的韦克斯勒成人智力量表为例，见表8－6。该量表包括11个分测验，从言语和操作两方面测量成人智力。

表8－6　韦克斯勒成人智力量表

	测量名称	测量内容
言语测验	普通知识 一般理解 算术 两物相似性 背数 词汇	知识的保持和广度 实际知识的理解与判断力 心算及推理能力 抽象与概括能力 注意力和机械记忆力 词语知识广度
操作测验	数字符号 填图 积木 图片排列 物体拼合	建立新联系的能力和速度 视觉记忆和辨别能力 空间关系辨别能力 对故事情景的理解能力 处理整体与部分关系的能力

与比奈量表不同，韦克斯勒量表的计分方法不用心理年龄，而是把所测量的人的智力与同龄组正常人的智力平均数之比确定为智商，这样智商就不受年龄限制了。

二、特殊能力测评

个体从事专门活动需要具备的，并且在专门活动中表现出来的能力叫特殊能力。特殊能力测评又称为性向测验，是对专门从事某种专业活动的能力的测量。它包括对机械能力、音乐能力、运动能力及其他特殊能力等的测量。下面仅举三例说明特殊能力测评的方法。

1. 文书能力测验

文书能力测验是一种集体进行的个体对文字或数字的知觉理解速度与准确度的测量。一般而言，文书能力测验包括阅读理解的速度、文件整理的速度与准确性、物品与人名的速记、文字校对的正确性、计算的迅速与准确性，以及必要的管理知识与社会适应性。比较著名的文书能力测验是明尼苏达办事员能力测验。该测验共200道题，包括数目校对和人名校对两部分，要求被测试者找出与其他相异的数字或人名。这种测验并不难，关键是要迅速准确，其目的就在于测评知觉的广度、速度和准确性。

2. 音乐能力测验

苏联心理学家捷洛夫分析了学习音乐的能力，提出可以从曲调感、听觉表象和节奏感来进行音乐能力测量。而西肖尔把音乐才能分为辨别音高、音强、时间、节律、和谐与记忆6类。

3. 运动能力测验

运动能力测验主要用于测评一个人运动反应的速度、灵活性、协调性和其他身体动作方面的特征。这种测验大多是典型的仪器操作性测验，主要用于工业和军事领域的人员选拔。比较著名的测验有克莱福德小部件灵活性测验、普杜钉板测验、明尼苏达操作速度测验等。

三、创造力测评

什么是创造力呢？一般认为，创造力是个体根据一定的目的，运用一切已知信息，产生出某种新颖、独特、有社会或个人价值的产品（既指思维成果，也指物质成果）的智力品质。

创造力测评是较晚发展起来的测验。从20世纪50年代末期开始，在吉尔福特提出创造力理论后，心理学家考虑过去智力测验的不足，编制了着重测量发散思维的创造力测验。该测验以开放式题目为主，因此评价带有较强的主观性，测验的信度和效度难以把握。目前通用的创造力测验有南加利福尼亚大学发散性思维测验、托兰斯创造思维测验和芝加哥大学创造力测验。

1. 南加利福尼亚大学测验

这是吉尔福特根据其1957年提出的智力三维结构模型编制的发散思维测验。吉尔福特认为发散思维是创造力的外在表现，由此他将该测验发展为一套创造力测验。该测验由言语测验和图形测验两部分组成，共14个项目。

其中言语部分有10个项目：字词流畅、观念流畅、联想流畅、表达流畅、多种用途、解释比喻、效用测验、故事命题、推断结果、职业象征。

其图形部分包括4个项目：作图、略图、火柴问题、装饰。

2. 托兰斯创造思维测验

托兰斯创造思维测验于1966年编制而成，是目前应用最广泛的创造力测验，适用于各年龄阶段的人。托兰斯测验由言语创造思维测验、图画创造思维测验以及声音和词的创造思维测验 3 部分构成。这些测验均以游戏的形式组织、呈现，测验过程轻松愉快。

言语测验由 7 个部分构成，分别是提问题、猜原因、猜后果、产品改造、非常用途测验、非常问题、假想。

图画测验包括 3 个分测验，即图画构造、未完成图画和圆圈（平行线）测验，要求被测试者完成它们，使其具有一定的意义。

声音和词测验的指导语和刺激都用录音磁带形式呈现，包括音响想象和象声词想象。

这 3 套测验的记分各不相同。言语测验从流畅性、变通性和独特性 3 方面记分，声音和词测验只记独特性得分。

3. 芝加哥大学创造力测验

该测验是美国芝加哥大学的两位心理学家盖策尔斯和杰克森在 20 世纪 60 年代初编制的，共有 5 项分测验，其中有些源自吉尔福特的创造力测验。这 5 个分测验分别是语词联想、用途测验、隐蔽图形、完成寓言、组成问题。

综上所述，应用心理测验进行人员素质测评，可以有效地开发人力资源，有助于提高管理工作的绩效。尽管心理测验存在着一定的局限性，但重要的是我们应借鉴国外心理测验的成果，在自己研究的基础上结合我国的管理实践，编拟适合我国国情的行之有效的心理测验，用于人员素质测评，使人员素质测评工作更加科学化、标准化。

思考题

1. 为什么说心理测评在人员素质测评中占有重要地位？
2. 性格测评的主要方法有哪些，它们的内容是什么？
3. 气质测评与态度测评的内容是什么？
4. 能力测评包括哪些主要方面，它们的内容是什么？

第九章　知识考试

本章要点

1. 知识考试的类型及特点
2. 专业知识笔试的内容、特点与方法
3. 综合知识笔试的内容、特点与方法
4. 外语考试的类型与题型
5. 知识考试的题型与答题技巧

第一节　知识考试概述

知识考试，亦称笔试，是学校、机关、企事业单位等社会组织为了选拔人才，要求应试者在统一规定的时间、地点、考试规则，通过纸上答题的方式，测试出应试者掌握的知识数量、知识结构与知识程度的考试方法之一。知识考试形式的甄选制度起源很早，起源于我国隋朝，隋朝的科举考试是采用单一的知识考试测评结果衡量人才最盛的时期，由此可见其重要性。但是，古代知识考试的内容设置简单、测评标准较为粗略，很难真正考察出应试者的知识广度、深度和倾向度。随着时代的进步和人类知识结构的扩展，知识考试的设置更加科学、合理，更能测试应试者的知识掌握情况、判断能力及其他综合能力。所以，即使在日益发展的现代人才甄选技术中，知识考试的方法和技术仍被广为使用。

一、知识考试的类型

（一）根据考试时间和目的不同的分类

1. 随机考试

一般是指学校在学期中间或者升学之前的考试，也可以是其他机关、企事业单位等临时组织的考试。这种性质的考试目的是测试者为了了解应试者的知识掌握情况而选择的一种评估方式。测试者针对应试者的考试结果，了解全体应试者的整体知识水平以及每位应试者的知识结构，发扬优势，有针对性的查漏补缺，从而达到全面发展、共同进步。

2. 定向考试

这是指通过考试将应试者进行定向分流，如中考、高考。对于这类考试有一种错误的认识就是优胜劣汰。当然，通过考试的应试者进入更高层级的学习，这只是人才发展的一个方向；对于在考试中失败的应试者来说，会在其他方面人尽其才，同样也是人生发展的方向。其实这种考试的根本目的是根据个人的特长和能力倾向，将人们进行定向发展，培养多方面的人才，为社会各种职业、岗位提供专业人才做准备。

3. 资格考试

这是指通过某次考试得到知识掌握程度的一个鉴定结果。例如，大学英语四、六级考试，公务员考试，会计师资格考试，外销员资格考试，晋升考试等。资格考试是决定性的考试，通过这种考试的应试者将获得特殊的资格认定，有时也是一种权利认定。

（二）根据考试的内容和侧重点不同的分类

（1）专业知识考试。

（2）综合知识考试。

（3）外语考试。

（这几种考试将在后面的第二、三、四节中分别进行详细的阐述）

二、知识考试的特点

（一）组织性

任何一次知识考试，不论是正式考试还是非正式考试，都是经过精心组织的。

首先是考试委员会的组织。考试委员会成员不是随意加入的，而是以一定的标准选择有资格的候选者，组成高素质的团队。其次是考试工作的组织。考试委员会组织会议，协商讨论决定考试的各项要素，包括时间、地点、考场规则、考试大纲、应试者的各类证件等。再次，组织编制试题，避免试题的任意性和不规范性，尽量做到科学、合理，达到预期想要测试应试者某方面知识的目的。最后，组织评阅工作。

（二）纪律性

考试委员会成员严格遵守职业操守纪律，不随意更改考试议定规则、不修改试题、不泄露考试内容；考生严格遵守考场纪律，不弄虚作假、不徇私舞弊；试卷评阅者公平公正地评判应试者的试卷。对于违反考试相关纪律的，要予以处罚。

（三）监督性

虽然考试工作是在有组织、有纪律的前提下进行，但是知识考试要求客观、公正、真实、可靠的结果，必须配备考场监督人员。科学发达的今天，可以在考场内配置监视器、手机探测器等，以确保结果的真实性。

三、对知识考试的评价

（一）优点

1. 相对公平

知识考试的考试内容、考试规则对于每个应试者都是相同的。试卷在启用前对所有应试者都是绝密的，保证了考试的起点公平。对知识掌握全面、精深的应试者可以得到较好的成绩。

2. 费用较低

与其他各种测试手段相比，知识考试的成本费用相对较低。包括试卷纸张费用、油印费用、人工费用和场地费用等。而且，组织知识考试的组织一般都有自己的场所，所以这一项费用也可以省去。

3. 速度快

知识考试可以同时面向多个应试者，可以在较短的时间内测试出批量应试者的知识掌握情况。

4. 相对客观地反映应试者的水平

知识考试是在安静的考场中进行，应试者不受外界干扰，紧张情绪有所缓和，独立冷静思考，能相对客观地反映出应试者的水平。

（二）缺点

1. 试题可能不科学

由于知识考试同时面向多个应试者，每个应试者知识结构不同、知识水平不等，试题不可能根据每个应试者的情况进行编制。由于出题者的知识结构不可能面面俱到，试题的质量很可能由于出题者的偏好或情绪受到影响，出现偏题、难题或者怪题的现象。

2. 过分强调记忆能力

有些试题答案是靠记忆、背诵来获取的，应试者强化死记硬背能力，忽视应用能力的锻炼，如判断能力、创造能力和动手能力。这是受我国古代科举制度和现代应试教育制度严重影响的后果。

3. 评判标准可能不科学

应试者根据自己能力，充分发挥自己的知识水平。通常来讲，获得好成绩的被认为是优秀的，分数较低的则被认为是劣等或不适合的。但是，可能由于试题设置的偏差，或者应试者在某方面擅长或者不擅长等原因，会影响测试的结果，这并不能说明应试者的知识掌握水平高与不高。

第二节　专业知识笔试概述

一、专业知识与专业知识笔试

专业知识是指从事某具体专业所要掌握的相关知识。专业是分工的结果，分工越细，专业越精。“专精”是需要的，但“专精”不能孤立，专业越精，发生关系的方面也越多。如同建宝塔，塔越高，则塔的基础应越宽。所以对于掌握专业知识，既要有一定的深度，又要有一定的广度，需要做到深广结合。

专业知识笔试，又称深度考试，是针对专业人才对知识掌握程度的综合测评考核。测评题目专业对口，适合本专业的岗位的任何人群。专业知识笔试可以作为企业单位相关人员入职前或入职后的岗位测评考试工具，同时也可以作为个人能力自我测评的有效工具。

二、专业知识笔试的特点

（一）专业性强

正所谓“术业有专攻”“隔行如隔山”，专业知识笔试是针对本专业知识特点、结构和要求而设计的考试。在该专业领域有精深造诣的人必然能够比较容易地通过这些笔试；相反，其他专业的人员想要跨越这样的专业界限，必然要花费更多的时间和精力。

（二）容量大、范围广、知识新

虽然专业知识笔试有很强的专业要求，可是在同一专业知识笔试的试卷上，可以看出其容量大、内容涵盖广，往往会体现出与该专业有关的所有知识，甚至还涉及该专业目前发展的最新动态。例如，计算机专业类笔试包括软件知识、硬件知识、网络知识等。

（三）信度、效度相对高

随着标准化测试的推行，客观性实体比重加大，试卷编制及评卷的计算机化，避免了人为主观因素的影响，使专业知识笔试较其他方法测评的信度和效度更高。

（四）经济、快速、效率高

专业化知识笔试可以在较短时间内对大量应试者进行大规模测评，它的经济、快速、高效的特点是其他测评方法不可替代的。

三、专业知识笔试的缺点

专业知识笔试虽然可以快速高效地测试出应试者的专业知识结构、掌握的程度，但是对于应试者的政治态度、思想品德以及实际工作能力等方面的情况很难测定，而且，应试者有时可以利用任意作答、猜测、作弊等不正当的手段对考试结果产生影响，因而不能完全准确地反映出应试者掌握知识的程度。

四、专业知识笔试的方法和层次

（一）专业知识笔试的方法

1. 论文式笔试法

论文式笔试法，也叫主观性笔试法，这种测试法采用应试者依据题目写论文的形式进行答题，阐述自己对某一问题的主张和见解。其优点在于能够较真实地反映应试者的文字水平和综合运用知识的能力、逻辑思维能力，以及材料整理能力、分析能力等。但是，这种测试方法的命题内容的分布面较窄、选择程度较低，而且评分标准也不易统一，主观性较大，容易受各种外界因素的干扰和影响。

2. 短答式笔试法

其做法是让应试者在规定的时间内通过填空、选择和判断等方式，用简明的文字或符号来回答很多问题。它具有试题量大、测试范围较宽、评分标准明确，以及选择性强等特点，可以比较全面地检验应试者对于基础知识和专业知识的掌握程度，而且能够确保试卷评分客观、公允。其不足之处在于过分强调机械记忆，不适用于深层次运用知识能力的考察。

（二）专业知识笔试的层次

1. 基础知识记忆

专业知识虽然强调技术含量高的科学技术知识、内涵丰富的信息知识，但是，任何科学都离不开理论与基础知识的支持，而在专业知识笔试中，这些理论的、基础的知识就是考核应试者是否为更高层次的学习打好根基，同时也考察了应试者的记忆能力。例如，对学科建设、基本原则、学习方法与技术等基础知识的记忆。

2. 专业知识理解

记忆是理解的基础，理解是应用的桥梁。在专业知识笔试中，不仅要求对专业术语、应用方法的简单记忆，更要求对知识内容深层次的理解，理清专业术语的内涵，梳理应用方法的来龙去脉。对知识的理解有三个层次：一是对知识点本身的理解；二是对知识系统的理解，亦即融会贯通；三是迁移理解，即指相同知识点在不同材料内容、不同关系结构中的理解。

3. 综合知识全面运用

“学以致用”是人所共知的至理名言。学习知识不是死记硬背，而是在记忆和理解了知识的内涵后，区别分析不同的具体问题，灵活自由地运用所学知识，解决问题，并有所创造的发挥，提出新问题，探索新方法，掌握新知识。

五、专业知识笔试样题

浙江省录用国家公务员（机关工作人员）考试计算机专业知识试卷。

注意：

1. 本卷分为客观题和主观题两部分，总分 100 分，考试时间为 2 小时；

2. 答客观题时，务必先将自己的姓名、准考证号码和试卷代码（2）涂写在答题卡相应位置上，答案必须用 2B 铅笔填涂在答题卡上，在试卷上作答无效；

3. 答主观题时，先将自己的姓名、准考证号写在试卷规定位置上，然后用蓝（黑）色钢笔或圆珠笔在试卷上直接作答。

客观题部分（一、二、三大题）

一、单项选择题（下列各题备选答案中，只有一个是最符合题意的，请将其选出，并在答题卡上将对应题号后的字母涂黑。每小题 1 分，共 40 分）

1. 软件生命周期的瀑布模型，典型地刻画了软件生命周期的阶段划分，它将软件生命周期划分为 8 个阶段，并将它们归纳为 3 个时期，以下是正常的开发顺序。

A. 开发期、运行期、计划期　B. 计划期、开发期、运行期

C. 开发期、计划期、运行期　D. 计划期、运行期、开发期

2. 存储器中存放的信息可以是数据，也可以是指令，这要根据：

A. 最高位是 0 还是 1 来判别　B. 存储单元的地址来判别

C. CPU 执行程序的过程来判别　D. ASCII 码表来判别

3. Windows XP 中的“剪贴板”是：

A. 硬盘中的一块区域　B. 软盘中的一块区域

C. 高速缓存中的一块区域　D. 内存中的一块区域

4. Excel 2000 中，设 E 列单元格存放工资总额，F 列存放个人所得税，G 列存放实发工资。其中当工资总额 850 时，个人所得税＝（工资总额－850）＊税率；当工资总额＜850 时，个人所得税＝（工资－850）＊税率；当工资总额＜＝850 时，个人所得税＝0。设税率＞0.05。则 F 列可根据公式实现。其中 F2 的公式应为：

A. ＝IF（“E2＞850”，(E2－850）＊0.05，0)

B. ＝IF（E2＞850，0，(E2－850）＊0.05)

C. ＝IF（E2＞850，(E2－850）＊0.5，0)

D. ＝IF（“E2＞850”，0，(E2－850）＊0.05)

5. Windows XP 中，同时按三键一次，可以打开“关闭程序”对话框，以关

闭那些不需要的或没有响应的应用程序，这三键应为：

A. Ctrl+Shift+Del　　B. Alt+Shift+Del

C. Alt+Shift+Enter　　D. Ctrl+Alt+Del

6. PowerPoint2000 的各种视图中，可以对幻灯片进行移动、删除、添加、复制、设置动画效果，但不能编辑幻灯片中具体内容的视图是：

A. 幻灯片视图　　B. 幻灯片浏览视图

C. 幻灯片放映视图　　D. 大纲视图

7. DBA 是数据库系统的一个重要组成，有很多职责。以下选项不属于 DBA 职责的是：

A. 定义数据库的存储结构和存取策略

B. 定义数据库的结构

C. 定期对数据库进行重组和重构

D. 设计和编写应用系统的程序模块

8. 下面关于数据库数据模型的说法中，错误的是：

A. 任何一张二维表都表示一个关系

B. 层次模型的结构是一棵有向树

C. 层次模型是网状模型的一种特例

D. 在面向对象模型中每一个对象都有一个唯一的标识

9. 已知学生选课信息表：sc（sno，cno，grade）。查询“至少选修了一门课程，但没有学习成绩的学生学号和课程号”的 SQL 语句是：

A. SELECT sno，cno FROM sc WHERE grade=NULL

B. SELECT sno，cno FROM sc WHERE grade IS‘’

C. SELECT sno，cno FROM sc WHERE grade IS NULL

D. SELECT sno，cno FROM sc WHERE grade=‘’

10. 自顶向下开发方法的优点之一是：

A. 开发周期短　　B. 开发费用低

C. 对系统分析人员要求低　　D. 能支持信息系统整体化

11. 软件的结构化开发过程各阶段都应产生规范的文档，以下是在设计阶段应产生的文档。

A. 可行性分析报告书　　B. 软件需求说明书

C. 软件设计规格说明书　　D. 软件测试报告书

12. 支持 SQL Server 运行的操作系统是：

A. UNIX　B. Windows NT　C. DOS　D. Linux

13. 对于数据量大的网站，应选用的数据库是：

A. DB2　B. DBASE　C. MySQL　D. ACCESS

14. EDI 网络传输的数据是：

A. 自由文件　　B. 平面文件

C. 用户端格式　　D. EDI 标准报文

15. 一个计算机网络组成包括：

A. 传输介质和通信设备　　B. 通信子网和资源子网

C. 用户计算机和终端　　D. 主机和通信处理机

16. 在网络攻击活动中，Tribal Flood Network（TFN）是下列哪一种类型的攻击程序？

A. 拒绝服务　B. 字典攻击　C. 网络监听　D. 病毒程序

17. 在网络商品中介交易中，不发生直接业务联系的两个机构是：

A. 交易中心与银行　　B. 认证中心与配送部门

C. 供应方与需求方　　D. 交易中心与认证中心

18. 在 C 语言中，下列语句定义了数据，其中哪一个是不正确的？

A. int S _ 1 [5]，S _ 2 [4] [3]

B. float x，a [4] [5]；

C. char string []；

D. int x=10，y；

19. 阅读以下 C 程序段：

```
main ()
{int x;
scant ( "%d", &x);
if (x——<5=printf ( "%d", x);
else printf ( "%d", x++);
}
```

程序运行后，如果从键盘上输入 5，则输出结果是：

A. 3　B. 4　C. 5　D. 6

20. 以下程序执行后的输出结果是：

```
main ()
{int i, s=0;
for (i=1; i<10; i+=2=s+=i+1;
printf ( "%d\n", s);
}
```

A. 自然数 1～9 的累加和　　B. 自然数 1～10 的累加和

C. 自然数 1~9 中的奇数之和　D. 自然数 1~10 中的偶数之和

21. 如下二叉树，中序遍历该树的序列为：

A. 24681573　B. 26841573　C. 24681357　D. 86427531

22. 反映现实世界中实体及实体间联系的信息模型是：

A. 关系模型　B. 层次模型　C. 网状模型　D. E-R 模型

23. 在关系模型的完整性约束中，实体完整性规则是指关系中：

A. 不允许有主行　B. 属性值不允许为空

C. 主键值不允许为空　D. 外键值不允许为空

24. 软件结构是软件模块间关系的表示，软件模块之间的关系可以有多种，以下不是最基础的关系。

A. 调用关系　B. 包含关系　C. 嵌套关系　D. 网状关系

25. 某单位有一 C 类地址 202.10.23.0，该单位有多个部门，每个部门的机器数为 20 台左右，其子网掩码为：

A. 255.255.255.0　B. 255.255.255.224

C. 255.255.255.192　D. 255.255.255.128

26. 保证实现安全电子商务所面临的任务中不包括：

A. 数据的完整性　B. 信息的保密性

C. 操作的正确性　D. 身份认证的真实性

27. SQL 语言通常称为：

A. 结构化查询语言　B. 结构化控制语言

C. 结构化定义语言　D. 结构化操纵语言

28. 操作系统的安全措施可从隔离方面考虑。以下不是隔离的措施。

A. 物理隔离　B. 逻辑隔离　C. 时间隔离　D. 空间隔离

29. 下列是 Internet 使用的协议的是：

A. OSI 参考模型中规定的传输层协议

B. TCP/IP 传输控制/网间协议

C. IEEE 802.3 系列协议

D. 帧中继输协议

30. 关于决策支持系统和管理信息系统之间的区别，正确的说法是：

A. MIS 的目标是提高效益，DSS 的目标是提高管理水平

B. MIS 强调分散管理，DSS 强调半结构、非结构化系统

C. MIS 主要面向结构化系统，DSS 处理半结构、非结构化系统

D. MIS 强调模型应用，DSS 强调数据分析

31. 系统分析是信息系统开发中的一个重要阶段。系统分析主要是指：

A. 功能分析　　　　　　　　　　B. 分析性能
C. 分析结果得到的系统目标　　　D. 分析了解现行系统

32. 以下情况不适合应用原型化策略的是：
A. 用户能够积极参与项目的开发　　B. 用户需求不明确
C. 对已运行的系统进行补充、完善　D. 联机事务处理系统

33. 以帧为传送数据单位的是：
A. 会话层　B. 数据链路层　C. 网络层　D. 传输层

34. ATM传输数据的单位是信元，每个信元净荷的字节数是：
A. 5　　B. 48　　C. 53　　D. 64

35. VLAN的划分不包括：
A. 基于端口　　　　B. 基于MAC地址
C. 基于协议　　　　D. 基于物理位置

36. 要保证数据库逻辑数据独立性，需要修改的是：
A. 模式　　　　　　　　B. 模式与内模式的映射
C. 模式与外模式的映射　D. 内模式

37. 关系代数表达式的优化策略中，首先要做的是：
A. 对文件进行预处理　　B. 尽早执行选择运算
C. 执行笛卡儿积运算　　D. 投影运算

38. 对于C类网络地址，其主机的台数为：
A. 128　　B. 256　　C. 254　　D. 62

39. 在OSI七层结构模型中，处于数据链路层与运输层之间的是：
A. 物理层　B. 网络层　C. 会话层　D. 表示层

40. 目前功能较强的安全电子交易协议是：
A. SET协议　B. TCP协议　C. IP协议　D. SSL协议

二、多项选择题（以下各题的备选答案中都有两个或两个以上是符合题意的，请将它们选出，并在答题卡上将对应题号后的相应字母涂黑。多选、错选均不得分，少选的选对一个得0.5分，每小题2分，共20分）

41. 防火墙的类型包括：
A. 数据包过滤　B. 应用级网关　C. 网关　D. 复合型防火墙

42. Web也叫万维网，主要包含：
A. TCP/IP协议　　B. HTTP协议
C. 客户机　　　　D. WWW服务器

43. 网络地址为192.168.20.64，网络掩码255.255.255.224的网络，其广播地址是：

A. 192.168.20.255　　　　B. 192.168.20.127

C. 192.168.20.95　　　　D. 192.168.20.63

44. 在专用服务器中，可能引起磁盘故障的原因是：

A. 未执行系统退出操作前，直接关闭服务器电源

B. 未执行磁盘数据同步前终止系统运行

C. 硬盘缺陷，包括盘块、磁头的损坏

D. 热插拔 USB 外设

45. URL 的内容包括：

A. 传输协议

B. 存放该资源的服务器名称

C. 资源在服务器上的路径及文件名

D. 文本

46. 下面哪些语言是面向对象的程序设计语言？

A. C　　B. C++　　C. Java　　D. Pascal

47. 采用数字签名，能够确认：

A. 保证信息是由对方签名发送的，签名者不能否认或难以否认

B. 保证信息是由签名者自己签名发送的，签名者不能否认或难以否认

C. 保证信息签发后未曾作过任何修改，签发的文件是真实文件

D. 保证信息自签发后到收到为止未曾作过任何修改，签发的文件是真实文件

48. ADSL 是一种宽带接入技术，只需在线路两端加装 ADSL 设备（专用的 Modem）即可实现家庭 PC 机用户的高速连网。下面关于 ADSL 的叙述中正确的是：

A. 它利用普通铜质电话线作为传输介质，成本较低

B. 可在同一条电话线上接听、拨打电话并且同时进行数据传输，两者互不影响

C. 使用的是专线，用户可能始终处于连线（online）状态

D. 它的上行传输速率通常大于下行传输速率

49. 下列描述中，正确的有：

A. 如何构造出一个合适的数据逻辑结构是关系数据库规范化理论主要解决的问题

B. SQL 语言提供数据库定义、数据操纵、数据控制等功能

C. 数据库保护问题包括：安全性保护、完整性、故障恢复和并发控制等多方面

D. 关系代数中专门的关系运算包括：选择、投影、连接和除法

50. 在C语言中，若有int（＊a［10］()，f ()；则合法的表达式有：

A. ＊＊（a+i）()　　　　B.（＊＊（a+i））()

C. ＊（a+i）=f　　　　D. a［i］=&f

三、判断题（判断下列各题对错，并在答题卡上将对应题号后的相应字母涂黑。对的涂黑A，错的涂黑B。每小题1分，共10分）

51. 在EXCEL2000和WORD2000的表格中，都可选择不连续的多个单元。

52. 银行家算法是操作系统设计中避免死锁的方法之一。

53. 原型化方法中，一个基于既灵活又是集成的数据字典的软件结构为原型提供了一个完整的记录管理系统。

54. SQL语言支持数据库的外模式、模式和内模式结构。外模式对应于视图和部分基本表，模式对应于基本表，内模式对应于存储文件。

55. 当数据的物理存储改变了，应用程序不变，而由DBMS处理这种改变，这是指数据的逻辑独立性。

56. 以太网是基于广播的。在这个网络段上，所有的工作站都可以收到网段上的信息帧。

57. 计算机网络中，地址解析协议（ARP）用于把IP地址映射为端口地址。

58. 关系模式规范化过程中，若要求分解保持函数依赖，那么模式分解一定可以达到3NF，但不一定能达到BCNF。

59. 在关系数据模型中，两个关系R1与R2之间存在1∶M的联系，可以通过在一个关系R2中的外部关键字值在相关联的另一个关系R1中检索相对应的记录。

60. 关系数据库中数据操作的特点是集合操作。不论查询、插入、删除或修改都是面向集合的，即以一个或多个关系作为操作对象，而操作的结果是新的关系。

第三节　综合知识笔试

一、综合知识与综合知识笔试

综合知识又称百科知识，内容很广泛，知识来源很复杂，存在于社会中的万事万物都可能成为综合知识的来源。

综合知识笔试是对应试者掌握知识的广度进行测试，内容涉及工作、生活的方方面面，很难把握出题者的侧重点，应试者要充分准备、广泛阅读、勤于观察、集思广益。

通常来讲，综合知识涉及的内容包括以下几个方面。

1. 时事政治

时事政治影响我们的日常工作、学习和生活，可以影响政治、经济、文化，也可以影响人们的心态。时事政治笔试，既可以了解应试者对时事的反应能力，也可以了解应试者对时事的敏感度和预测能力。一般来说，时事政治的笔试范围大致是一年里国内外发生的重大事件，相关部门制定的重要政策、颁布的重要法律法规等规范性文件、召开的党的重要会议的重要文件，举行的重要活动，以及科技发展的重要成果等内容。

2. 公共关系

公共关系是指社会组织通过信息传播手段，建立良好的公共关系，使社会组织有良好的社会关系环境，树立良好形象的社会科学和管理艺术。公共关系是组织和群体实现相互调整，并建立有利于公众的更平稳的关系；是提供相互接纳的手段，使武断或者强制行为变得不太可能；是信息传播系统的重要环节，这一系统保证个人有权力知道与他们的生活有关的事情，帮助启动组织的社会道德感等。所以公共关系是一项普遍性的活动，公共关系人按照公共关系的准则行事来获得他人的接受、合作和赞赏。

3. 社交礼仪

礼仪源自法语，意为法庭上的通行证，是进入法庭的规范，传入社会后，成为人际交往的通行证。中国礼仪源于祭祀的仪式。礼仪就是在人类社会交往中，为表示相互尊敬而约定俗成，共同认可的行为方式，是社会文明的标志。在各种社交场合会涉及不同社交礼仪，如接待礼仪、餐饮礼仪、商务礼仪、外交礼仪等。

4. 人际技巧

人际技巧，是指在人与人之间传递信息、沟通思想和交流感情等过程中使用的方法与技巧。正确使用交际方法可以促进良好的人际关系。所以综合知识笔试考察人际技巧可以测评应试者人际交往能力。

5. 环保知识

到目前为止已经威胁人类生存并已被人类认识到的环境问题主要有：全球变暖、臭氧层被破坏、酸雨、淡水资源危机、能源短缺、森林资源锐减、土地荒漠化、物种加速灭绝、垃圾成灾、有毒化学品污染等方面。所以环保知识越来越受到国家、社会组织和个人的关注。

6. 法律常识

法律是由国家制定和认可的，调整人与人之间的行为规范，明确行为人之间的权利和义务，并由国家强制力保证实施的规范总和。人们生活在各种政治、经济活动中，了解一定的法律常识有助于维护社会稳定、保证各项活动更顺利地开展。

7. 跨文化知识

随着经济开放和各国政治、经济联系的越发紧密，了解各国的文化背景有助于国际交往，促成政治、经济活动的开展。

8. 其他

综合知识笔试的范围还有可能涉及诸如天文地理、自然常识、社会常识等问题。随着人类的进步、人才素质的提高，全面发展型人才的要求越来越高。我们在专攻某方面知识的同时，不要忘了用各类知识武装自己，使自己成为一个复合型人才，如此才能灵活多变、增强适应性。

二、综合知识笔试的特点

（1）综合知识笔试试题重知识，更重视能力。

（2）既考察了学生对知识的记忆和理解能力，又考察了学生运用知识的能力。

（3）试题综合性性质有所加强，学科间界线趋向模糊，各学科在综合知识笔试中都会有一定程度的体现。

（4）试卷在难度的设置上尽量做到适中，不以难住应试者为目的，起到辅助参考应试者总体知识水平的作用。

三、综合知识笔试测评的层次

综合知识笔试同样有记忆、理解和运用三个层次，只是与专业知识笔试相比，其目的不同，综合知识笔试在于测评应试者在某专业方面的精深程度，专业知识笔试在于测评应试者对知识掌握的广度与全面性。所以在层次设置上也有所不同。前者的重点在于知晓和理解，后者在于知识的运用和再创。

四、样题举例

某公司招聘国际贸易部经理试题。

1.2007 年 5 月 31 日，财政部调整股票交易印花税税率，由________调整为________。

A. 1% 3%　　B. 0.5% 1%　　C. 1‰ 3‰　　D. 1‰ 2‰

2. 某公司商品出口某商品 1442250 件，出口总价为＄71017FOB 上海。商品进价为￥574980（含增值税 17%），费用定额率为 6%，出口退税率为 9%，当时银行汇价美元买入价为 8.3 元人民币。则出口盈亏额=出口销售人民币净入价一出口成本。请计算出口盈亏额。

3. 中国决定自 2005 年 6 月 1 日起大幅度提高 74 种纺织品出口关税税率，多数纺织品的税率达到了原来的五倍。

A. 74 种 纺织品　　B. 72 种 纺织品

C. 74 种 食品　　D. 72 种 食品

……

第四节　外语考试

学习外语不仅是为了能够掌握另外的语言说话艺术，更是为了能在竞争激烈的经济时代，通过阅读和翻译外语资料，尽快掌握国外的先进技术、管理经验，为国家、企业、个人创造经济价值，提高个人的素质与气质。本节以英语考试为例加以说明。英语考试中，应试者除了掌握一般的日常用语外，还要具备一些相应的专业英语知识，如企业管理专业英语、法律英语、计算机专业英语、化学工业英语等。

一、外语考试的类型

（一）从考试方式来分类

以考试方式分类，可分为以下几类。

（1）笔试。

（2）口语考试。

（3）听力考试。

（4）交流考试。

（二）根据面向对象和对英语的掌握程度要求不同来分类

1. 专业英语 TEM－4，TEM－8（即是 Test for English Majors－Band 4，Test for English Majors－Band 8）

顾名思义，也就是说只有读英语专业的学生才可以考，共分为专业英语四级和专业英语八级两个级别。专业英语四级比大学英语六级要求更高，专业英语八级是所有英语等级考试中要求最高的。

2. 全国公共英语等级考试

全国公共英语等级考试是面向社会，以全体公民为对象的非学历性英语证书考试，是测试应试者英语交际能力的水平考试。由教育部考试中心主办，各地教育考试院社会考试办公室负责具体实施。

(1) PETS 1。PETS 1是初始级。通过该级考试的考生，其英语基本符合诸如出租车司机、宾馆行李员、门卫、交通警察等工作，以及同层次其他工作在对外交往中的基本需要。(其中PETS 1下设一个附属级PETS 1B)

(2) PETS 2。PETS 2是中下级。通过该级考试的考生，其英语水平基本满足进入高等院校继续学习的要求，同时也基本符合诸如宾馆前台服务员、一般银行职员、涉外企业一般员工，以及同层次其他工作在对外交往中的基本需要。

(3) PETS 3。PETS 3是中间级。通过该级考试的考生，其英语已达到高等教育自学考试非英语专业本科毕业水平或符合普通高校非英语专业本科毕业的要求，基本符合企事业单位行政秘书、经理助理、初级科技术人员、外企职员的工作，以及同层次其他工作在对外交往中的基本需要。

(4) PETS 4。PETS 4是中上级。通过该级考试的考生，其英语水平基本满足攻读高等院校硕士研究生非英语专业的需要，基本符合一般专业技术人员或研究人员、现代企业经理等工作对英语的基本要求。

(5) PETS 5。PETS 5是最高级。通过该级考试的考生，其英语水平基本满足在国外攻读硕士研究生非英语专业或从事学术研究工作的需要。该水平的英语也能满足他们在国内外从事专业和管理工作的基本需要。

3. 全国大学英语考试（即CET）

全国大学英语考试是根据理工科本科和文理科本科用的两个《大学英语教学大纲》，由教育部高等教育司组织的全国统一的单科性标准化教学考试，分为大学四级考试（CET-4）和大学英语六级考试（CET-6）两种。

4. 职称外语考试

全国职称外语等级考试划分为A、B、C三个等级，考试主要测试专业技术人员阅读理解外文专业基础文献的能力。报考人员可根据评审要求及自己所从事的专业工作，选择一个语种及有关类别参加考试。

(1) A级。高教、科研、卫生、工程、农业系统列申报高级；申请报高级国际商务师；其他系列申报正高级。

(2) B级。工程、农业、卫生系列的县属（含县）以下单位工作人员申报高级；高教、科研、卫生、工程、农业系列申报中级；翻译系列申报高级第二外语；高级未分正副的系列（不含工程系列）申报高级；其他系列申报副高级。

(3) C级。除翻译系列外，申报高级第二外语；翻译系列申报中级第二外语；

工程、农业、卫生系列在县属（含县）以下单位工作人员申报中级；其他系列申报中级。

另外，根据考试的目的不同还有许多专业性的考试，如出国考试的雅思、托福等，剑桥商务英语考试等。

二、英语考试的题型

英语考试的题型一般包括听力、阅读、综合和写作。形式可以为综合知识选择题、阅读理解选择题、完形填空题、英汉互译题、改错题和写作题等。

三、样题举例

2021年12月大学英语六级考试试题（第1套）

Part Ⅰ　　Writing　　(30 minutes)

Directions: *For this part, you are allowed 30 minutes to write an essay related to the short passage given below. In your essay, you are to comment on the phenomenon described in the passage and suggest measures to address the issue. You should write at least 150 words but no more than 200 words.*

Young people spend a lot of time on the Internet. However, they arc sometimes unable to recognize false information on the Internet, judge the reliability of online information sources, or tell real news stories from fake ones.

Part Ⅱ　　listening Comprehension　　(30 minutes)

Section A

Directions: *In this section, you will hear two long conversations. At the end of each conversation, you will hear four questions. Both the conversation and the questions will be spoken only once. After you hear a question, you must choose the best answer from the four choices marked A) B), C) and D). Then mark the corresponding letter on Answer Sheet 1 with a single line through the centre.*

Questions 1 to 4 are based on the conversation you have just heard.

1. A) He was enjoying his holiday.

B) He was recovering in hospital.

C) He was busy writing his essays.

D) He was fighting a throat infection.

2. A) He broke his wrist.

B) He lost his antibiotics.

C) He slipped on ice and fell.

D) He was laughed at by some girls.

3. A) Turn to her father for help.

B) Call the repair shop to fix it.

C) Ask the manufacturer for repairs.

D) Replace it with a brand new one

4. A) Help David retrieve his essays.

B) Introduce David to her parents.

C) Offer David some refreshments.

D) Accompany David to his home.

Questions 5 to 8 are based on the conversation you have just heard.

5. A) She is a critic of works on military affairs.

B) She is an acclaimed hostess of *Book Talk*.

C) She is a researcher of literary genres.

D) She is a historian of military history.

6. A) It is about the military history of Europe.

B) It is set in the 18th and 19th centuries.

C) It is her fifth book of military history.

D) It is a war novel set in the future.

7. A) She visited soldiers'wives and mothers.

B) She conducted surveys of many soldiers.

C) She met a large number of soldiers in person.

D) She looked into the personal lives of soldiers.

8. A) She doesn't have much freedom for imagination.

B) It is not easy to make her readers believe in her.

C) It is difficult to attract young readers.

D) She has to combine fact with fiction.

Section B

Directions: *In this section, you will hear two passages. At the end of each passage, you will hear three or four questions. Both the passage and the questions will be spoken only once. After you hear a question, you must choose the best answer from the four choices marked A) B), C) and D). Then mark the corresponding letter on Answer Sheet 1 with a single line through the centre.*

Questions 9 to 11 are based onthe passage you have just heard.

9. A) Santa Claus. C) Cocoa seeds.
   B) A polar bear. D) A glass bottle.
10. A) To attract customer attention. C) To combat counterfeits.
    B) To keep up with the times. D) To promote its sales.
11. A) It resembles a picture in the encyclopedia.
    B) It appears in the shape of a cocoa seed.
    C) It has the drink's logo in the middle.
    D) It displays the image of Santa Claus.

Questions 12 to 15 are based on the passage you have just heard.

12. A) It often occurs among commuters.
    B) It promotes mutual understanding.
    C) It improves their mood considerably.
    D) It takes a great deal of effort to sustain.
13. A) Social anxiety.
    B) Excessive caution.
    C) Lack of social skills.
    D) Preference for solitude.
14. A) People usually regard it as an unforgettable lesson.
    B) Human brains tend to dwell on negative events.
    C) Negative events often hurt people deeply.
    D) People generally resent being rejected.
15. A) Contagious.
    B) Temporary.
    C) Unpredictable.
    D) Measurable.

Section C

Directions: *In this section, you will hear three recordings of lectures or talks followed by three or four questions. The recordings will be played only once. After you hear a question, you must choose the best answer from the four choices marked A) B) C) and D). Then mark the corresponding letter on Answer Sheet 1 with a single line through the centre.*

Questions 16 to 18 are based on the recording you have just heard.

16. A) It depends heavily on tourism.
    B) It is flourishing in foreign trade.
    C) It is mainly based on agriculture.
    D) It relies chiefly on mineral export.
17. A) Tobacco
    B) Bananas
    C) Coffee
    D) Sugar
18. A) They toil on farms.
    B) They live a poor life.
    C) They live in Spanish-style houses.
    D) They hire people to do housework.

Questions 19 to 21 are based on the recording you have just heard.

19. A) They will be more demanding of their next generation.
    B) They will end up lonely, dependent and dissatisfied.
    C) They will experience more setbacks than successes.
    D) They will find it difficult to get along with others.
20. A) Failure to pay due attention to their behavior.
    B) Unwillingness to allow them to play with toys.
    C) Unwillingness to satisfy their wishes immediately.
    D) Failure to spend sufficient quality time with them.
21. A) It will enable them to learn from mistakes.
    B) It will help them to handle disappointment.
    C) It will do much good to their mental health.
    D) It will build their ability to endure hardships

Questions 22 to 25 are based on the recording you have just heard.

22. A) Failing to make sufficient preparations.
    B) Looking away from the hiring manager.
    C) Saying the wrong thing at the wrong time.
    D) Making a wrong judgment of the interview.
23. A) Complaining about their previous job.
    B) Inquiring about their salary to be paid.
    C) Exaggerating their academic background.
    D) Understating their previous achievements.
24. A) Those who have both skill and experience.
    B) Those who get along well with colleagues.
    C) Those who take initiative in their work.
    D) Those who are loyal to their managers.
25. A) Ability to shoulder new responsibilities.
    B) Experience of performing multiple roles.
    C) Readiness to work to flexible schedules.
    D) Skills to communicate with colleagues.

Part Ⅲ Reading Comprehension (40 minutes)

Section A

Directions: *In this section, there is a passage with ten blanks. You are required to select one word for each blank from a list of choices given in a word bank fallowing the passage. Read the passage through carefully before making your choices. Each choice in the bank is identified by a letter. Please mark the corresponding letter for each item on Answer Sheet 2 with a single line through the centre. You may not use any of the words in the bank more than once.*

If you think life is wonderful and expect it to stay that way, then you may have a good chance of living to a ripe old age, at least that is what the findings of a new study suggest. That study found that participants who reported the highest levels of optimism were far more likely to live to age 85 or 26. This was compared to those participants who reported the lowest levels of optimism. It is 27 that the findings held even after the researchers considered factors that could 28 the link, including whether participants had health conditions such as heart disease or cancer, or whether they experienced depression. The results add to a growing body of evidence that certain psychological factors may predict a longer life 29. For example, previous studies have found that more optimistic people have a lower risk of developing chronic diseases, and a lower risk of 30 death. However, the new study appears to be the first to 31 look at the relationship between optimism and longevity. The researchers 32 that the link found in the new study was not as strong when they factored in the effects of certain health behaviors, including exercise levels, sleep habits and diet. This suggests that these behaviors may, at least in part, explain the link. In other words, optimism may 33 good habits that bolster health. It is also important to note that the study found only a 34, as researchers did not prove for certain that optimism leads to a longer life. However, if the findings are true, they suggest that optimism could serve as a psychological 35 that promotes health and a longer life.

A) affect	I) plausibly
B) beyond	J) premature
C) conceded	K) reconciled
D) correlation	L) span
E) foster	M) specifically
F) henceforth	N) spiral
G) lofty	O) trait
H) noteworthy	

Section B

Directions: *In this section, you are going to read a passage with ten statements attached to it. Each statement contains infannation given in one of the paragraphs. Identify the paragraph from which the information is derived. You may choose a paragraph more than once. Each paragraph is marked with a letter. Answer the questions by marking the corresponding letter on Answer Sheet 2.*

Noone in fashion is surprised that Burberry burnt £28 million of stock

A) Last week, Burberry's annual report revealed that £28.6 million worth of stock was burnt last year. The news has left investors and consumers outraged but comes as little surprise to those in the fashion industry.

B) The practice of destroying unsold stock, and even rolls of unused fabric, is commonplace for luxury labels. Becoming too widely available at a cheaper price through discount stores discourages full-price sales. Sending products for recycling leaves them vulnerable to being stolen and sold on the black market. Jasmine Bina, CEO of brand strategy agency Concept Bureau explains, "Typically, luxury brands rally around exclusivity to protect their business interests, namely intellectual property and preservation of brand *equity* (资产)." She stated she had heard rumors of stock burning but not specific cases until this week.

C) Another reason for the commonplace practice is a financial incentive for brands exporting goods to America. United States Customs states that if imported merchandise is unused and destroyed under their supervision, 99% of the duties, taxes or fees paid on the merchandise may be recovered. It is incredibly difficult to calculate how much dead stock currently goes to waste. While there are incentives to do it, there's no legal obligation to report it.

D) A source, who chose to remain anonymous, shared her experience working in a Burberry store in New York in October 2016. "My job was to toss items in boxes so they could be sent to be burned. It was killing me inside because all that leather and fur went to waste and animals had died for nothing. I couldn't stay there any longer, their business practices threw me off the roof." In May this year, Burberry announced it was taking fur out of its catwalk shows and reviewing its use elsewhere in the business. "Even though we asked the management, they refused to give us detailed answers as to why they would do this with their collection, continued the source, who left her role within two weeks. She has since worked with another high-profile, luxury label.

E) In an online forum post, which asked if it's true that Louis Vuitton burned its bags, Ahmed Bouchfaa, who claimed to work for Louis Vuitton, responded that the brand holds sales of old stock for staff members twice a year. Items which have still not sold after several sales are destroyed. "Louis Vuitton doesn't have public sales. They either sell a product at a given price or discontinue it. This is to make sure that everybody pays the same price for an item he says". He goes on to disclose the strict guidelines around the employee sales: "You may buy gifts for someone, but they track each item, and if your gift ends up online they know who to ask." One investor commenting on the Burberry figures was reportedly outraged that the unsold goods were not even offered to investors before they were destroyed.

F) Richemont, who owns several luxury brands, hit the headlines in May for taking back £437 million of watches for destruction in the last two years to avoid marked-down prices. It's not just luxury brands either. In October last year, a Danish TV show exposed H&M for burning 12 tonnes of unsold clothing since 2013. In a statement, the high street retailer defended itself by saying that the burnt clothing had failed safety tests: "The products to which the media are referring have been tested in external laboratories. The test results show that one of the products is mold infested and the other product contains levels of lead that are too high. Those products have rightly been stopped in accordance with our safety routines. In March, a report revealed that H&M was struggling with $4.3 billion worth of unsold stock. The brand told *The New York Times* that the plan was to reduce prices to move the stock, arguably encouraging consumers to buy and throw away with little thought.

G) Over-production is perhaps the biggest concern for Burberry. While there has been much outrage at the elitist connotation of burning goods rather than making them affordable, executives at the British fashion house are no doubt struggling to defend how they miscalculated production. The waste has been put down to burning old cosmetic stock to make way for their new beauty range. However, while the value of destroyed stock is up from £26.9 million last year, it's an even more significant increase from 2016's figure of £18.8 million, highlighting that this is an ongoing issue.

H) In September 2016, Burberry switched to a "see now, buy now" catwalk show format. The move was a switch to leverage on the coverage of their fashion week show to make stock available immediately to consumers. This is opposed to the traditional format of presenting to the industry, taking orders for production and becoming available in six months, time. While Burberry announced "record—breaking" online reach and engagement, there has been little evidence to suggest that the strategy has had a significant effect on sales, particularly as the *hype* (炒作) slows across the season. In February they made adjustments to the format, dropping some catwalk items immediately and promising that others would launch in the coming months.

I) In a statement, Burberry denied that switching to "see now, buy now" has had an impact on waste. A Burberry spokesperson further said, "On the occasions when disposal of products is necessary, we do so in a responsible manner. We are always seeking ways to reduce and revalue our waste. This is a core part of our strategy and we have forged partnerships and committed support to innovative organizations to help reach this goal."

J) One such partnership is with Elvis & Kresse, an accessories brand working with reclaimed materials. Co-founder Kresse Wesling said, "Late last year we launched an ambitious five-year partnership with the Burberry Foundation. The main aim of this is to scale our leather rescue project, starting with off-cuts from the production of Burberry leather goods. We are working tirelessly to expand our solutions and would love to welcome anyone to our workshop to come and see what we are doing." At the moment, the partnership only addresses waste at the production stage and not unsold goods.

K) While these are honorable schemes, it makes it harder for Burberry to defend these latest figures. Fifteen years ago, Burberry was at crisis point as their signature check pattern was widely imitated by cheap, imitation brands. It deterred luxury consumers who found their expensive clothing more closely associated with working-class youth culture than a prestigious heritage fashion house. In the year 2004, at the height of over-exposure of the Burberry check, the brand's turnover was £715.5 million. Under Christopher Bailey as creative director they turned the brand around and this past year revenue hit £2.73 billion.

L) Bina believes that brands need to readdress their exclusivity tactic. "Exclusivity is starting to be challenged, she says," I think that goes hand in hand with how luxury itself is being challenged. Access to fashion, and the brands who police it, are becoming less and less relevant. Things like health, enlightenment, and social and environmental responsibility are the new luxuries. These all come from within, not without. That's the challenge that traditional luxury brands will have to contend with in the mid-to long-term future."

36. Burberry's executives are trying hard to attribute their practice of destroying old products to miscalculated production.

37. Selling products at a discount will do greater harm to luxury brands than destroying them.

38. Imitated Burberry products discouraged luxury consumers from buying its genuine products.

39. Staff members of a luxury brand may buy its old stock at cheaper prices, but they are not allowed to resell them.

40. In future traditional luxury brands will have to adapt their business strategies to the changing concepts of luxury.

41. One luxury brand employee quit her job because she simply couldn't bear to see the destruction of unsold products.

42. Destroying old stock is a practice not just of luxury brands but of less prestigious fashion brands.

43. Burberry is working with a partner to make full use of leather materials to reduce waste.

44. Burberry's plan to destroy its unsold products worth millions of dollars aroused public indignation.

45. Burberry's change of marketing strategy to make a product available as soon as consumers see it on the fashion show did not turn out to be as effective as expected.

Section C

Directions: *There are 2 passages in this section. Each passage is followed by some questions or unfinished statements. For each of them there are four choices marked A), B), C) and D). You should decide on the best choice and mark the corresponding letter on Answer Sheet 2 with a single line through the centre.*

Passage One

Questions 46 to 50 are based on the following passage.

Social media is absolutely everywhere. Billions of people use social media on a daily basis to create, share, and exchange ideas, messages, and information. Both individuals and businesses post regularly to engage and interact with people from around the world. It is a powerful communication medium that simultaneously provides immediate, frequent, permanent, and wide-reaching information across the globe.

People post their lives on social media for the world to see. Facebook, Twitter, Linkedln, and countless other social channels provide a quick and simple way to glimpse into a jobcandidate's personal life-both the positive and negative sides of it. Social media screening is tempting to use as part of the hiring process, but should employers make use of it when researching a potential candidate's background?

Incorporating the use of social media to screen job candidates is not an uncommon practice. A 2018 survey found that almost 70% of employers use social media to screen candidates before hiring them. But there are consequences and potential legal risks involved too. When done inappropriately, social media screening can be considered Unethical or even illegal.

Social media screening is essentially scrutinising a job candidate's private life. It can reveal information about protected characteristics like age, race, nationality, disability, gender, religion, etc., and that could bias a hiring decision. Pictures or comments on a private page that are taken out of context could min a perfectly good candidate's chances of getting hired. This process could potentially give an unfair advantage to one candidate over another. It creates an unequal playing field and potentially provides hiring managers with information that can impact their hiring decision in a negative way.

It's hard to ignore social media as a screening tool. While there are things that you shouldn't see, there are some things that can be lawfully considered—making it a valuable source of relevant information too. Using social media screening appropriately can help ensure that you don't hire a toxic employee who will cost you money or stain your company's reputation. Consider the lawful side of this process and you may be able to hire the best employee ever. There is a delicate balance.

Screening job candidates on social media must be done professionally and responsibly. Companies should stipulate that they will never ask for passwords, be consistent, document decisions, consider the source used and be aware that other laws may apply. In light of this it is probably best to look later in the process and ask human resources for help in navigating it. Social media is here to stay. But before using social media to screen job candidates, consulting with management and legal teams beforehand is essential in order to comply with all laws.

46. What does the author mainly discuss in the passage?
    A) The advantage of using social media in screening job candidates.
    B) The potentially invasive nature of social media in everyday life.
    C) Whether the benefits of social media outweigh the drawbacks.
    D) Whether social media should be used to screen job candidates.
47. What might happen when social media is used to screen job candidates?
    A) Moral or legal issues might arise.
    B) Company reputation might suffer.
    C) Sensational information might surface.
    D) Hiring decisions might be complicated.
48. When could online personal information be detrimental to candidates?
    A) When it is separated from context.
    B) When it is scrutinised by an employer.
    C) When it is magnified to a ruinous degree.
    D) When it is revealed to the human resources.
49. How can employers use social media information to their advantage while avoiding unnecessary risks?
    A) By tipping the delicate balance.
    B) By using it in a legitimate way.
    C) By keeping personal information on record.
    D) By separating relevant from irrelevant data.
50. What does the author suggest doing before screening job candidates on social media?
    A) Hiring professionals to navigate the whole process.
    B) Anticipating potential risks involved in the process.
    C) Seeking advice from management and legal experts.
    D) Stipulating a set of rules for asking specific questions.

Passage Two

Questions 51 to 55 are based on the following passage.

In recent years, the food industry has increased its use of labels. Whether the labels say '*Fon* −*GMO*' （非转基因的） or 'no sugar/or' zero carbohydrates \ consumers are increasingly demanding more information about what's in their food. One report found that 39 percent of consumers would switch from the brands they currently buy to others that provide clearer, more accurate product information. Food manufacturers are responding to the report with new labels to meet that demand, and they're doing so with an eye towards giving their products an advantage over the competition, and bolstering profits.

This strategy makes intuitive sense. If consumers say they want transparency, tell them exactly what is in your product. That is simply supplying a certain demand. But the marketing strategy in response to this consumer demand has gone beyond articulating what is in a product, to labeling what is NOT in the food. These labels are known as "absence claims' labels, and they represent an emerging labeling trend that is detrimental both to the consumers who purchase the products and the industry that supplies them.

For example, Hunt's put a "non • GMO" label on its canned crushed tomatoes a few years ago—despite the fact that at the time there was no such thing as a GMO tomato on the market. Some dairy companies are using the "non • GMO" label on their milk, despite the fact that all milk is naturally GMO—free, another label that creates unnecessary fear around food.

While creating labels that play on consumer fears and misconceptions about their food may give a company a temporary marketing advantage over competing products on the groceryaisle, in the long term this strategy will have just the opposite effect: by injecting fear into the discourse about our food, we run the risk of eroding consumer trust in not just a single product, but the entire food business.

Eventually, it becomes a question in consumers, minds: Were these foods ever safe? By purchasing and consuming these types of products, have I already done some kind of harm to my family or the planet?

For food manufacturers, it will mean damaged consumer trust and lower sales for everyone. And this isn't just supposition. A recent study found that absence claims labels can create a stigma around foods even when there is no scientific evidence that they cause harm.

It's clear that food manufacturers must tread carefully when it comes to using absence claims. In addition to the likely negative long-term impact on sales, this verbal trick sends a message that innovations in farming and food processing are unwelcome, eventually leading to less efficiency, fewer choices for consumers, and ultimately, more costly food products. If we allow this kind of labeling to continue, we will all lose.

51. What trend has been observed in a report?
   A) Food manufacturers, rising awareness of product safety.
   B) Food manufacturers, changing strategies to bolster profits.
   C) Consumers, growing demand for eye-catching food labels.
   D) Consumers, increasing desire for clear product information.
52. What does the author say is manufacturers new marketing strategy?
   A) Stressing the absence of certain elements in their products.
   B) Articulating the unique nutritional value of their products.
   C) Supplying detailed information of their products.
   D) Designing transparent labels for their products.
53. What point does the author make about non—GMO labels?
   A) They are increasingly attracting customers' attention.
   B) They create lots of trouble for GMO food producers.
   C) They should be used more for vegetables and milk.
   D) They cause anxiety about food among consumers.
54. What does the author say absence claims labels will do to food manufacturers?
   A) Cause changes in their marketing strategies.
   B) Help remove stigma around their products.
   C) Erode consumer trust and reduce sales.
   D) Decrease support from food scientists.
55. What does the author suggest food manufacturers do?
   A) Take measures to lower the cost of food products.
   B) Exercise caution about the use of absence claims.
   C) Welcome new innovations in food processing.
   D) Promote efficiency and increase food variety.

Part IV **Translation** **(30 minutes)**

Directions: *For this part, you are allowed* 30 *minutes to translate a passage from Chinese into English. You should write your answer on Answer Sheet* 2.

中国共产党第一次全国代表大会会址位于上海兴业路 76 号，是一栋典型的上海式住宅，建于 1920 年秋。1921 年 7 月 23 日，中国共产党第一次全国代表大会在此召开，大会通过了中国共产党的第一个纲领和第一个决议，选举产生了中央领导机构，宣告了中国共产党的诞生。1952 年 9 月，中共一大会址修复，建立纪念馆并对外开放。纪念馆除了介绍参加一大的代表之外，还介绍党的历史发展进程，现已成为了解党史，缅怀革命先烈的爱国主义教育基地。

2021年12月大学英语六级考试试题（第2套）

Part I　　　Writing　　　(30 minutes)

Directions: *For this part, you are allowed 30 minutes to write an essay related to the short passage given below. In your essay, you are to comment on the phenomenon described in the passage and suggest measures to address the issue. You should write at least 150 words but no more than 200 words.*

Nowadays star chasing is prevalent among many teenagers. They take pop stars as their idols, imitating their way of talking, following their style of dressing, and seeking every chance to meet them in person at great expenses.

Part II　　　Listening Comprehension　　　(30 minutes)

Section A

Directions: *In this section, you will hear two long conversations. At the end of each conversation, you will hear four questions. Both the conversation and the questions will be spoken only once. After you hear a question, you must choose the best answer from the four choices marked A), B), C) and D). Then mark the corresponding letter on Answer Sheet 1 with a single line through the centre.*

Questions 1 to 4 are basedon the conversation you have just heard.

1. A) It has given rise to much controversy.
   B) It has been very favorably received.
   C) It was primarily written for vegetarians.
   D) It offends many environmentalists.
2. A) She neglects people's efforts in animal protection.
   B) She tries to force people to accept her radical ideas.
   C) She ignores the various benefits of public transport.
   D) She insists vegetarians are harming the environment.
3. A) They are significant.
   B) They are revolutionary.
   C) They are rational.
   D) They are modest.
4. A) It would help to protect the environment.

B) It would generate money for public health.

C) It would need support from the general public.

D) It would force poor people to change their diet.

Questions 5 to 8 are based on the conversation you have just heard.

5. A) Where successful people's strengths come from.

   B) Why many people fight so hard for success.

   C) How she achieved her life's goal.

   D) What makes people successful.

6. A) Having someone who has confidence in them.

   B) Having someone who is ready to help them.

   C) Having a firm belief in their own ability.

   D) Having a realistic attitude towards life.

7. A) They adjust their goals accordingly.

   B) They try hard to appear optimistic.

   C) They stay positive.

   D) They remain calm.

8. A) An understanding leadership.

   B) A nurturing environment.

   C) Mutual respect among colleagues.

   D) Highly cooperative teammates.

SectionB

Directions: *In this section, you will hear two passages. At the end of each passage, you will hear three or four questions. Both the passage and the questions will be spoken only once. After you hear a question, you must choose the best answer from the four choices marked A) B), C) and D). Then mark the corresponding letter on Answer Sheet 1 with a single line through the centre.*

Questions 9 to 11 are based on the passage you have just heard.

9. A) They use their sense of hearing to capture their prey.

   B) Their food mainly consists of small animals and fish.

   C) They have big eyes and distinctive visual centers.

   D) Their ancestor is different from that of micro bats.

10. A) With the help of moonlight.
    B) By means of echolocation.
    C) With the aid of daylight vision.
    D) By means of vision and smell.
11. A) To make up for their natural absence of vision.
    B) To adapt themselves to a particular lifestyle.
    C) To facilitate their travel over long distances.
    D) To survive in the ever-changing weather.

Questions 12 to 15 are based on the passage you have just heard.

12. A) They acquire knowledge not found in books.
    B) They learn how to interact with their peers.
    C) They become more emotionally aggressive.
    D) They get much better prepared for school.
13. A) They are far from emotionally prepared.
    B) They tend to be more attracted by images.
    C) They can't follow the conflicts in the show.
    D) They lack the cognitive and memory skills.
14. A) Choose appropriate programs for their children.
    B) Help their children understand the program's plot.
    C) Outline the program's plot for their children first.
    D) Monitor their children's watching of TV programs.
15. A) Explain its message to their children.
    B) Check if their children have enjoyed it.
    C) Encourage their children to retell the story.
    D) Ask their children to describe its characters.

Section C

Directions: *In this section, you will hear three recordings of lectures or talks followed by three or four questions. The recordings will be played only once. After you hear a question, you must choose the best answer from the four choices marked A), B), C) and D), Then mark the corresponding letter on Answer Sheet 1 with a single line through the centre.*

Questions 16 to 18 are based on the recording you have just heard.

16. A) They are afraid of injuring their feet.
    B) They have never developed the habit.
    C) They believe a little dirt harms no one.
    D) They find it rather troublesome to do so.

17. A) Different types of bacteria existed on public—toilet floors.
    B) There were more bacteria on sidewalks than in the home.
    C) Office carpets collected more bacteria than elsewhere.
    D) A large number of bacteria collected on a single shoe.

18. A) The chemicals on shoes can deteriorate air quality.
    B) Shoes can upset family members with their noise.
    C) The marks left by shoes are hard to erase.
    D) Shoes can leave scratches on the floor.

Questions 19 to 21 are based on the recording you have just heard.

19. A) It is sinful and immoral.
    B) It is deemed uncivilized.
    C) It is an uncontrollable behavior.
    D) It is a violation of faith and trust.

20. A) Assess their consequences.
    B) Guard against their harm.
    C) Accept them as normal.
    D) Find out their causes.

21. A) Try to understand what messages they convey.
    B) Pay attention to their possible consequences.
    C) Consider them from different perspectives.
    D) Make sure they are brought under control.

Questions 22 to 25 are based on the recording you have just heard.

22. A) Cultivation of new varieties of crops.
    B) Measures to cope with climate change.
    C) Development of more effective pesticides.
    D) Application of more nitrogen-rich fertilizers.

23. A) The expansion of farmland in developing countries.
    B) The research on crop rotation in developing countries.
    C) The cooperation of the world's agricultural scientists.

D) The improvement of agricultural infrastructure.

24. A) For encouraging farmers to embrace new farming techniques.
 B) For aligning their research with advances in farming technology.
 C) For turning their focus to the needs of farmers in poorer countries.
 D) For cooperating closely with policymakers in developing countries.

25. A) Rapid transition to become a food exporter.
 B) Substantial funding in agricultural research.
 C) Quick rise to become a leading grain producer.
 D) Assumption of humanitarian responsibilities.

Part Ⅲ Reading Comprehension (40 minutes)

Section A

Directions: *In this section, there is a passage with ten blanks. You are required to select one wordfor each blank from a list of choices given in a word bank fallowing the passage. Read the passage through carefully before making your choices. Each choice in the bank is identified by a letter. Please mark the corresponding letter far each item on Answer Sheet 2 with a single line through the centre. You may not use any of the words in the bank more than once.*

According to psychologist Sharon Draper, our clothing choices can absolutely affect our well-being. When we wear ill-fitting clothes, or feel over • or under dressed for an event, it's natural to feel self-conscious or even stressed. Conversely, she says, opting for clothes that fit well and 26 with your sense of style can improve your confidence.

But can you improve your health through your 27 clothing, without having to dash out and buy a whole new 28 ? "Absolutely," says Draper. If your goal is to improve your thinking, she recommends picking clothes that fit well and are unlikely to encourage restlessness, so, avoid bows, ties and unnecessary 29. It also helps to opt for clothes you 30 as tying in with your goals, so, if you want to perform better at work, select pieces you view as professional. Draper says this fits in with the concept of behavioral activation, whereby 31 in a behavior (in this case, selecting clothes) can set you on the path to then achieving your goals (working harder).

Another way to improve your 32 of mind is to mix things up. Draper says we often feel stuck in a *rut*（常规）if we wear the same clothes—even if they're our favorites—thus opting for an item you don't wear often, or adding something different to an outfit, such as a hat, can 33 shift your mood. On days when you're really 34 to brave the world, Draper suggests selecting sentimental items of clothing, such as ones you wore on a special day, or given to you by a loved one, as clothes with 35 associations can help you tap into constructive emotions.

A) accessories	I) perceive
B) align	J) positively
C) concurrently	K) profile
D) current	L) prospering
E) engaging	M) reluctant
F) fond	N) showcase
G) frame	O) wardrobe
H) locations	

Section B

Directions: *In this section, you are going to read a passage with ten statements attached to it. Each statement contains information given in one of the paragraphs. Identify the paragraph from which the information is derived. You may choose a paragraph more than once. Each paragraph is marked with a letter. Answer the questions by marking the corresponding letter on Answer Sheet 2.*

Do music lessons reallymake children smarter?

A) A recent analysis found that most research mischaracterizes the relationship between music and skills enhancement.

B) In 2004, a paper appeared in the journal Psychological Science, titled "Music Lessons Enhance IQ." The author, composer and psychologist Glenn Schellenberg had conducted an experiment with 144 children randomly assigned to four groups: one learned the keyboard for a year, one took singing lessons, one joined an acting class, and a control group had no extracurricular training. The IQ of the children in the two musical groups rose by an average of seven points in the course of a year; those in the other two groups gained an average of 4. 3 points.

C) Schellenberg had long been skeptical of the science supporting claims that music education enhances children's abstract reasoning, math, or language skills. If children who play the piano are smarter, he says, it doesn't necessarily mean they are smarter because they play the piano. It could be that the youngsters who play the piano also happen to be more ambitious or better at focusing on a task. Correlation, after all, does not prove causation.

D) The 2004 paper was specifically designed to address those concerns. And as a passionate musician, Schellenberg was delighted when he turned up credible evidence that music has transfer effects on general intelligence. But nearly a decade later, in 2013, the Education Endowment Foundation funded a bigger study with more than 900 students. That study failed to confirm Schellenberg's findings, producing no evidence that music lessons improved math and literacy skills.

E) Schellenberg took that news in stride while continuing to cast a skeptical eye on the research in his field. Recently, he decided to formally investigate just how often his fellow researchers in psychology and neuroscience make what he believes are erroneous—or at least premature—causal connections between music and intelligence. His results, published in May, suggest that many of his peers do just that.

F) For his recent study, Schellenberg asked two research assistants to look for correlational studies on the effects of music education. They found a total of 114 papers published since 2000. To assess whether the authors claimed any causation, researchers then looked for telltale verbs in each paper's title and abstract, verbs like "enhance" "promote" "facilitate" and "strengthen" The papers were categorized as neuroscience if the study employed a brain imaging method like magnetic resonance, or if the study appeared in a journal that had "brain" "neuroscience" or a related term in its title. Otherwise the papers were categorized as psychology. Schellenberg didn't tell his assistants what exactly he was trying to prove.

G) After computing their assessments, Schellenberg concluded that the majority of the articles erroneously claimed that music training had a causal effect. The overselling, he also found, was more prevalent among neuroscience studies, three quarters of which mischaracterized a mere association between music training and skills enhancement as a cause-and-effect relationship. This may come as a surprise to some. Psychologists have been battling charges that they don't do "real" science for some time—in large part because many findings from classic experiments have proved unreproducible. Neuroscientists, on the other hand, anned with brain scans and *EEGs*（脑电图）, have not been subject to the same degree of critique.

H) To argue for a cause-and-effect relationship, scientists must attempt to explain why and how a connection could occur. When it comes to transfer effects of music, scientists frequently point to brain plasticity—the fact that the brain changes according to how we use it. When a child learns to play the violin, for example, several studies have shown that the brain region responsible for the fine motor skills of the left hand's fingers is likely to grow. And many experiments have shown that musical training improves certain hearing capabilities, like filtering voices from background noise or distinguishing the difference between the *consonants*（辅音）'b' and 'g'.

I) But Schellenberg remains highly critical of how the concept of plasticity has been applied in his field. "Plasticity has become an industry of its own," he wrote in his May paper. Practice does change the brain, he allows, but what is questionable is the assertion that these changes affect other brain regions, such as those responsible for spatial reasoning or math problems.

J) Neuropsychologist Lutz Jancke agrees. "Most of these studies don't allow for causal inferences, he said. For over two decades, Jancke has researched the effects of music lessons, and like Schellenberg, he believes that the only way to truly understand their effects is to run longitudinal studies. In such studies, researchers would need to follow groups of children with and without music lessons over a long period of time—even if the assignments are not completely random. Then they could compare outcomes for each group.

K) Some researchers are starting to do just that. The neuroscientist Peter Schneider from Heidelberg University in Germany, for example, has been following a group of children for ten years now. Some of them were handed musical instruments and given lessons through a school-based program in the Ruhr region of Germany called Jedem Kind ein Instrument, or "an instrument for every child," which was carried out with government funding. Among these children, Schneider has found that those who were enthusiastic about music and who practiced voluntarily showed improvements in hearing ability, as well as in more general competencies, such as the ability to concentrate.

L) To establish whether effects such as improved concentration are caused by music participation itself, and not by investing time in an extracurricular activity of any kind, Assal Habibi, a psychology professor at the University of Southern California, is conducting a five-year longitudinal study with children from low-income communities in Los Angeles. The youngsters fall into three groups: those who take after-school music, those who do after-school sports, and those with no structured after-school program at all. After two years, Habibi and her colleagues reported seeing structural changes in the brains of the musically trained children, both locally and in the pathways connecting different parts of the brain.

M) That may seem compelling, but Habibi's children were not selected randomly. Did the children who were drawn to music perhaps have something in them from the start that made them different but eluded the brain scanners? "As somebody who started taking piano lessons at the age of five and got up every morning at seven to practice, that experience changed me and made me part of who I am today," Schellenberg said. "The question is whether those kinds of experiences do so systematically across individuals and create exactly the same changes. And I think that is that huge leap of faith.

N) Did he have a hidden talent that others didn't have? Or more endurance than his peers? Music researchers tend, like Schellenberg, to be musicians themselves, and as he noted in his recent paper, "the idea of positive cognitive and neural side effects from music training (and other pleasurable activities) is inherently appealing." He also admits that if he had children of his own, he would encourage them to take music lessons and go to university." I would think that it makes them better people, more critical, just wiser in general" he said.

O) But those convictions should be checked at the entrance to the lab, he added. Otherwise, the work becomes religion or faith. "You have to let go of your faith if you want to be a scientist."

36. Glenn Schellenberg's latest research suggests many psychologists and neuroscientists wrongly believe in the causal relationship between music and IQ.

37. The belief in the positive effects of music training appeals to many researchers who are musicians themselves.

38. Glenn Schellenberg was doubtful about the claim that music education

helps enhance children's intelligence.

39. Glenn Schellenberg came to the conclusion that most of the papers assessed made the wrong claim regarding music's effect on intelligence.

40. You must abandon your unverified beliefs before you become a scientist.

41. Lots of experiments have demonstrated that people with music training can better differentiate certain sounds.

42. Glenn Schellenberg's findings at the beginning of this century were not supported by a larger study carried out some ten years later.

43. One researcher shares Glenn Schellenberg' view that it is necessary to conduct long-tenn developmental studies to understand the effects of music training.

44. Glenn Schellenberg research assistants had no idea what he was trying to prove in his new study.

45. Glenn Schellenberg admits that practice can change certain areas of the brain but doubts that the change can affect other areas.

Section C

Directions: *There are 2 passages in this section. Each passage is followed by some questions or unfinished statements. For each of them there are four choices marked A), B), C) and D). You should decide on the best choice and mark the corresponding letter on Answer Sheet 2 with a single line through the centre.*

Passage One Questions 46 to 50 are based on the following passage.

The trend toward rationality and enlightenment was endangered long before the advent of the World Wide Web. As Neil Postman noted in his 1985 book Amusing Ourselves to Death, the rise of television introduced not just a new medium but a new discourse: a gradual shift from a *typographic* (印刷的) culture to a photographic one, which in turn meant a shift from rationality to emotions, exposition to entertainment. In an image-centered and pleasure-driven world, Postman noted, there is no place for rational thinking, because you simply cannot think with images. It is text that enables us to "uncover lies, confusions and overgeneralizations, and to detect abuses of logic and common sense. It also means to weigh ideas, to compare and contrast assertions, to connect one generalization to another?"

The dominance of television was not confined to our living rooms. It overturned all of those habits of mind, fundamentally changing our experience of the world, affecting the conduct of politics, religion, business, and culture. It reduced many aspects of modem life to entertainment, sensationalism, and commerce. "Americans don't talk to each other, we entertain each other," Postman wrote. "They don't exchange ideas, they exchange images. They do not argue with propositions, they argue with good looks, celebrities and commercials."

At first, the web seemed to push against this trend. When it emerged towards the end of the 1980s as a purely text-based medium, it was seen as a tool to pursue knowledge, not pleasure. Reason and thought were most valued in this garden—all derived from the project of the Enlightenment. Universities around the world were among the first to connect to this new medium, which hosted discussion groups, informative personal or group blogs, electronic magazines, and academic mailing lists and forums. It was an intellectual project, not about commerce or control, created in a scientific research center in Switzerland. And for more than a decade, the web created an alternative space that threatened television's grip on society.

Social networks, though, have since colonized the web for television's values. From Facebook to Instagram, the medium refocuses our attention on videos and images, rewarding emotional appeals — "like' buttons — over rational ones. Instead of a quest for knowledge, it engages us in an endless *zest* (热情) for instant approval from an audience, for which we are constantly but unconsciously performing. (It's telling that, while Google began life as a PhD thesis, Facebook started as a tool to judge classmates, appearances.) It reduces our curiosity by showing us exactly what we already want and think, based on our profiles and preferences. The Enlightenment's *motto* (座右铭) of 'Dare to know' has become 'Dare not to care to know.'

46. What did Neil Postman say about the rise of television?

A) It initiated a change from dominance of reason to supremacy of pleasure.

B) It brought about a gradual shift from cinema going to home entertainment.

C) It started a revolution in photographic technology.

D) It marked a new age in the entertainment industry.

47. According to the passage, what is the advantage of text reading?

A) It gives one access to huge amounts of information.

B) It allows more information to be processed quickly.

C) It is capable of enriching one's life.

D) It is conducive to critical thinking.

48. How has television impacted Americans?

A) It has given them a lot more to argue about.

B) It has brought celebrities closer to their lives.

C) It has made them care more about what they say.

D) It has rendered their interactions more superficial.

49. What does the passage say about the World Wide Web?

A) It was developed primarily for universities worldwide.

B) It was created to connect people in different countries.

C) It was viewed as a means to quest for knowledge.

D) It was designed as a discussion forum for university students.

50. What do we learn about users of social media?

A) They are bent on looking for an alternative space for escape.

B) They are constantly seeking approval from their audience.

C) They are forever engaged in hunting for new information.

D) They are unable to focus their attention on tasks for long.

Passage Two

Questions 51 to 55 are based on the following passage.

According to a recent study, a small but growing proportion of the workforce is affected to some degree by a sense of entitlement. Work is less about what they can contribute but more about what they can take. It can lead to workplace dysfunction and diminish their own job satisfaction. Fm not referring to employees who are legitimately dissatisfied with their employment conditions due to, say, being denied fair pay or flexible work practices. I'm talking about those who consistently believe they deserve special treatment and generous rewards. It's an expectation that exists irrespective of their abilities or levels of performance.

As a result of that discrepancy between the privileges they feel they're owed and their inflated sense of self-worth, they don't work as hard for their employer. They prefer instead to slack off. It's a tendency which many scholars believe begins in childhood due to parents who overindulge their kids. This thereby leads them to expect the same kind of spoilt treatment throughout their adult lives. And yet despite how these employees feel, it's obviously important for their manager to nonetheless find out how to keep them motivated. And, by virtue of that heightened motivation, to perform well.

The research team from several American universities surveyed more than 240 individuals. They sampled managers as well as team members. Employee entitlement was measured by statements such as "I honestly feel I'm just more deserving than others." The respondents had to rate the extent of their agreement. Employee engagement, meanwhile, was assessed with statements like "I really throw myself into my work." The findings revealed ethical leadership is precisely what alleviates the negative effects of employee entitlement. That's because rather than indulging employees or neglecting them, ethical leaders communicate very direct and clear expectations. They also hold employees accountable for their behaviors and are genuinely committed to doing the right thing. Additionally, these leaders are consistent in their standards. They're also less likely to deviate in how they treat employees.

This means, when confronted by an entitled team member, an ethical leader is significantly disinclined to accommodate their demands. He or she will instead point out, constructively and tactfully, exactly how their inflated sense of deservingness is somewhat distorted. They'd then go further to explain the specific, and objective, criteria the employee must meet to receive their desired rewards. This shift away from unrealistic expectations is successful because entitled employees feel more confident that ethical leaders will deliver on their promises. This occurs because they're perceived to be fair and trustworthy.

The researchers, however, exercise caution by warning no one single response is the perfect remedy. But there's no denying ethical leadership is at least a critical step in the right direction.

51. What does a recent study find about a growing number of workers?

A) They attempt to make more contributions.

B) They feel they deserve more than they get.

C) They attach importance to job satisfaction.

D) They try to diminish workplace dysfunction.

52. Why don't some employees work hard according to many scholars?
    A) They lack a strong sense of self-worth.
    B) They were spoiled when growing up.
    C) They have received unfair treatment.
    D) They are overindulged by their boss.
53. What is a manager supposed to do to enable workers to do a better job?
    A) Be aware of their emotions.
    B) Give them timely promotions.
    C) Keep a record of their performance.
    D) Seek ways to sustain their motivation.
54. What do the research findings reveal about ethical leaders?
    A) They are held accountable by their employees.
    B) They are always transparent in their likes and dislikes.
    C) They convey their requirements in a straightforward way.
    D) They make it a point to be on good terms with their employees.
55. What kind of leaders are viewed as ethical by entitled employees?
    A) Those who can be counted on to fulfill commitments.
    B) Those who can do things beyond normal expectations.
    C) Those who exercise caution in making major decisions.
    D) Those who know how to satisfy their employees, needs.

Part IV　　Translation　　(30 minutes)

Directions: *For this part, you are allowed* 30 *minutes to translate a passage from Chinese into English. You should write your answer on Answer Sheet* 2.

延安位于陕西省北部，地处黄河中游，是中国革命的圣地。毛泽东等老一辈革命家曾在这里生活战斗了十三个春秋，领导了抗日战争和解放战争，培育了延安精神，为中国革命做出了巨大贡献。延安的革命旧址全国数量最大，分布最广，级别最高。延安是全国爱国主义、革命传统和延安精神教育基地。

第五节 知识考试的题型、编制方法与答题技巧

一、知识考试的题型

（一）选择题

选择题包括两个部分：题干和选项。题干就是呈现一个问题的情景，可以由直接问句或不完全陈述句构成。选项就是对题干所提问题的回答，包含了正确答案和错误答案。在单项选择题里，设置的四个选项中只有一个正确答案，而在多项选择题里，一般设置5个选项，包括至少两个或以上正确答案。

1. 选择题的优点

（1）使用范围广。各类知识均可以用选择题形式来表示。

（2）计分客观。由于答案的准确性，不受评判者主观因素的影响，评分结果客观公正。

（3）题意明确。应试者作答时常常只选出一个合适的或正确的答案。另外，选择题还能起到诊断作用，可以从对应试者不正确答案的分析中获取许多有益信息。

2. 选择题的缺点

（1）随意性大。由于应试者只给出答案，没有答题过程，所以在答题过程中，可能是正确理解之后的回答，也可能是随意的猜测，所以不能准确判断应试者是否真正掌握了该知识点。

（2）编制诱答较困难。诱答要求似是而非，使所有的答案对不知道正确答案的应试者来说都有相同程度的影响力。

（二）是非判断题

是非判断题只有“肯定”与“否定”两个选择，没有其他答案。应试者必须作出肯定选择：同意、正确、是，或者否定选择：不同意、错误、非。这类题目有明显的优势就是出题范围广、答题迅速简单、阅卷方便快速。但是其缺点也是显而易见的，就是受主观猜测因素影响较大，选择任何一个答案的正确概率都是50%。所以，应试者有时候不会仔细分析题目，而是凭感觉和思维定式猜测。

(三) 简答题

简答题也是主观型题目，但比论述题测量的结果要客观些。填充题也是简答题的一种常见形式。另一种简答题就是问题明确，答案也明确，只是不像选择题那样要求应试者对知识进行确认后作出选择，而是要求应试者对知识进行回忆后自己给出正确的答案，难度稍大于选择题。其优点是编制容易，不受猜测影响；其缺点是不能测量复杂的知识和能力。

(四) 论述题

论述题最大的优点是能够测量应试者对信息材料的组织能力、综合分析能力和文字表达能力，甚至是发现创造力。其次，论述题较易编制，因为题目量少，而且不必像选择题那样准备很多选项，所以省时省力。但是编制的时候省时省力，阅卷的时候却要花费更多的时间。因为没有标准答案，评阅者必须花费时间仔细阅读长篇答案，然后根据主观标准给予评分。所以成绩的浮动性会很大，不具有代表性。

二、主观性试题与客观性试题的比较

主观性试题，包括填空题、名词解释、简答题、论述题、证明题、计算题、论文题等。其特点是答案自拟、难度较高、耗时较长。适用于考察理解与运用知识的能力。

客观性试题，包括是非判断、多项选择、搭配等。特点是试题涵盖面广、信息量大、完全标准化。适用于考察分散的各知识点。

主观性试题与客观性试题比较，以及论文式、论述式、客观式三种题型功能的比较见表 9－1、表 9－2。

表 9－1　主观性试题与客观性试题的比较

题型特点	主观性试题	客观性试题
信度	较低	较高
效度	较高	较低
考试内容覆盖面	较窄	较广
综合性能力	较适宜	不太适宜
猜测可能性	考试前较大	考试时较大

表 9-2 三种题型功能比较

项目	论文式	论述式	客观式
1. 能考察理解新奇问题的能力	特优	优	特优
2. 能考察思维能力	特优	优	特劣
3. 能考察解决问题的独创能力和创新能力	特优	优	特劣
4. 能识别一般作文能力和文字表达能力	特劣	劣	特优
5. 能了解特定知识和能力	特劣	优	特优
6. 能够按照考试目标制定标准题	特劣	劣	特优
7. 能依据教学内容制定标准题	特劣	劣	特优
8. 推测性回答率	特优	优	特劣
9. 采分能保持客观性	特劣	劣	特优
10. 能够正确地区别考生之间的实际水平	特劣	劣	特优
11. 可以通过机器或其他一般人评分	特劣	劣	特优
12. 能快速采分	特劣	劣	特优
13. 制题省时间	优	优	劣

三、编制试题的方法

（一）编制试卷蓝图

编制试卷蓝图，即关于试卷中试题内容、难度、题型、题量及其分布比例的综合表格形式。

（1）制题及题库建设（题量、难度、区分度、诱惑力、测评点、表述）。

（2）试题编排（难度/题型/内容次序、选择概率、AB 卷）。

（3）测验指导书（包括测验目的、适用对象、操作要求、标准答案及评分细则等）。

（二）考试内容

考试的内容应该由考试大纲来规定。在考试大纲里不仅要规定“考些什么”，还要规定“怎么考”。“怎么考”对考试内容作出了更明确的要求。在决定考试内容时，既要规定考试的题目，又要规定完成这个题目后所要达到的目标。

（三）试题类型

试题类型即题型，它决定于考试的要求、类型、内容、目标以及可行性。考试的题型分为两大类，主观性试题与客观性试题二者互有长短，互为补充。大规模的考试试题中两者缺一不可。

（四）考试大纲的制定

考试大纲的制定有利于应试者了解考试的要求、内容、范围、题型、题量和比重；有利于命题人员控制试卷的难度、信度、区分度、效度，保持考试标准的稳定性以及有关人员进行教育评估。

考试大纲一般包括以下要点。

（1）总体说明：说明考试目的、性质、对象等。

（2）考试范围：规定考试内容。

（3）试卷结构：说明整套试题结构、每道题考什么、如何考（题型）、要求如何、分值如何、权重多少、时间多少、评分标准如何等（如果可能附样卷）。

四、知识考试的答题技巧

（一）复习知识

对专业知识进行必要复习是笔试准备的重要方式。一般说来笔试都有大体的范围，可围绕这个范围翻阅一些有关图书资料，复习巩固学过的课程内容，温故知新，做到心中有底。

（二）增强信心

因笔试怯场，大多是缺乏信心所致。要客观冷静地对自己进行正确评估，克服自卑心理，增强信心。临考前，一要适当减轻思想负担，二要保证充足的睡眠，三要适当参加一些文体活动，从而使高度紧张的大脑得到放松休息，以充沛的精神去参加考试。

（三）临场准备

提前熟悉考场环境，有利于消除应试时的紧张心理。还应仔细看看考场注意事项，尽量按要求做好准备。除携带必备的证件外，一些考试必备的文具（钢笔、橡皮等）也要准备齐全。

（四）科学答卷

拿到试卷后，首先应通览一遍，了解题目的多少和难易的程度，以便掌握答题的速度，然后根据先易后难的原则排出答题的顺序，先攻相对简单的题，后攻难题。这样就不会因为攻难题而浪费时间太多，而没有时间做简单的题。遇到较大的综合题或论述题，则应先列出提纲，再逐条论述。在答完试卷后，要进行一次全面复查，特别注意不要漏题、跑题。要纠正错别字，语法不通，词不达意等错误。值得特别注意的是卷面必须做到字体端正，卷面整洁。因为评判者往往从卷面上联想应试者的思想、品质、作风。字迹潦草，卷面不整的人，评判者先不看应试者答的内容，单看应试者的卷面就觉得不可靠；而那些字体端正，答题一丝不苟的应试者，评判者认为该应试者态度认真，作风细致，对他更加青睐。

思考题

1. 知识考试的分类及它的特点。
2. 专业知识笔试与综合知识笔试的区别与联系。
3. 怎样把握不同知识考试的特点与题型？
4. 怎样了解和熟练掌握各种知识考试答题技巧？

第十章 面 试

本章要点

1. 面试的概念与特点
2. 面试的内容与分类
3. 面试的程序及内容
4. 提高面试效果的技巧

面试是现代人员素质测评的重要手段，是组织人员招聘工作的核心部分。面试是测评者与被测评者之间面对面的信息交流过程，相对于笔试等其他甄选方式，面试有着无可替代的优势。通过面试，测试者可以客观了解被测试者的语言表达能力、逻辑思维能力、业务知识水平、人际交往能力等综合素质情况，以确定被测试者是否符合职位要求，实现为组织选拔优秀人才的目标。

第一节 面试概述

一、面试的历史与发展

面试作为组织机构甄选人才的重要手段，有着悠久的历史。在我国，面试的历史最早可以追溯到春秋时期的孔子。孔子是春秋时期著名的教育家，为传播儒家思想，他开办私塾而有了“弟子三千”。孔子对远道而来的求学者都要认真“面试”一番，综合考察其言行举止、相貌品行等，再决定取舍。例如，宰予“利口辩辞”，孔子高兴收下；澹台子羽，孔子见其状貌甚恶，以为材薄，虽收留门下，但让其“退而修行，行不由径”，即把他列为“旁听”弟子。后来子羽在楚国办学成就很大，名扬诸侯，孔子自我检讨说：“吾以辞取人，失之宰予；以表取人，失之子羽。”①

汉代刘劭对面试颇有研究。刘劭认为，面试时间可长可短，若只想了解某一方面的素质情况，则一个早晨的时间就足够了；若要详细地测评各方面的内在素质，则需要3天的时间。刘劭告诫人们，面试也有不足之处，如果不去深入交谈，不本着实事求是的态度去辨析对方之言，就会生疑误判。面谈双方一旦谈论到对方的兴奋之处，就会高兴起来，高兴之余，就难免有“亲爱之情，称举之誉”了。②

三国时期的诸葛亮对于如何有效利用不同面试形式，全面考察被测评者综合素质，提出了独到的见解。他认为：“间之以是非而观其志”“穷之以辞辩而观其变”“咨之以计谋而观其识”“告之以祸难而观其勇。”③

我国古代朝廷对官员的选拔实行“策问”，包含有一定的面试成分。当今社会，国家行政机关选录公务员、事业单位选拔人才以及企业人员招聘，甚至是学校招生考试都普遍采取笔试和面试综合考评的方式。从世界范围来看，最早实行公务员制度的英国、法国、美国、日本等国家的公务员考试录用中均有面试。从1931年起，英国文官录用考试中就加入了“面试”这一项，到1937年，其面试分数占全部考试分数的三分之一。1980年以来，西方国家的面试理论研究者们先后提出了情景面试、行为描述面试、结构化行为面试、非结构化行为面试等许多面试方法，取得了重要成果。

从近年来的面试实践来看，面试呈现出以下几个发展趋势。

1. 面试形式多样化

面试已经突破了传统的方式，不仅仅拘泥于两个人面对面、一问一答的模式，而采用了情景模拟、小组讨论、答辩、演讲、案例分析等丰富多彩的形式。在面试时，采用单独面试与集体面试，一次性面试与分阶段面试，非结构化面试与结构化面试等多种形式综合使用。

2. 面试内容全面性

面试测评的内容要素不仅包括被测试者的形象气质、言谈举止、知识水平等，而且充分重视被测试者逻辑思维能力、应变能力、心理成熟度、求职动机与兴趣爱好等的全面测评；面试测评的内容要素既包括一般素质要求，同时综合考虑拟招聘职位所需的特殊素质要求，以及被测评者的年龄、学历、工作经验等背景信息的综合测评。

---

① 司马迁《史记·仲尼弟子列传》。

② 刘劭《人物志·接识》。

③ 诸葛亮《将苑·知人性》。

3. 面试过程规范化

在传统的面试中，考官对面试的过程缺乏把握，面试的随意性大，面试的效果也得不到有效的保证，得到的结果一般是考官的印象分。为了改进这一点，目前许多面试的操作过程已经逐步规范起来，结构化面试作为一种标准化的面试方式得到了越来越广泛的使用。对于面试的起始阶段、核心阶段、收尾阶段，要问什么，要注意什么，面试主考官事先一般都会有一个具体的方案，这样有效地提高了面试过程和结果的可控性。

4. 面试考官专业化

面试考官以往是由原来的用人单位领导或者是人事部门负责人担任，这些人往往对一些专业技术岗位的需求了解不深，而且缺乏专业的面试技巧。现在越来越多的做法是由用人单位的人事部门负责人、专业技术岗位的人员，以及专门的人事测评专家共同组成面试考评小组进行测评。一些单位还对具体岗位专业人员进行面试技术培训，培训合格后持证上岗，成为专职或者兼职的测评者。

5. 面试观念平等性

传统的观念中，面试者处于下风，总是被面试考官左右，选择主动性较差。现在面试者与面试考官的地位渐趋平等。面试实际上是一个双向沟通、相互选择的过程。面试者在充分了解组织需求与组织文化等与自身的差异之后，同样可以作出“拒绝”的表示。

6. 面试评测标准科学化

以往面试的评价方法和结果没有具体的要求，缺乏可比性，而且存在一定的主观性，即对面试的表现和结果的评价与考官的情绪、爱好、价值取向，以及面试的先后顺序、时间长短等有一定的关系。近年来，面试结果的评价逐步标准和规范，基本趋势是评价要素的表格化，将面试的问题、评价标准以及分值囊括在一张表格中，面试考官可以按照固定的表格项目要求打分。

二、面试的概念

面试虽然在各类组织的人员甄选中获得了极为广泛的应用，但人们对面试的确切定义，至今众说纷纭。

我们认为，面试是一种在特定场景下，经过精心设计，通过测评者与被测评者双方面对面的观察、交谈等双向沟通方式，全面了解被测评者素质特征、能力状况以及求职动机等信息，以确定被测评者是否符合职位要求的一种人员素质测评手段。

要理解面试的基本含义，应把握好以下几个方面。

1. 面试是以面谈为主要形式的素质测评

面试是一种以测评者与被测评者面对面的信息交流为主要形式的人员素质测评手段。与笔试、人事档案、职位申请书、推荐书的审查不同的是，面对面的交流更加直观、灵活和深入。

2. 面试主要以“问、听、观、评”为工具，以口头语言和体态语为媒介

“面对面的观察、交谈等双方沟通方式”，突出了面试“问”“听”“察”“析”“判”的综合性特色，强调面试不同于一般性的面谈，不仅要重视口头语言的交流，更要懂得“察言观色”，重视体态语的仔细观察和推理判断。体态语一般是指手势、身势、面部表情、眼神、人际空间位置等一系列能够揭示内在意义的动作。

3. 面试是“经过精心设计的”，在特定的场景中进行

面试过程的安排、形式的选择、问题的合理设计，以及测评者的选拔等都需要预先进行科学的设计和安排。面试不同于日常的观察、考察，不是在自然场景下就可完成，必须有一定的物质基础，如用人单位的会议室、办公室等。有的面试对场景的选择还有特殊要求，需要精心布置，添置一些道具等。

三、面试的特点

与其他人才测评手段相比，面试具有以下5个特点。

1. 面试主要通过对被测评者的外部行为观察来评价其素质

一个人的能力、气质、性格往往是通过外部行为特征表现出来的。也就是说，人的心理特征是看不见摸不着的东西，但我们可以通过个体的外部行为表现去推断其内在的心理特征。在面试中，测评者正是通过观察被测评者的语言行为和非语言行为（衣着、表情、行为举止等），来推测和判断被测评者的能力和个性品质的；同时，通过了解被测评者过去的行为来预测其未来的行为。

2. 直观性

面试是测评者与被测评者直接接触的一个过程。通过面试，测评者会对被测评者形成一个直观的印象，这种直观的印象对最终的录用决策具有很重要的影响。

3. 灵活性

首先，面试可以根据不同职位的特点，灵活地采用不同的方式去考察被测评者；其次，尽管面试的问题可以是事先设计好的，但在面试实施中并不是对所有被测评者都一定要按同样的内容来进行的（严格的结构化面试除外），测评者可以针对被测评者的具体情况，根据所获得的信息是否足够来决定面试问题的多少。

4. 互动性

面试与笔试的一个重大区别是，面试中测评者和被测评者之间是一种信息的互

动交流。被测评者的表现时时影响着测评者的评价，而测评者的信息反馈同时也影响被测评者的表现。

5．主观性

一方面，面试的评价结果容易受测评者个人主观印象、情感和知识经验等许多因素的影响；另一方面，不同的测评者可以把自己长期积累的经验运用到面试评价中，有助于准确把握被测评者的素质能力，考察其与职位要求的匹配程度。

第二节 面试的内容和功能

一、面试内容

面试内容，是指面试需要测评的主要素质指标。《国家公务员录用面试暂行办法》第 9 条对公务员录用面试的内容作了明确规定，主要包括综合分析能力、言语表达能力、应变能力、计划组织协调能力、人际交往的意识与技巧、自我情绪控制、求职动机与拟任职位的匹配性、举止仪表和专业能力。就一般情况而言，面试的素质测评指标主要包括以下几个方面。

1．仪表风度

这是指被测评者的体型、外貌、衣着、举止以及精神状态等。研究表明，仪表端庄、衣着整洁、举止稳重的人，一般做事有规律，责任心强，值得信赖。

2．口头表达能力

口头表达能力的考察，包括被测试者语言表达的逻辑性、完整性及清晰程度，语气、语态、声调、音色、语速等。观察被测者是否能将自己的思想、观点、意见用语言流畅地表述出来，对测试者所提问题是否能理会和分析判断，说明问题的条理和逻辑是否清晰。

3．综合分析能力

主要看被测试者能否迅速抓住、抓准测试者所提出问题的实质，并且进行全面透彻的分析、概括和条理清晰的表达。

4．应变能力和情绪控制力

主要看被测试者能否对测试者提出的问题迅速、准确地理解并尽快作答，头脑的机敏程度，能否从容应对突发性问题，对意外事件的处理是否得当，以及遇到棘手问题或困难时能否有效管理情绪，经受压力考验，理性地解决问题等。

5．知识面

主要看被测试者专业知识的广度和深度，专业知识与拟录用岗位知识需求的匹配程度。

6. 工作经验

根据被测试者提供的履历表、自荐信等材料，问询有关背景和过去工作情况，以考察证实其所具备的实际工作经验和专业特长。同时还可以了解被测试者的工作态度、责任心以及处理问题的能力等。考察被测试者从事所聘职位的工作经验丰富程度，职位的升迁状况和变化情况，从其所述工作经历中判断其工作责任心、组织领导力和创新意识。

7. 工作态度与求职动机

考察被测试者曾经的工作学习态度，更换工作与求职的原因，对未来的追求与抱负，对所应聘岗位的期望值等。

8. 兴趣爱好

通过对面试者兴趣爱好的了解，可以判断被测试者是否精力充沛、充满活力，其兴趣和爱好是否符合职位的要求。

此外，面试时，测评者还要了解被测评者工作和生活的现实需求或亟待解决的问题，介绍本单位及拟招聘职位的情况与要求，讨论有关薪资福利等切身利益问题，回答被测评者的提问。

二、面试的主要功能

面试作为一种人员招聘的选拔方法，有其独特的功能。

1. 可以确认个人简历中的有关信息

面试之前，招聘单位一般都有应聘者的个人简历，但简历中所提供的个人信息是否有“水分”，通常是无法看出来的，只有通过面试才能检验。在现代社会激烈的竞争中，少数应聘者为了达到目的，在履历表中将自己的过去“编造”得很辉煌，这种人在面试中很难再次蒙混过关。

2. 可以弥补笔试的不足

有些被测评者的笔试成绩很好但实际能力却很低，难以胜任岗位要求。通过面试，测评者可以全面有效地考察被测评者的动手能力和综合素质，作出更为科学合理的判断。另外，面试给了被测评者再次表现的机会，可以弥补部分被测评者笔试发挥的不足。

3. 可以考察笔试中难以考察的素质

笔试是以文字为媒介来测评人的素质，而有许多素质是无法通过文字来表述的，如举止仪表、口头表达能力、应变能力等。还有些素质可以通过文字形式来表达，但因为被测评者的掩饰行为而无法表达，却可以通过面试来测评。

4. 可以灵活、具体地评价被测评者的知识经验、能力品质

面试是一种测评者与被测评者之间互动可控的测评方式，测评的主动权主要控制在测评者手里，测评要深即深，要浅即浅，要专即专，要广即广，具有很大的灵活性和针对性。通过面试，可以全面评价被测评者价值观、工作态度、事业心和进取心、求职动机及兴趣爱好等多方面的情况。

第三节　面试的分类

一、常用的面试分类方法

1. 依据面试内容的侧重点分类

（1）常规面试。这是测评者与被测评者之间通过一问一答的形式进行面试。测评者根据事先准备好的面试提纲发问，被测评者依照要求来回答，展示自己的能力。

（2）情景面试。它包括无领导小组讨论、角色扮演、演讲、文件筐处理等，都是要求被测评者根据所提供的虚拟环境和身份作答，考察的是被测评者的潜在素质和应变能力。

（3）压力面试。它是指测评者有意识地对被测评者施加压力，针对某一问题作一连串的发问，不仅详细，而且追根问底，直至无法回答，甚至有意识刺激被测评者，观察被测评者在突如其来的压力下能否作出恰当的反应，以观察其机智程度、应变能力、压力承受能力和情绪稳定性。

（4）行为描述式面试。行为描述是基于行为的连贯性原理发展起来的。测评者通过行为描述式面试要了解被测评者的两个信息：一是被测评者过去的工作经历，判断他选择本组织的原因，预测他未来在本组织中发展的行为模式；二是了解他对特定行为所采取的行为模式，并进行比较分析。

行为描述式面试在提问过程中所提的问题还经常与应试者过去的工作内容及绩效有关，且提问方式更有诱导性。被测评者应注意在描述过去工作时行为模式的逻辑性，增强说服力，至少要做到能够言之有物，并能自圆其说。

2. 依据被测评者的数量分类

（1）单独面试。它是指一个相对时间内只有一个被测评者的面试。现实中的面试大都属于此类，具体包括两种情形：测评者与被测评者一对一的面试，一个被测评者与多个测评者的面试。单独面试的优点是能够给被测评者提供更多的时间和机会，使面试能进行得比较深入。

（2）集体面试。集体面试又称小组面试，包括两种情况：一个测评者同时对若干被测评者，多个测评者对若干被测评者。集体面试效率高，节约时间，便于比较；其缺点是被测评者容易相互影响，测评结果真实性被打折扣。

3. 按照面试的标准化程度分类

（1）结构化面试。它也称标准化面试，是根据所制定的评价指标，运用特定的问题、评价方法和评价标准，严格遵循特定程序，通过测评人员与应聘者面对面的言语交流，对应聘者进行评价的标准化过程。结构化面试的面试题目、面试实施程序、面试评价、考官构成等方面都有统一明确的规范。这种面试的优点在于，对所有应试者均按同一标准进行，可以提供结构与形式相同的信息，便于分析、比较。

（2）非结构化面试。它是对与面试有关的因素不作任何限定的面试，也就是通常没有任何规范的随意性面试。这种面试无固定的模式，往往提一些开放式的问题，如“谈谈你对某件事情的看法”“你有何兴趣爱好”等，目的在于使被测试者充分发挥其能力与潜力。

（3）半结构化面试。这就是在预先设计好的试题（结构化面试）的基础上，面试中测评者随机向被测评者提出一些问题。半结构化面试综合了结构化面试和非结构化面试的优势，可以使用人单位全面考察被测评者的综合素质能力。目前，半结构化面试越来越被广泛的运用。

4. 根据面试的进程分类

（1）一次性面试。它是指用人单位对被测评者的面试集中在一次进行。这种面试要求测试者最好是一个专家小组，被测试者只有一次机会，需要充分准备，全力以赴。

（2）分阶段面试。它是指分为几次进行的面试，先由人事部门考察被测评者的基本素质，将明显不合格的人选剔除，再由用人部门的主管人员进行面试，重点考察被测评者的专业知识和业务技能，衡量是否胜任工作岗位。

5. 依据面试结果的使用方式分类

（1）目标式面试。它是指面试结果必须明确被测评者的能力素质是否达到某一既定的目标水平，通常分为合格与不合格两种。

（2）常模式面试。它是根据面试结果对被测评者素质水平高低进行排序，从而进行优胜劣汰决策的面试，面试结果往往分为若干档次。

6. 依据面试的功能分类

（1）鉴别性面试。这就是依据面试结果将被测评者按相关素质水平进行区分的面试。

（2）评价性面试。它是对被测评者的素质能力作出客观评价的面试。

（3）预测性面试。它是指对被测评者的发展潜力和未来成就等方面进行预测的面试。

二、结构化面试

1. 结构化面试的评分方法

结构化面试由多名考官按照预先设计的一套包括各种测评要素在内的试题向考生提问，根据考生的回答，给出考生在各个测评要素上的得分，各个测评要素得分的总和就是考生结构化面试的最后成绩。面试中，一个题目可能包括一个或者几个测评要素，考官不是按照题目打分，而是按照考生在回答问题中反映出的各种能力也就是测评要素打分，最后将所有测评要素的得分相加得出考生的面试分数，见表10－1。

表 10－1　结构化面试评分表

测评要求	逻辑思维口头表达	创新意识	组织协调	决策能力	仪表风度	知识面	工作经验	综合分析能力	合计
权重分数	10	15	10	20	5	10	10	20	100
评分要点	言语表达、思维品质	管理创新、针对变化	团队建设、人际交往	决策程序、策略原则	相貌、衣着、外表、言语、体态语	应聘岗位所需的专业知识	应聘岗位所需的工作经验	综合应用所掌握的知识、技能和经验	
评分等级	9～10（优秀）	12～15（优秀）	9～10（优秀）	16～20（优秀）	4～5（优秀）	9～10（优秀）	9～10（优秀）	16～20（优秀）	总分
	6～8（较好）	8～11（较好）	6～8（较好）	11～15（较好）	3（较好）	6～8（较好）	6～8（较好）	11～15（较好）	
	3～5（较差）	4～7（较差）	3～5（较差）	6～10（较差）	2（较差）	3～5（较差）	3～5（较差）	6～10（较差）	
	0～2（很差）	0～3（很差）	0～2（很差）	0～5（很差）	0～1（很差）	0～2（很差）	0～2（很差）	0～5（很差）	得分
得分									
教官评语：					教官签字： 年　月　日				

2. 结构化面试的显著特征

(1) 根据工作分析的结构设计面试问题。这种面试方法需要进行深入的工作分析，以明确在工作中哪些事例体现良好的绩效，哪些事例反映了较差的绩效，由执行人员对这些具体事例进行评价，并建立题库。结构化面试测评的要素涉及知识、能力、品质、动机、气质等，尤其是有关职责和技能方面的具体问题，更能够保证筛选的成功率。

(2) 向所有的应聘者提出同一类型的问题，且问题的内容及其顺序都是事先确定的。

结构化面试中常见的两类有效问题为：以经历为基础的问题，与工作要求有关，且涉及求职者所经历过的工作或生活中的行为；以情景为基础的问题，在假设的情况下，与工作有关的求职者的行为表现。提问的次序结构通常有两种：由简易到复杂的提问，逐渐加深问题的难度，使候选人在心理上逐步适应面试环境，以充分地展示自己，由一般到专业内容的提问。

(3) 采用系统化的评分程序。从行为学角度设计出一套系统化的具体标尺，每个问题都有确定的评分标准，针对每一个问题的评分标准，建立系统化的评分程序，能够保证评分一致性，提高结构有效性。

3. 结构化面试的优缺点

使用结构化面试，减少了面试内容的盲目性，保持了面试结果的统一性与一致性，从而提高了面试结果的准确性，保证对被测评者一视同仁。但是，这种方法不够灵活，也不能因人而异。非结构化面试随意性太强，评价标准难以统一，所以用人单位常常采用混合式面试，或者叫半结构化面试，在保证一定数量的共同性问题的基础上，根据每个被测评者的具体情况随机提问。

第四节　面试的程序

一、面试的准备

从组织者来讲，面试的准备工作应当包括以下几个方面。

1. 选择合适的测评者

测评者在面试中起着关键作用。面试对测评者提出了许多的要求，第一，测评者要有相关专业知识和丰富的工作经验，要掌握一些必要的面试技术技巧。第二，测评者要有高度集中的注意力和灵活应变的能力，可以根据被测评者表现情况临时调整面试问题。第三，测评者应当具备很高的观察能力、综合分析与判断能力，善于挖掘被测评者隐藏的事情真相或真实感受。第四，测评者要能够创设轻松氛围，使被测评者可以发挥正常水平，顺利地回答问题。第五，测评者应该公正无私，保证评价结果的客观真实性。第六，整个测评小组应该具有合理的年龄结构、性别结构、气质结构，以及知识结构，互补互助，相得益彰。

2. 科学分析工作需求

科学分析拟招聘岗位的工作说明书，根据工作职责要求、工作环境特点、所需要处理的主要工作关系和发展空间，明确拟录用人员的性别、年龄、学历、工作经验，以及应当具备的基本能力素质等要求，为制定详细的面试方案作准备。

3. 审查履历表和自荐信

面试前，测评者必须认真审查被测评者的履历表或者是自荐信，对被测评者进行初步筛选，全面了解被测评者的背景信息，确定需要进一步核实或者深入了解的问题。

4. 营造友好的面试环境和氛围

面试的地点应尽量选择开阔明亮、整洁安静的会议室或者办公间，把周围的干扰控制在最低限度；在空间布置上，尽可能地营造一种平等、融合的氛围。例如，位置的安排上，测评者与被测评者应当保持一定的角度和距离，而不是面对面，这样可以减少应聘者的压力。面试前的握手和微笑，可以帮助应聘者放轻松，让其在面试中充分发挥正常水平。

5. 被测试者的面试准备

第一，被测试者应当全面了解和认识拟应聘单位的基本情况和具体岗位的职责要求，进行自我的分析评价，确认自己和所应聘职位之间的匹配关系。第二，充分熟悉个人履历表，准备一些测试者可能会问到的问题，例如求职动机、工作经验、教育背景、工作经验、职业规划等。第三，克服心理偏差，增强自信，保持一颗平常心，轻松迎接面试。第四，有针对性地进行职业形象设计，塑造良好的仪容仪表和养成文明礼貌的用语习惯和举止。第五，适当进行一次预演，完善面试的细节。

二、面试试题的编制

面试试题编制前，测评者应当对拟招聘职位进行全面具体的工作分析，提出与工作职位需求密切关联的测评要素，然后根据测评要素以及被测评者的特点选择恰当的面试试题。

经过科学设计的问题可以帮助招聘人员把握面试的核心内容，做到有的放矢。这些问题的来源主要是拟招聘岗位的工作说明书以及应聘者的个人资料。在这里，我们提供一个 STAR 原则：

SITUATION（情景）：了解该应聘者取得的工作业绩是在一个什么样的背景之下。通过不断地发问，可以全面了解该应聘者取得优秀业绩的前提，从而获知所取得的业绩有多少是与应聘者个人有关，有多少是和市场的状况、行业的特点有关。

TASK（任务）：了解该应聘者都有哪些工作任务，每项任务的具体内容是什么样的。通过这些可以了解他的工作经历和工作经验，以确定他所从事的工作与获得的经验是否适合现在所空缺的职位，更好地使工作与人配合起来。

ACTION（行动）：了解该应聘者为了完成这些任务所采取的行动，所采取的行动是如何帮助他完成工作的。通过这些，我们可以进一步了解他的工作方式、思维方式和行为方式。

RESULT（结果）：每项任务在采取了行动之后的结果是什么，是好还是不好，好是因为什么，不好又是因为什么。

三、面试的实施过程

面试时间通常是几分钟或十几分钟，一般较低职位的都在半小时时间以内。整个面试的实施过程大致包括热身阶段、熟悉阶段、核心考察阶段、结束阶段。

1. 热身阶段

面试的开始通常围绕一般性社交话题，问题多为友善、客套、比较随便的话题，目的在于打破隔膜，减轻被测试者的紧张情绪等；或者是测评者发言，让被测评者介绍其姓名和面试的指导用语。一般而言，问题很随意，比如说，“你是哪里人啊?”“来我们这里工作，家里是不是支持?”“我们单位所在的地方难不难找?”被测评者应付这类礼貌性的问题应简洁有礼，要了解这只是测评者在正题前的应酬语。

2. 熟悉阶段

测评者将围绕被测评者所填报的各项资料有针对性地发问，进一步了解熟悉被测评者的个人背景信息。因此，要求被测评者面试前一定要再次熟悉个人简历内容，这样，当问及简历里提到的资料时，便可以随时解释或补充。这一阶段的问题看似简单直接，但倘若事前没有好好准备，便可能变成枯燥的资料提供，使交谈无法进行下去。例如，测评者要求被测评者做简短的自我介绍。若事前没有准备，被测评者很可能会再叙述一遍已列于履历表中的一些基本资料。实际上这是一个非常利于突出被测评者自己的机会，如应对得体，可尽量突出自己的个性、兴趣、志气、工余活动及工作经验等。

3. 核心考察阶段

这一阶段测评者集中提出若干问题，了解被测评者对拟应聘机构的业务范围、岗位结构、工作性质内容及职业发展前景的了解，了解被测评者求职动机、个人愿景、具体的专业技术能力、知识水平以及个性特征等信息。这些考察可以使测评者根据事实作出正确的录用决定。

4. 结束阶段

这一阶段，测评者可能还会提一两个比较尖锐或敏感的问题，以便深入彻底了解被测评者的情况；测评者也会给被测评者留有自由发问的时间，以实现双方信息的互动。被测评者应当抓住机会，重申自己的任职资格、求职意愿，配合测评者自然地结束面试，礼貌地向测评者告辞。

第五节　提高面试效果的技巧

面试从设计、组织、实施到最后录用，是一个系统的工程，要提高面试的效果，应该按一定程序有效组织。这些程序包括精选测评者，对测评者进行培训，为每一位测评者提供一份详尽的职位说明书，告诉每一个测评者应该着重“问”“听”“观”“评”的内容，采取评分表的形式使各个测评者的评判方法趋于一致，对整个面试过程提出统一的原则性要求。

面试中，“问”“听”“观”“评”是几项重要而关键的基本功，对于提高面试效果至关重要。

一、“问”的技巧

提问方式的选择，以及恰到好处地转换、收缩、结束与扩展问题和问话，有很多值得注意的技巧。

（1）封闭式：只需要回答“是”或“不是”。一般封闭式提问表示测评者对被测评者答复的关注，或者想让被测评者结束某一话题的谈论。

（2）开放式：开放式提问可以让被测评者自由发表意见或看法，以获取信息。一般在面试刚开始的时候运用，可以缓解紧张气氛，让应聘者充分发挥自己的水平。

（3）引导式：问话的目的在于引导被测评者回答希望的答案。

（4）假设式：例如，“如果你处于这种状况，你会怎样安排呢?”若是使用得当，可以让你了解被测评者的想法和能力。

（5）重复式：对被测评者回答的重复可以让测评者知道对方已经接受到他的信息，从而达到检验获得信息准确性的目的。

（6）确认式：确认式提问可以鼓励被测评者继续与面试人员交流，例如，"我明白你的意思！我接受这个原因！"

（7）举例式：它又称行为描述式，所提的问题并不集中在一个点上，而是一个连贯的工作行为。如"你以前在工作上遇到的最大困难是什么？你是怎样分析，又是怎样解决的？"这种问法可以鉴别被测评者所谈问题的真实性，了解其实际解决问题的能力，是面试的核心技巧。

二、"听"的技巧

面试中，测评者约有80％的时间是在倾听。倾听是一门艺术，耐心认真的倾听是对人尊重的表现。测评者应当耐心、专注的倾听被测评者的陈述，同时善于利用目光的作用，达到与被测评者之间轻松自然的交流。面试中，测评者目光应柔和，大致在被测评者嘴、头顶和脸颊两侧范围活动，给被测评者一种你在很认真、很感兴趣地听他回答的感觉。俯视、斜视、直视被测评者回答问题，都将使被测评者感到紧张，从而产生一种压力。

测评者要注意从被测评者的言辞、语速、音量等方面把握被测评者的内在素质水平。例如，说话语速快的人一般行动较为迅速或者是有些急躁，缺乏耐心；说话音量小的人可能胆子比较小，内心有些紧张胆怯。

三、"观"的技巧

面试中，测评者首先应当注意避免以貌取人，应该紧紧围绕面试目的、面试内容来全面考察被测评者的综合素质，善于抓住被测评者一些具有典型意义的行为反应，尤其是一些典型的体态语。如被测评者面部发红，目光躲闪，一般说明被测评者心情紧张、自信心不足。

四、"评"的技巧

测评者在经过周密细致的"问""听""观"之后，必须对被测评者作出客观的评价，说明被测评者的能力素质、资格条件是否符合拟任职位的要求，符合到什么程度，不符合到什么程度。为确保"评"的效率与效果，应当设置一个科学的面试测评标准。

面试测评标准，是测评者评定被测评者成绩的尺度，一般包含三方面的内容：一是测评项目，即面试所要测评的素质项目。二是测评指标，即能够反映测评项目的行为表现，如对于"协调性"这个测评项目，可以用"合作意识怎么样?""想法不固执吗?""自我本位感不强吗?"这三种典型的行为表现作为指标来加以反映。三是水平刻度，即测评指标或测评项目的数量水平的连续分布顺序及刻度。简言之，就是数量上的分档、分级、分数等。"测评项目+测评指标+水平刻度"构成测评标准的一般结构形式。表10－2列举的是逻辑思维能力测评标准。

表10－2　逻辑思维能力测评标准

	测评时间：	被测评者：	测评者：
测评项目	测评指标	水平刻度	评定结果
逻辑思维能力	回答问题层次是否清楚	A. 清楚　B. 一般　C. 不清楚	
	论述问题是否周密	A. 周密　B. 一般　C. 不周密	
	论点论据照应是否连贯	A. 连贯　B. 一般　C. 不连贯	

五、防止面试的误区

在面试过程中，测评者的判断容易受测评者自己的个性、偏好的影响，通常会产生一定的误差，主要的影响因素有以下几点。

1. 首因效应

首因效应是指根据第一印象作出的对被测评者的整体印象与评价。第一印象主要是获得的对方的相貌、表情、姿态、身材、年龄、服饰等方面的信息，这种印象虽然是初步的相互了解，但在对人的认知中却起着明显作用。根据第一印象来评价一个人往往失之偏颇，简单地以貌取人或以言取人都是不可取的。

2. 晕轮效应（光环效应）

晕轮效应是指某人或某事由于其突出的特征给他人留下了深刻的印象，而使他人忽视了其本身其他的心理和行为品质的现象。它有时会产生"积极肯定的晕轮"，有时会产生"消极否定的晕轮"，这都会干扰对信息的评价。要克服晕轮效应就必须坚持客观真实，不掺杂主观成分。

3. 选择性知觉

选择性知觉是指个体不可能吸收他所观察到的所有信息，而只能从接受到的零碎信息中依据自己的兴趣、背景、经验和态度进行主动地有选择性地接受。选择性知觉使我们能"快速阅读"别人，但这同时也在冒信息失误的风险。测评者在辨识被测评者能力素质时应尽量避免选择性知觉，不能草率地认为与自己相近的是人才，与自己相远的就是庸才。

4. 他人的影响

被测评者很可能是某个人推荐而来的，由于测评者可能对推荐人的特殊感情，那么就会先入为主地对被测评者产生某种印象。和第一印象一样，他人的影响会在面试中产生一定的作用。

因此，测评者应当尽量提高自身素质，经常对面试工作进行总结和思考，避免上述面试误区的影响，保证对被测评者的评价判断客观真实，提高面试效果。

思考题

1. 面试的种类和作用。
2. 怎样实施结构化面试？
3. 怎样完成一次面试，它要经过哪些步骤？
4. 如何提高面试的效果？

第五篇

人员素质测评技术

第十一章 评价中心及其他素质评价技术

本章要点

1. 评价中心的概念与特点
2. 评价中心的主要形式及适应的对象
3. 评价中心的设计关键
4. 其他素质测评方法的作用

评价中心是近几十年来现代企业中流行的一种选拔和评估管理人员尤其是中高层管理人员的人才测评方法。许多大型公司，如通用电气公司、国际商用机器公司、福特汽车公司等都采用了这项技术。其中许多大型公司设有专门的机构来实施这一技术。一般的中小公司则由专门的咨询诊断机构为其提供评价中心技术。本章对什么是评价中心、评价中心的主要形式、评价中心失败的原因以及未来发展趋势作了探讨。

第一节 评价中心技术概述

一、评价中心的起源与定义

评价中心起源于德国心理学家 1929 年建立的一套用于挑选军官的多项评价程序。在这套评价程序中，要求被测评者按照一定的标准指挥一组士兵完成一定的任务，测评者通过观察被测评者的言谈、表情以及指挥士兵完成任务的情况来判断被测评者的相关素质。在我国，评价中心的思想渊远流长，甚至可以追溯到公元前 21 世纪上古帝王尧对舜的考察，尧对舜的考察综合了多种情景模拟，历时 3 年，尧才认为舜德才兼备，可以承担帝王重任，后来舜果然和尧一样成为中国历史上德才兼备、功绩突出的帝王。

评价中心是现代人员素质测评的主要形式之一，与其他人才测评形式一样，评价中心也有自己独特的形式与特点。当心理测验被质疑因为过于抽象而使得测评结果与实际行为并不一致，当面试被质疑测评结果含有过多测评者直觉成分的时候，评价中心因为综合了多种测评技术的优势而在人力资源管理和开发中获得越来越广泛的运用。

我们可以将评价中心定义为：评价中心是以测评管理素质为中心的一组标准化的评价活动。它要求多名训练有素的测评人对被测评者在特定测评情景中的行为进行观察，进而对被测评者在整个测评维度上的表现进行评价。被测评者的管理素质是评价中心一系列测评活动所围绕的中心。围绕这个中心目标，测评者依据测评的目的而采取多种评价技术对被测评者的素质进行综合考察。由此可见，评价中心是多种测评方法的有机组合，并不是某一种具体的测评方法，更不是指某一个具体的单位或者地方。

二、评价中心的过程描述

评价中心的操作过程：测试开始前，安排 12 位被测评者和 6 位测评者，其中测评者事先经过专门的培训，而被测评者也会提前 3 天得到要参加测试的通知，同时会获知测试的基本程序。测试开始后，被测评者会被分为两组，每组 6 人，在一组进行小组讨论的时候，另一组中的每一位被测评者都被要求进行单独的个案分析，并被要求准备书面的分析报告。每一位被测评者还会被要求与一个有问题的职员（事先已经接受相关训练，会按照测评者的意图说话和做出各种行为）面谈，再针对该问题职员提出可行的解决方案。被测评者还会被要求处理大量各种形式的公文，以考察被测评者对公文的分类及处理能力。

在评价中心的过程中，每个被测评者至少要由 3 位测评者进行观察。6 个测评者一边观察一边记录，每项测试完结之后都要立即写总结报告。所有的测试结束后，测评者要花费 2 天的时间对观察到的情况进行交流和讨论，并对每位被测评者的管理能力作出评价。

对每个被测评者进行讨论之后，测评者们共同依据评价的标准将观察到的行为对应到一定标准之下，再作出五级评分，所有这些都被要求集中在一个表格内。当测评者之间存在分歧时，全体测评者要进行讨论，直到意见达成一致为止。最后将测评的结果通知单位相关负责人以及被测评者个人。

三、评价中心的特点

评价中心作为一种综合多种测评方法优势的测评程序，已经获得了越来越多人的认可，尤其在高层次管理人才的聘用和选拔中应用广泛。评价中心主要有以下一些特点。

（一）综合性

与其他的素质测评相比较，评价中心最突出的特点就是综合性，因为它综合利用了多种测评方法和手段。评价中心常用的测评方法和技术有问卷、测验、量表、面试、小组讨论、公文处理、角色扮演以及管理游戏等。一次具体的评价中心一般不会同时运用上述所有的测评方法，它往往会根据测评的目的而选择其中的几种，以取各种评价技术之长，补独立使用之短。也正因为评价中心综合利用了各种测评方法，使得评价中心的测评效度和测评信度非常高。有研究显示，评价中心的预测效度可以高达 0.6 以上。

（二）情境模拟性

在评价中心所用的各种测评方法中，情境模拟是其中重要的一种，在一次评价中心中经常会多次用到情境模拟。不论是公文处理还是管理游戏，其中都会用到情境模拟，因此评价中心具有很强的情境模拟性。

（三）动态性

动态性是评价中心的又一个显著特点，与笔试、面试以及投射技术相比，评价中心经过一系列的活动安排和情境的设计，使被测评者始终处于高度兴奋的状态。在高度兴奋的状态下，被测评者潜在的素质会得到充分的表现，测评者才能够真实、全面地观察和掌握被测评者展现出来的相关素质。

（四）标准化

评价中心虽然综合了多种测评方法，活动频繁、形式多样，但评价中心的所有评价活动都是按照统一的标准设计的。这个标准就是基于工作分析而得到了测评目标和测评内容。不论是测评者还是被测评者，在整个测评过程的行为都是围绕测评目标和测评内容展开的。

评价中心的标准化还表现在测评者在加入评价中心之前都要接受统一的培训，以确保评价过程的一致性和标准性。

（五）全面性

首先，由于评价中心综合使用了多种测评方法，使得评价中心对被测评者素质的描述具有全面性，在一项测试中表现不理想，还可以在其他测试形式中弥补回来。其次，由于评价中心采取多个测评者共同测评的方式，可以有效避免测评者可能出现的个人偏见。

第二节 评价中心的主要形式

评价中心作为以考察管理者素质为主的一组规范化的测评活动，其表现形式也是多种多样的。从评价中心的活动内容看，主要有公文处理、无角色小组讨论、有角色小组讨论、管理游戏以及角色扮演等。

一、公文处理

公文处理是评价中心最常用的测评形式。从广义上说，公文处理是指对公文的撰写、传递与管理，它是使公文得以形成并产生实际效用的全部活动，是政府机关及企事业单位实现其管理职能的重要形式。公文处理具体包括公文的拟写、制作、处理、传递、保管、提供、利用，以及对公文处理的监督控制和组织管理。公文处理的基本任务是准确、及时、安全、有效地拟制、传递、处理和管理公文，以便为公务活动提供适用的信息，充分发挥公文的效用。

在人员素质测评中所指的公文处理主要指的是公文的办理以及拟写和制作过程，其中尤其以公文的办理为主，主要包括公文的分类与处理。在这种测评活动中，被测评者首先被告知模拟的情境，即需要接替某个管理人员的工作，然后测评者会在办公桌上放置大量待处理的公文，包括各种信函、报表、批文和备忘录等，这些待处理的公文可能来自不同级别的部门，紧急程度也不尽相同。一般情况下，被测评者会被要求在 2 小时～3 小时内将所有公文处理完毕，而且被测评者还会被要求填写行为理由的说明。

公文处理的评价标准有以下几种。

1. 被测评者对公文分类的能力

对公文进行正确的分类是做好公文处理的基础，恰当的分类为被测评者按照公文的不同级别以及轻重急缓的不同进行分别处理提供了可能。

2. 能否适当地请示上级或者授权下属

特别重大的问题或者没有把握的问题，被测评者应该向相关领导进行请示；对于一些简单的常规性的公文，被测评者可以交由下属完成。

3. 处理过程能否按照公文的重要程度有条不紊地进行

在确定了公文的重要性程度和紧急性程度之后，公文要逐个被处理，公文的处理过程应该是有条不紊的，而不是杂乱无章。

二、小组讨论

小组讨论也是评价中心中常用的测评形式之一，这种测评形式要求先将被测评者按每组 4 人～8 人不等分成小组，再就一些有较大争议的话题展开讨论，最后要求形成一致的意见，并以书面形式表达。

小组讨论的形式主要有两种：一种是角色指定形式，另一种是无角色讨论形式。无角色小组讨论是小组讨论中的典型形式。角色指定形式的小组讨论的代表是有领导小组讨论，无角色小组讨论形式的代表是无领导小组讨论。

（一）小组讨论的评价标准

（1）发言的次数和积极性。

（2）是否善于提出建设性的意见和建议，是否敢于发表不同的见解。

（3）是否能够坚持自己正确的主张或者支持、肯定小组其他成员的意见。

（4）是否善于调节小组讨论的气氛，调节有争议的问题，使不太爱说话的人也愿意表达自己的观点，使众人的意见趋向一致。

（5）能否仔细倾听他人的意见和建议，尊重他人，不鲁莽地打断别人的陈述。

（二）小组讨论的优点和缺点

无领导小组讨论对管理者集体领导技能的评价非常有效，而且耗时较短。但在无领导小组讨论的测评中，不同小组之间的测评结果的可比性不高，而且无领导小组讨论与实际情况不符，管理实践中的小组讨论一般都是有领导小组讨论。有领导小组讨论与实际情况相符，能够很好地测评出领导者的各种管理技能。但由于需要给每位组员一次做领导的机会，有领导小组讨论在时间花费上更多。

三、管理游戏

管理游戏也是评价中心常用的测评形式之一。在这种评价活动中，首先被测评者被分为不同的小组，每个小组会被分配一定的任务，这些任务只有依靠小组成员良好的分工与合作才能顺利完成。下面列举一个案例。

圆球游戏

游戏规则：

1. 被测评者被分成三组，每组约20人，分别配有1、2、3号球。

2. 游戏要求将球按1、2、3号的顺序从发球者手里发出，最后按此顺序回到发球者手里。在传递过程中，每一人都必须触及球，所需时间最少的获胜。

3. 球掉在地上一次额外加10秒。在该游戏中，通过测评者不断向各小组施压，不断要求各小组提供更加快捷的方法，使那些能够提供突破性的解决方案和策略的小组成员从团队中迅速凸现出来，同时通过观察被测评者在小组中的表现，可以对组员的团队协作能力进行较为细致的考察。

由上面的案例可以发现，管理游戏是一种以完成某项“实际任务”为基础的标准化的模拟活动，是一种通过观察被测评者在这类“实际任务”中的表现，对被测评者的实际管理能力进行测评的一种方法。

管理游戏可以突破实际工作在时间和空间上的限制，可以将在实际工作中要几个月甚至几年才会出现的工作情景在很短的时间里都加以模拟。另外，管理游戏具有非常强的趣味性，它的真实感很强，同时富有竞争性，而且被测评者可以很快得到测试的结果，容易引起被测评者的浓厚兴趣。管理游戏比一般的情境模拟看上去更为真实，并且能够帮助有经验的管理者学习技巧。游戏也能够使被测评者感到开心和兴奋。其不利的一面是，当被测评者待在一个小组中时，他们的行为常常难以观察。

四、角色扮演

角色扮演是一种用以评价被测评者人际关系处理能力的情境模拟活动。在这种活动中，测评者先设置一系列尖锐的人际矛盾和人际冲突，再告知被测评者，并要求被测评者扮演一定的角色进入这样一种人际冲突，通过观察被测评者在解决人际矛盾和人际冲突过程中的行为来评价被测评者的人际关系处理能力。

（一）角色扮演的评价标准

（1）对角色把握的准确性。被测评者能否迅速进入角色，并按照角色的要求去完成一定的行为。

（2）角色行为的表现。它包括被测评者在角色扮演中表现出的行为风格、价值观、人际倾向、表达及应变的能力。

（3）角色的衣着、仪表与言谈举止是否符合角色及当时情景的要求。

（4）其他内容。它包括在角色扮演中表现出来的调节气氛的能力、情绪控制能力以及人际关系技能等。

第三节　评价中心的设计方法与应用

如何设计和具体操作评价中心是学习和掌握评价中心技术的关键，这主要包括评价中心的情境设计以及具体操作程序。

一、情境设计

由于素质具有潜在性，通常无法直接进行观察，而在特殊的情景刺激之下，素质可以表现为特定的行为，从而可以被测试人观察到，被测评者的行为能否真实反映其素质在很大程度上取决于情境的设计情况。情境设计要做到以下几点。

（一）典型性

任何一种工作的内容都是非常丰富的，管理工作尤其如此。情境模拟要求在有限的时间里对被测评者的管理能力进行评价，因此，情境设计要强调情境的典型性，将工作中最主要、最关键的内容设计到情境中来。另外，情境设计的典型性还表现在平时工作中不同时间不同情形下发生的事情会同时出现。

（二）相似性

相似性要求在进行情境设计时，所设计出的情境应该和拟聘职位的工作实际具有高度的相似性。主要表现模拟情境和工作实际在素质、内容和条件三个方面的相似性上。

素质相似性主要指情境模拟中测评的素质与实际工作中需要的工作素质具有一致性；内容相似性主要指情境模拟中被测评者所要完成的活动与实际工作的内容一致，如被测评者在应聘办公室主任的情景中所处理的各种文件和任务，应该与真实工作中办公室主任所面对的文件和任务具有一致性；条件相似性指情境模拟中的被测评者所处的工作条件应该与实际工作中工作人员所拥有的工作条件相一致。

（三）主题突出

评价中心综合了多种评价方式，开展了一系列的评价活动。这些活动并不是杂乱无章的，这些活动都围绕着“测评目标和测评内容”这条主线展开，突出展现所要测评的素质。

二、评价中心的操作程序

评价中心的评估效果好，预测性强，可用于选拔人才和促进员工的职业发展。但由于评价中心实施的成本较高，现在国内外企业多数将评价中心技术应用于中高层管理人员的测评。本节以商业企业管理人员选拔中的评价中心为例，说明评价中心的操作程序。

（一）工作分析

进行工作分析的目的是为设计测评情景确立核心内容，为创建评价维度奠定基础。不同的职务对担当该职务的人的性格、人际交往能力、思维决断能力、专业技能等素质的要求是不同的。例如，商业企业中销售经理除了需要具备一般的管理能力、人际交往能力之外，还需要一些特殊能力，如敏锐的消费者需求分析能力、市场预测能力、商业谈判能力等专门技能。

（二）情景设计与成功行为特征的收集

在多方面的工作分析的基础上，确立胜任该岗位所需的评价维度。然后可根据各项维度来进行情景设计。在设计情景时，应考虑到这些问题情景具有一定的难度，并且对所有的应聘者都应该是公平的，同时还要注意情景的典型性和操作简便性。通过比较业绩表现优秀和表现一般的在岗人员对问题情景所提出的解决方法或处理意见，得到成功行为特征。这些特征也可再征求直接上级主管和专家的意见。最后将收集到的成功行为特征进行整理、修订和归类，确定它们体现了哪个测评指标的内涵。

（三）评价人员的选择和培训

评价人员应熟悉评价工作和该岗位的具体工作行为，掌握该工作的行为特征。评价小组成员应该尽可能多样化，最好由心理学学者、上级主管和人力资源管理者组成评价小组。对评价人员的培训可以从五个方面进行：①让评价者对测评维度的含义有统一的认识；②使评价者学会观察并能记录应聘者的行为；③评价者应学会把记录的应聘者行为归类到恰当的维度之下；④提供各维度评分值的相应例子，使评价者能对评分的标准有统一的认识；⑤统一评价者在多种测评情景下对各维度的评分进行总评。

（四）选择恰当的评价技术组合

评价中心包括多种评价技术，这些测评技术各有优点和功用，评价者可以根据需要进行选择和组合。评价者还可以将这些测评技术与智力测验、人格测验、投射测验等进行组合。

（五）实施测评和观察记分

在正式测评之前，可对模拟考生进行预先评估。实施测评环节实际上是收集应聘者与拟评价的指标维度相关联的数据资料的过程。评价者在测评前应把测评的过程、使用方法和目的向被评价者说明。在被评价者按照指导语的要求进行模拟工作时，评价者仔细记录应聘者的行为，并按照拟订的测评维度和评分标准进行等级评分，最后进行总评并得到最终结果。测评结果根据实际情况进行反馈或保密。

三、评价中心的缺点和失败原因

作为一项新兴的人员测评技术，评价中心具有综合性高、测评结果全面、活动内容标准化、测试过程形象逼真等优点。在评价中心的应用范围越来越广的时候，我们也应该看到评价中心现有的不足之处。

（一）评价中心的主要缺点

(1) 花费大，代价高。由于评价中心要求进行一系列的测评活动，要求测评者必须是具有丰富经验的测评专家，因此要花费大量的时间和财力，这阻碍了评价中心的大范围推广。

(2) 应用范围小。评价中心主要用于中高级管理人员的管理能力测评，每次测评的人数也非常受限制，一般只有 6 人～12 人。

(3) 专业性强，一般评价人员难以操作。评价中心由于是一套规范化、标准化的测评方法的有机组合，必须是非常专业的人才能够驾驭。

(4) 评价中心的质量很难鉴定。由于评价中心受到了广泛的认可，常常被作为其他测评方法的效标，而评价中心由于其复杂性，很难找到合适的效标。

（二）评价中心失败的主要原因

评价中心的结果虽然已经被证实具有很高的信度和效度，但由于评价中心操作的复杂性，评价中心常常会失败，究其原因，主要有以下几个方面。

1. 工作分析不充分

任何一项评价中心都是由工作分析开始的，工作分析是评价中心的基础。工作分析是一项需要耗费大量时间的工作，有些测评机构为了节约时间而照搬其他咨询公司设计的相近工作的测评维度，这种看似走捷径的方法会给评价中心带来致命的危险。

2. 情境设计不科学

评价中心一般会多次使用情境模拟，当设计的情境与实际工作不具有相似性或者不具有典型性，那么测评结果与真实的情况会有很大的差距，甚至直接导致评价中心的彻底失败。

3. 测评者培训不充分

无论测评者是否为从事测评工作的专家，在进行评价中心之前都要经过系统的培训。在培训不充分的情况下，各个测评者可能会因为对评价标准的不同理解而产生测评结果的巨大差异，从而造成评价中心的失败，利用非专业的测评者主持评价中心也会使整个测评失败。

4. 行为记录和评分不够规范

行为记录和评分是评价中心的另一项关键技术，传统的行为记录方法主要是做笔记，这种方法要求测评者客观地记录下被测评者的客观行为，不带任何自己的主观评价。多数的测评者难以将“观察”和“评价”彻底区分开，在记录中也难免出现个人的主观看法。随着评价中心的迅速发展，近年来使用的行为观察量表和行为样例表正在解决这一问题。在评分的过程中，测评结果也常常会受到哈罗效应[①]误差、比较误差的影响。

5. 得不到高层主管的支持与帮助

任何评价中心的实施，都离不开上级领导在人力、物力、财力方面的支持，离不开领导对评价中心测评结果的认可。得不到领导的支持会使评价中心举步维艰，即使得出了良好的测评结果，也会因为得不到重视和推广而夭折。

要改进上述评价中心的不足，关键有两点：第一，评价中心必须加强技术上的革新；第二，评价中心的实施必须和其他措施相配套，以保证评价中心的完善。

---

① 哈罗效应，又被称之为晕轮效应，是指测评者往往会因为对被测评者的整体形象的好的或坏的判断，影响对其考评素质的测评；同理，从对被测评者的某一素质的断定，而推出其在整体素质上的好坏，都属于这一效应。

四、评价中心的发展趋势

评价中心技术将沿着哪个方向发展，评价中心领域的专家列出了评价中心的 8 个发展趋势。

（1）评价中心以及整个人才测评业都在蓬勃发展。

（2）以往的测评侧重于甄选，现在则侧重于培训发展。

（3）评价中心趋向于非正式化。在传统的测评中，测评师和被测评者有 3 天～5 天的时间聚在一起。现在，情境模拟规模更小、时间更分散。

（4）计算机和视频技术成为辅助测评的有力工具。

（5）评价中心正应用于不同类型的员工，从经理人员扩展到普通员工。

（6）测评指标的定义更准确，测评的目标行为描述得更详细。

（7）测评师使用电脑化的行为记录清单来做行为记录。统计预测模型得到广泛应用。

（8）评价中心正被越来越多地应用于公共机构中。

不难预测，计算机在评价中心技术的应用会逐渐增多，而纸笔测验的使用量减少。测评内容与实际工作联系得更为紧密。我们相信，随着科学技术的发展，评价中心技术将更科学、更准确，有望成为 21 世纪人才测评的重要战略工具。

第四节　其他素质测评方法

一、人员绩效考评

（一）绩效考评概述

绩效考评又叫绩效评估或者绩效评价，它通过一系列的测评方法来测量和评价员工在职务上的工作行为和工作效果。客观、公正的绩效考评可以有效提高员工的公平感和满意度，从而有效地提高员工的工作效率。

绩效考评的原理非常简单，先设立清晰的工作目标和考评方法，再按照员工的表现与工作目标之间的契合度决定员工的报酬。一个有效的绩效考评体系可以让员工清楚地知道他该做什么、如何做，以及如何合理获得更高的回报。

要使绩效考评能够顺利开展，必须遵循以下一些原则：第一，公平、公正、公开原则。“三公”原则能够有效提高绩效考评的效度和信度，使绩效考评的结论得到更加广泛的认可。第二，多方参与原则。在绩效考评的过程中，不但测评专家要参与到考评中，被考核者的上级以及被考核者的同事也应该成为绩效考评的考评者。

（二）绩效考评的基本类型及特点

1. 综合型

综合型又称总体型，是对员工所作所为的整体评价与鉴定。它不以工作分析为基础，它可以不再划分为若干的维度，只作粗线条的、轮廓性的、定性的描述，往往涉及被测评者的道德品质、作风、基本能力和智力等，但可能与工作中的表现和成绩无直接关联。

2. 品质基础型

这种考评比综合型要细致一些，通常要作维度分解，从不同的维度分别作出评价。考评选择的内容仍然是较抽象的人的基本品质，使用的是如忠诚、可靠、主动、有创造性、较有自信、愿意与别人合作等形容词，难以具体掌握，操作性和效度差，评语式的结论含混而主观，不精确，不易做到公正，评价结果往往也与具体工作行为和效果无直接的联系。

3. 行为基础型

这种考评相对于上一种更加细微，不但是多维考评，而且每个考察维度都设计了标准尺度以供定量测量。通过一定行为的描述语与某一刻度联系起来后，可以使考评的操作性大有改善。这种考核类型较适合于绩效难以量化的考评，以及以脑力劳动为主的管理干部及工程技术等专业工作者的绩效考评。

4. 效果基础型

这类考评着眼于“干出了什么”而不是“干什么”，虽然也是多维度考评，但考核的重点集中在产出和贡献，而不在行为与活动。这样测评的对象是客观真实存在的，直接而且直观，可操作性好，适于量化的指标。由于该方法只看结果而忽略过程，所测的结果通常具有短期性和表面性。

（三）绩效考评的具体应用

1. 生产性工作的绩效考评

生产性工作主要指以生产有形产品为目的的生产劳动。如玩具公司和服装公司中的缝纫工的工作。针对生产性的工作，考评的项目主要有以下内容。

（1）产品的数量和质量。产品的数量越多，质量越高，工人的绩效考评成绩也越高。

（2）事故。它指在生产与工作中发生的工伤事故或造成重大生产损失事故的次数和严重程度。

（3）缺勤。缺勤的次数与时间长度。

（4）升迁的速度。

2. 非生产性工作的绩效考评

对于相对复杂的非生产性工作，由于没有直接的有形产品，无法使用上述的方法进行绩效考评。由于这类工作不能计件、计次，或者计件、计次反映不了该工作的本质，这种工作常常需要用工作质量优劣来评价。考评者也必须是由熟悉工作性质和被测评者的主管、同事及本人进行操作。考评过程也是相对比较的过程，找不到绝对的标准。非生产性工作绩效考评的方法主要是主观分等、比较排列、对偶比较、强迫分配等。

3. 中高层管理人员工作的绩效考评

中高层管理人员的工作属于非生产性工作，而且是属于非常复杂的非生产性工作，他们的工作要求往往因人而异，人事管理部门的经理和销售部门的经理虽然都是经理，但他们的工作要求和职责要求完全不同。在中高层管理者中很难建立一套统一的普遍适用的评价指标体系，因此中高层管理人员的绩效考评往往具有很强的灵活性，一般应该选择主管、同级与自我评定的方式，评价的结果也多以评语的形式出现，包括优点和缺点。

（四）绩效考评案例

绩效考评案例见表 11-1。

表 11-1　制作有限公司人事考核表（调整级别使用）

<table>
<tr><td>姓名</td><td></td><td>级别</td><td colspan="3"></td><td>部门</td><td colspan="3"></td><td>职别</td><td colspan="3"></td></tr>
<tr><td rowspan="2">评定因素</td><td rowspan="2">评定项目</td><td colspan="2">权重</td><td colspan="2">一季度</td><td colspan="2">二季度</td><td colspan="2">三季度</td><td colspan="2">四季度</td><td>审批</td><td rowspan="2">特记事项</td></tr>
<tr><td>管理人员</td><td>非管理人员</td><td>初评</td><td>调整</td><td>初评</td><td>调整</td><td>初评</td><td>调整</td><td>初评</td><td>调整</td><td></td></tr>
<tr><td rowspan="5">工作态度评估</td><td>纪律性</td><td>6%</td><td>7%</td><td></td><td></td><td></td><td></td><td></td><td></td><td></td><td></td><td></td><td></td></tr>
<tr><td>协调性</td><td>6%</td><td>7%</td><td></td><td></td><td></td><td></td><td></td><td></td><td></td><td></td><td></td><td></td></tr>
<tr><td>积极性</td><td>6%</td><td>7%</td><td></td><td></td><td></td><td></td><td></td><td></td><td></td><td></td><td></td><td></td></tr>
<tr><td>责任感</td><td>6%</td><td>7%</td><td></td><td></td><td></td><td></td><td></td><td></td><td></td><td></td><td></td><td></td></tr>
<tr><td>开发热情</td><td>6%</td><td>7%</td><td></td><td></td><td></td><td></td><td></td><td></td><td></td><td></td><td></td><td></td></tr>
<tr><td rowspan="4">成绩评价</td><td>质量</td><td>5%</td><td>15%</td><td></td><td></td><td></td><td></td><td></td><td></td><td></td><td></td><td></td><td></td></tr>
<tr><td>数量</td><td>5%</td><td>15%</td><td></td><td></td><td></td><td></td><td></td><td></td><td></td><td></td><td></td><td></td></tr>
<tr><td>教育</td><td>7%</td><td></td><td></td><td></td><td></td><td></td><td></td><td></td><td></td><td></td><td></td><td></td></tr>
<tr><td>创新</td><td>8%</td><td></td><td></td><td></td><td></td><td></td><td></td><td></td><td></td><td></td><td></td><td></td></tr>
</table>

续表11－1

姓名		级别					部门				职别		
能力评论	智力素质	5%	5%										
	体力素质	5%	5%										
	性格个性	5%	5%										
	知识	5%	5%										
	技巧技能	5%	5%										
	理解判断	5%	5%										
	表达交涉	5%	5%										
	指导监督	5%											
	应用规划	5%											
合计		100%	100%										
考评时间													
考评者													
说明	1. 评定时，每格应得分数以10分记，各分数均为相对值：2－差；4－较差；6－一般；8－较好；10－优秀。2. 每季度初评、调整一次，调整根据他人反映、个人申报，其他部门工作报告进行，均计入特记事项。初评由直接上级实施。3. 每年总分根据各季度得分和考评权重调整后总计确定。												

二、书面介绍信息分析测评

（一）推荐信

推荐信是由既熟悉被推荐人又与测评者（雇主）关系密切的第三者，向测评者（雇主）介绍被测评者的素质特点并予以举荐的信函。鉴于三者之间的密切关系，推荐信在人员录用中起着重要的作用，尤其在高层次的人才选聘中较为常见。能够写推荐信的人应该满足以下条件。

（1）与被推荐人有长时间的接触，对被推荐人的相关素质非常了解。

（2）推荐人有能力对被推荐者作出正确的评价。

（3）推荐人要客观、直率。

（4）推荐者能够正确表达自己的推荐意见，以便测评者（雇主）能够理解。

由于推荐人对拟聘职位不是非常了解，加之推荐人可能会受到被推荐人的影响，所以推荐信的效度不高。

（二）申请表

申请表是人员素质测评中最常用的方法之一，首先，测评者根据工作分析的结果制定该岗位的申请表格。其次，由被测评者根据自己的实际情况如实填写申请表。最后，由测评者对表格中的信息加以分析，并在此基础上作出选拔决定。申请表能否在素质测评中发挥重要作用，关键在于其形式和内容设计的合理性。

申请表格的设计，关键在于每个项目均与胜任某项工作有一定的关系，而且比较客观，其他人可以看到和进行检验。

申请表的优点是不显示评价倾向，只通过事实反映信息，因此被测评者或申请人一般不会有所警觉，加之申请表所填的内容通常还可以通过调阅其他书面材料获得，填写人一般不会作假。但申请表不便对申请人作出横向的比较，由于在不同项目上的得分不同，使得测评者虽然不断将申请表进行比较，最终还是难以取舍。

三、履历档案的分析测评

履历表和档案资料都是由人事部门保存的现成的关于被测评者的历史资料，虽然这些资料只是记录了被测评者“过去的情况”，但由于素质具有稳定性，所以履历表和档案也可以作为素质测评的有效手段之一。由于履历表和档案的现成性，所以查阅履历表和档案的测评方式便捷且费用低廉。

（一）履历表

履历表主要是关于被测评者背景情况描述的材料，履历表的内容与申请表类似，但履历表记述的内容比申请表更加详细，更加全面。从时间上来说，履历表主要记录的是被测评者过去的情况，而申请表强调的是被测者当前的素质，因此，两者在内容上有所不同。履历表不需要罗列被测评者所有的信息，和申请表一样，履历表项目的选择以与职位要求和工作绩效的相关性为标准。

履历表的内容主要可以分为两类：第一类是可以核实的信息，如被测评者的学历、工龄、家庭地址、年龄等；第二类是不能或者很难核实的项目，如被测评者的自我鉴定、述职报告等。

在应用的过程中履历表也存在一些问题：第一，履历表填写的真实性问题。由于被测评者都有趋利避害的心理，所以在填写履历表时可能不会真实地反映情况。解决方法是尽量减少主观性项目，增加客观性项目，同时可以在履历表中增加一些真实性监测项目。第二，效度系数的稳定性问题。履历表的效度系数会随时间的推移而逐渐降低，有研究表明，履历表最初的效度系数高达 0.74，两年后下降为 0.6，三年后为 0.38，解决的方法是再评价与再检测。

在履历表被不断应用的过程中，其形式不断改进，其客观性也得到了不断的提高。目前出现的传记式项目检核记录表就是履历表的改进方式之一。其形式见表 11－2。

表 11-2　传记式项目检核记录表

●婚姻状况 目前婚姻状况如何？ 1. 未婚 2. 结婚、无子女 3. 结婚、有子女 4. 寡居 5. 分居或离婚	●嗜好及态度 你常说笑话吗？ 1. 极常 2. 常常 3. 偶尔 4. 很少 5. 根本不说
●健康状况 你曾患过什么疾病吗？ 1. 强烈过敏 2. 哮喘 3. 高血压 4. 胃病 5. 以上疾病均未患过	●人际关系 你对你的邻居感觉是： 1. 不感兴趣 2. 很喜欢他们，但不常见 3. 常互相访问 4. 很多时间一同相处
●学校和教育 你中学毕业时几岁？ 1. 小于 15 岁 2. 15～16 岁 3. 17～18 岁 4. 19 岁以上 5. 中学没有毕业	●业余爱好和兴趣 去年一年中你读了多少本小说？ 1. 一本也没有 2. 一两本 3. 三四本 4. 五至九本 5. 十本以上
●自我印象 通常情况下你尽力干： 1. 每种工作 2. 只是自己喜欢的工作 3. 要求自己干的工作	●个人贡献 你觉得自己贡献了多少 1. 贡献很大 2. 比同地位者贡献多些 3. 有一定的贡献 4. 比同地位者贡献少些

（二）档案

新中国人事档案制度开始于延安时期，新中国成立后在全国范围内迅速推广，它不仅包含履历表的内容，而且更是个人政治生涯的体现，是政审的重要依据。由于档案中记录了被测评者从上学以来到目前为止的所有经历、学习情况、工作情况、社会关系，以及群众评价等内容，其中包括了大量对于人员素质测评有用的信息，所以档案也可以作为素质测评的一种方法。

档案所反映的情况也不一定完全可靠，首先，个人填写部分可能不真实；其次，由于档案的不公开性，可能会出现因为打击报复而故意“整人”的情况；最后，由于档案中可能会出现不负责任的含糊其辞，而使测评者无法根据档案下结论。

四、工作取样法与实证分析法

（一）工作取样法

在人员素质测评过程中，通常会就被测评者的能力、知识和品德各个方面加以测评，而被测评者在测试中表现出来的行为与实际工作中的行为并非完全一致，因此会受到质疑。如果要求被测评者所进行的活动行为及面临的情景与他未来的工作和环境相同，则测评的信度和效度都会有很大的提高。工作取样法就是在这种指导思想下产生的。

1. 工作取样法的定义

工作取样法是让被测评者完成一些实际工作的样本任务而测评其相关素质的一种测评方法。

2. 工作取样法的基本原理

统计学告诉我们，如果从母体中抽取子样本，则子样本有近似母体的性质，这就是工作取样的理论基础。当然，只有保证所抽取的样本在母体中具有代表性，才能够保证测评结果的可靠性。

3. 工作取样法的基本程序

工作取样法根据测评目的的不同，可以有一定的变化，工作取样法主要按照以下程序实施。

（1）确定测评目的。

（2）确定测评的项目并进行分类，决定观测内容、时刻、次数和期间。

（3）取得观测对象的配合。

（4）认真做好记录。

（5）整理观测结果，使其图表化。

（6）对测试结果进行科学的分析。

4. 工作取样法的重要类型

根据母体工作的性质不同，工作取样法可以分为两类：操作测评和语言测评。前者主要适用于测试与体力相关的一些工作能力，后者主要适用于对语言要求较高的工作能力测评。

在最近的研究中，人们又将工作取样法分为以下四种类型。

（1）行为操作型。这类测评主要考察被测评者的行为能力和方式，如被测评者对操作机床的熟练程度、对顾客的服务态度等。在行为操作型工作取样法中，测评者主要采取观察的方法获得被测评者的信息。

（2）工作相关信息型。这种方法用于测评担任某种工作的人所拥有的信息量，当某项工作需要任职者掌握大量相关信息，而这些信息由于任职者的工作性质与其绩效紧密相关时，可以采用这种方法。该方法通常采用笔试的方式。

（3）小组讨论型。在这种测评类型中，两个或多个员工被分为一组，然后由测评者提供讨论话题，话题通常具有较大的争议。通过观察讨论过程，测评者对每个小组成员作出相应评价。此类测评适用于个人能力对团队工作起很大作用的工作。

（4）情境模拟型。在这种类型里，被测评者被要求做那些与正在做此项工作的其他工作人员同样的事情。这种方法强调要使用一些实际工作任务，或者模拟实际的工作场景和任务。

（二）实证分析

所谓的实证分析，就是用实地的调查结论或者可靠检验手段获得的结果来验证测评预测结论的方法。实证分析主要有几下几种形式。

1. 现场调查

为了验证书面介绍信息中的关键信息，可以采取实地调查的方法，如验证被测评者的任职经历、家庭住址等。

2. 体检

体检可以很可靠地用于检验被测评者关于健康状况的叙述。对于那些对身体素质有特别要求的工作岗位，体检具有重要的筛选作用。

3. 产品分析

产品分析是通过对被测评者在学习、工作等方面成果的分析，来验证被测评者相关素质的方法。这里指的产品，不仅包括被测评者的劳动产出，如设计精美的实物产品，还包括各种获奖证书和专利证书等。

思考题

1. 评价中心是什么？有哪些特点？
2. 评价中心有哪些具体的形式？它们分别有哪些优点和缺点？
3. 什么是小组讨论法？它有哪些特点，适合哪些素质的测评？
4. 什么是管理游戏法？它有哪些特点，适合哪些素质的测评？
5. 什么是公文处理法？它有哪些特点，适合哪些素质的测评？
6. 评价中心在进行情景设计时，应遵循哪些原则？
7. 绩效考评的类型和特点有哪些？
8. 申请表和履历表有哪些区别和联系？
9. 工作取样法有哪些类型？

第十二章　素质测评的结果分析与报告

本章要点

1. 了解和掌握累加法、平均综合法、加权综合法、连乘综合法、指数连乘法
2. 内容分析的三大类型
3. 测评结果报告的主要方式

经过对人员素质进行分类测评，我们得到了一系列的数据和结果。由于这些数据和结果来自不同项目的测评。我们需要对其加以综合分析，得出相应的总体性结论，进而加以条理化归纳，并在这一基础上作出报告。

第一节　数据综合

数据综合，是指把零散的指标分数综合在一起，形成总分数。

一、累加法

为了反映测评的整体情况，将测评中每一项指标的得分直接累加而获得测评总分的方法就叫做累加法。即测评总分 $S=X_1+X_2+\cdots+X_N$，其中 N 为测评中的项目总数。

例 1：在一次素质测评中，共测试品德、智力和体质三方面的内容，某人在品德方面的得分为 35，在智力方面的得分是 21，在体质方面的得分是 27，则该被测评者在此次测评中的最终得分为：

$S=X_1+X_2+\cdots+X_N=35+21+27=83$

累加法要求各个指标同质，而且单位大致相同。

二、平均综合法

以被测评者在各个测评项目中的得分的算术平均值作为总分，再用总分描述总体测评结果的方法。其计算公式为：

$S=(X_1+X_2+\cdots+X_N)/N$

将例1中的结果代入公式，得到：

$S=(X_1+X_2+\cdots+X_N)/N$

$=(35+21+27)/3=26.67$

平均综合法可以很简便地反映测评的总体结果，但它无法体现测评中每个测评项目的重要性程度。

三、加权综合法

加权综合法是根据每个测评项目的重要性程度不同，对被测评者在每个项目上的得分适当扩大或缩小若干倍后再累加的方法。其计算公式如下：

$S=W_1X_1+W_2X_2+\cdots+W_NX_N$

其中，S 为总分，X_N 为第 N 项指标的得分，W_N 为第 N 项指标的权重。

$W_1+W_2+\cdots+W_N=1$

加权综合法不但考虑到各个项目的得分情况，而且还考虑到了每个项目指标的重要性程度，是比较合理的项目综合方法，但加权综合法不利于拉开测评结果的差距。

四、连乘综合法

连乘综合法是直接将各个项目指标的得分相乘得到测评总分的方法。其计算公式为：

$S=X_1\cdot X_2\cdot\cdots\cdot X_N$

公式中，S 为总分，X_N 为第 N 个项目指标得分。

这种综合方法的优点是便于拉开差距，但容易产生晕轮效应。因为一个数和无穷小量的乘积依然是无穷小量，所以当一个指标的得分很低时，整个测评的总分会因此变得非常小。

五、指数连乘法

指数连乘法不但考虑到各个项目指标上的得分，而且还特别强调指标的相对重要性。其计算公式如下：

$S=X_1W_1 \cdot X_2W_2 \cdot \cdots \cdot X_NW_N$

两边取对数：

$S'=W_1X_1' \cdot W_2X_2' \cdot \cdots \cdot W_N X_N'$

其中，S'为 $\ln_S$，$X_{N'}$为 $\ln X_N$。

显然，此时指数连乘法就转化为加权综合法了。

第二节　内容分析

当一项测评成功完成后，单独考察每个被测评者的得分是没有意义的，要恰当地评价一个被测评者的素质，必须将他的成绩和其他被测评者的成绩相比较。也就是说，测评者在对被测评者进行合理的评价之前，应该对整个测评结果的总体有良好的把握，而内容分析要解决的问题就是从总体上对整个测评结果进行评价。

内容分析主要包含整体分布分析、总体水平分析和差异情况分析。

一、整体分布分析

整体分布分析是通过图表的形式来分析素质测评结果的一种方法。

（一）频数分布表分析

频数分布表也称次数分布表，常见的频数分布表有简单频数分布表、累积频数分布表和累积百分比分布表等不同的形式。利用频数分布表可以使整个测评的结果一目了然。编制简单频数分布表的步骤如下。

1. 根据测评结果编制简单表

例 2：在一次有 80 人参加的测评中，每个人的得分见表 12-1。

表 12－1　简单表

135	134	129	133	131	131	131	134	125	128
135	127	127	133	130	132	132	129	124	132
122	124	127	131	137	132	133	134	124	128
135	133	131	123	115	132	134	138	124	132
128	136	127	120	125	131	136	127	124	129
129	132	138	125	131	120	121	144	128	133
128	127	130	120	121	122	127	121	125	130
140	121	126	130	122	128	127	125	127	131

2. 求全距

全距 $R = Cmax - Cmin$，其中 $Cmax$ 是简单表中的最大值，$Cmin$ 是简单表中的最小值。在例 2 中，$R = 144 - 115 = 29$

3. 决定组数与组距

按一般的统计规律，组数一般以 10～15 组为宜，组数确定之后，组距 i=全距/组数，组距一般以 3、5、7 等奇数为好，也可以先确定组距，再求组数。

在例 2 中，如将组数确定为 10 组，则组距 i=全距/组数=29/10≈3。

4. 决定组限

组限就是指每组数据的起止范围，第一组以简单表中最小数据为下限，以最小数据加一倍组距为上限，其他组的组限以此类推。在例 2 中，第一组的组下限为 115，组上限为 115+3=118，每组中的数据可以和组下限相同，与组上限相同的数据应该归到以该数据为下限的另一组。

5. 登记频数

分组完成后，即可将每个数据归到相应的组内，并以计数专用符号或“正”字表示。例 2 的频数登记见表 12－2。

表 12－2　简单频数表

素质测评得分（1）	登记（2）	频数（3）
115－	丨	1
118－	丨丨丨	3
121－	卌 丨丨丨	8

续表12－2

素质测评得分（1）	登记（2）	频数（3）
124－	卌 卌	10
127－	卌 卌 卌 卌	20
130－	卌 卌 卌 丨丨丨丨	19
133－	卌 卌 丨丨	12
136－	丨丨丨丨	4
139－	丨丨	2
142－	丨	1
总和		80

（二）频数分布图分析

频数分布表的图形化即为频数分布图。它是由曲线或折线来表示相应的频数分布表的一种形式。常见的有直方图和多边图两种。直方图是以面积来表示频数的分布，即用位于横轴上各组上下限之间的矩形面积表示各组频数分布的情形。其操作步骤大致如下。

（1）作横轴。将各组上下限或者组中值分别在横轴上标出，注意在横轴的两端要留出至少各一个组距的位置。

（2）作纵轴。纵轴一般用于表示频数。

（3）按照各组的频数在纵轴上标出平行线，该平行线会与每组上下限之间相交而形成矩形，该矩形的面积就表示了该组的频次。

如果将每组矩形上边的中点（每组组中值所在的位子）标出，再将相邻中点用直线连接起来，即可得到频次分布的折线图。

二、总体水平分析

频数分布图，可以很直观地了解到各分数段上的人数分布。总体水平分析则是通过对众数或平均数的分析，把握被测评者的一般水平。

众数是指频次最多的那个素质特征、分数或者等级，它代表了整体水平结构群中最大的典型群水平。

平均数是指所有测评结果在理论上的代表值。众数只是用出现频次最高的部分结果代表整体结果，而在平均数计算过程中，每个测评结果都会对测评的总体结果产生影响。常用的平均数有算数平均数、几何平均数、以及调和平均数。

三、差异情况分析

差异分析有整体差异分析和个体差异分析之分，本节主要讨论整体差异分析。整体的差异程度主要由差异量数来表达，具体包括两极差、平均差、方差、标准差和差异系数。

（一）两极差

两极差的求法与全距的求法相同，即 $R = Cmax - Cmin$，其中 $Cmax$ 是测评结果中的最大值，$Cmin$ 是测评结果中的最小值。两极差反映了测评结果的分布范围。

（二）平均差

平均差是指每个被测评者得分与整体平均数的差的绝对值的平均数。其计算步骤如下。

（1）算出整体测评结果的平均值。

（2）分别求每个被测评者得分与整体平均值的差，再将结果取绝对值。

（3）将所有求出的绝对值相加，再除以被测评者的人数，即可得到测评整体的平均差。

（三）方差

方差即所有被测评者的得分与整体测评结果的平均值之差的平方和与被测评者总个数之商。

（四）标准差

方差的算数平方根即为标准差。

（五）差异系数

差异系数又称变异系数或变差系数，是标准差与平均数的比值。

标准差、方差、平均差和差异系数都反映了总体的平均差异情况，差异量数越大，说明总体中的个体的素质差异性越大。

第三节　测评结果报告

素质测评的过程其实就是一个信息收集、信息处理和信息输出的完整过程。在对测评结果的整体进行分析之后，如果结果误差在可以接受的范围内，那么素质测评就只剩下最后一项工作——测评报告。

一、报告方式

测评报告按照不同的分类方法，可以分为不同的种类。按照报告的形式不同，测评报告可以分为口头报告、分数报告、等级报告和评语报告等；按照报告展现内容的全面程度不同，可以分为分项报告和综合报告。

分项报告是指测评者按照主要的测评指标，逐项提供测评结果的报告方式。在这种报告方式中，由于是分项报告，报告的结果比较详尽，但缺乏对测评结果的综合，会导致不同被测评者之间难以进行直观的比较。

综合报告是指在分项报告的基础上，利用数据综合技术，将报告综合成一个总分数、总等级或者总评价而形成的报告方式。综合评价在总体上使不同被测评者的成绩具有直观的可比性，但有“削峰填谷”的缺点，而且结论不够详细。

二、分数报告

以分数表达测评结果的方式即为分数报告。

分数的形式主要有 4 种：目标参照性分数、常模参照性分数、原始分数和导出分数。目标参照性分数是依据测评指标本身得出的分数；常模参照性分数是根据被测评者的总体水平而给出的分数；原始分数是指在测评中直接得到的分数；导出分数是在原始分数的基础之上通过一定的处理而得到的分数。

导出分数主要有以下一些形式。

（一）名次

名次是一种原始分数的简单转换方式，即先将所有被测评者的得分按从小到大的顺序进行排列，被测评者分数所处的位置就是被测评者在测评总体中的名次。名次可以很直观反映出被测评者在总体中的位置，但相邻的名次之间的差距不同，如第 5 名和第 6 名的差异可能只有 1 分，而第 6 名和第 7 名之间的差异可能是 20 分。

（二）百分位数

名次虽然可以简洁明了地表示一个被测评者在总体中的水平，但对于两个总体水平相当，但人数不同的团体，名次就没有办法进行横向比较了。一个在 20 人团队中处于第 10 名的被测评者和一个在 50 人团队中处于第 10 名的被测评者的素质应该是不同的，但他们之间有多大的差别是无法用名次来衡量的。而通过将名次转换为百分位数之后，人数不同团体中的名次即可进行比较。具体转换公式如下：

$PR=100-(100R-50)/N$

式中，N 为被测团体中的个体总数，R 为名次数。

例 3：请分析在 50 人团队中排名第 8 的人和在 40 人团队中名列第 6 的人谁在各自的团队中更加优秀？

解：由 $PR=100-(100R-50)/N$，

可知：

$P8=100-(100\times 8-50)/50=85$

$P6=100-(100\times 6-50)/40=86.25$

所以，在 40 人团队中名列第 6 的被测评者更加优秀。

（三）Z 分数

Z 分数是一种标准分数，它是百分位数的一种转换分数，转换公式为：

$Z=(X-X)/S$

式中，X 为原始分数，X 为所有原始分数的算数平均数，S 为所有原始分数的标准差。

Z 分数的取值在 0 附近时，被测评者处于中等水平；Z 分数大于 2.5 时，说明被测评者非常优秀；Z 分数小于 2.5 时，说明被测评者非常差。

（四）T 分数

为了进一步消除 Z 分数中的负号，我们可以将 Z 分数转换为 T 分数，转换公式为：

$T=100Z+50$

T 分数不但可以消除 Z 分数中的负号，而且由于四舍五入对 T 分数的影响不大，T 分数通常可以经四舍五入而得到整数结果。

（五）其他标准分数

1. 标准九分

先将整个测评的原始分数排序，再按照一定的比例将原始分数分为 9 段。从最高分开始逐渐向下划段：前 4%为 9 分；其次的 7%为 8 分；再次的 12%为 7 分；再其次的 17%为 6 分；接下来的 20%为 5 分；之后的 17%为 4 分；再之后的 12%为 3 分；再之后的 7%为 2 分；最后的 4%为 1 分。标准九分的分段情况见表 12－3。

表 12－3　标准九分分布表

分数	1	2	3	4	5	6	7	8	9
所占分布比率	4%（最低）	7%	12%	17%	20%	17%	12%	7%	4%

2. C 量表分数

C 量表分数是一种类似于标准九分的分数，首先也是将所有的测评结果从高分到低分排列，再按原始分布的比率来划分，它与标准九分的区别仅仅是分段不同，见表 12－4。

表 12－4　C 量表分数分布表

分数	0	1	2	3	4	5	6	7	8	9	10
分布比率	1&	3%	7%	12%	17%	20%	17%	12%	7%	3%	1%

分数报告的优点是简洁、可比性强，但缺点是反馈的信息丧失了一定的准确性和全面性，一般在选拔性测评中使用最为频繁。

三、评语报告

评语报告，即以书面语言的方式来表达测评的结果。这是一种最原始的，而且也是最常用的报告形式。由于评语报告详尽而细致，在人力资源开发和中、高层领导的选拔与聘用中经常使用。评语报告的内容因人而异，因此评语报告的可比性较差。

思考题

1. 请分析比较五种数据综合的方法。

2. 简述众数、平均数、两极差、平均差、方差、标准差以及差异系数的计算方法。

3. 试述名次、百分位数、Z 分数、T 分数、标准九分及 C 量表分数的计算方法。

4. 请根据以下简单表绘制频数分布表和频数分布图。

表 12-5 简单表

135	134	129	133	131	131	131	134	125	128
122	124	127	131	137	132	133	134	124	128
135	133	131	123	115	132	134	138	124	132
128	136	127	120	125	131	136	127	124	129
129	132	138	125	131	120	121	144	128	133
128	127	130	120	121	122	127	121	125	130
140	121	126	130	122	128	127	125	127	131

参考文献

[1] 肖鸣政，Mark Cook. 人员素质测评［M］. 北京：高等教育出版社，2003.

[2] 闫绪娴. 如何进行人才测评［M］. 北京：北京大学出版社，2005.

[3] 劳埃德·拜厄斯，莱斯利·鲁. 人力资源管理［M］. 7版. 李业昆，等译. 北京：人民邮电出版社，2004.

[4] 劳伦斯·纽曼. 社会研究方法——定性和定量的取向［M］. 5版. 郝大海，译. 北京：中国人民大学出版社，2007.

[5] 艾尔·巴比社会研究方法［M］. 4版. 邱泽奇，译. 北京：华夏出版社，2005.

[6] R. J. 格雷戈里. 心里测量：历史概述与应用——影印本［M］. 4版. 北京：北京大学出版社，2005.

[7] 查尔斯·杰克逊. 了解心理测验过程［M］. 姚藻，译. 北京：北京大学出版社，2000.

[8] 刘小平，邓靖松. 现代人力资源测评理论与方法［M］. 广州：中山大学出版社，2006.

[9] 王新超，等. 人事组织心理学［M］. 北京：人民教育出版社，2001.

[10] 夏国新，张培德. 新编实用管理心理学（修订版）［M］. 北京：中央民族大学出版社，1999.

[11] 卡肖（cascio，w. F.）. 人力资源管理［M］. 6版. 王重鸣，译. 北京：机械工业出版社，2006.

[12] 韦恩·卡西欧，赫尔曼·阿吉尼斯. 人力资源管理中的应用心理学［M］. 6版. 吕厚超，等译. 北京：北京大学出版社，2006.

[13] 艾肯（Aiken，L. R.）. 心理问卷与调查表：民意调查与人格评估［M］. 张厚粲，译. 北京：中国轻工业出版社，2002.

[14] 陆红军. 人员测评工程［M］. 太原：山西人民出版社，1985.

[15] 熊川武. 管理心理学［M］. 广州：广东高等教育出版社，1999.

[16] 钱明霞，王进兴，汪维. 管理心理学［M］. 北京：机械工业出版社，1998.

[17] 韦克难. 现代管理心理学 [M]. 成都：四川人民出版社，2004.
[18] 夏国新，张培德. 新编实用管理心理学（修订本）[M]. 北京：中央民族大学出版社，1999.
[19] 赵同勤. 面试 [M]. 北京：中国言实出版社，2006.
[20] 董福荣，赵云昌. 招聘与录用 [M]. 大连：东北财经大学出版社，2006.
[21] 张志红，朱冽烈. 人才测评实务 [M]. 北京：机械工业出版社，2005.
[22] 郑安云. 人才测评理论与方法 [M]. 北京：清华大学出版社，北京交通大学出版社，2005.
[23] 刘旭涛，杨霞，周盈. 申论及写作 [M]. 北京：新华出版社，2002.
[24] 行政职业能力倾向测验课题组. 行政职业能力倾向测验 [M]. 北京：中国铁道出版社，2002.
[25] 徐升，王建新. 人才测评 [M]. 北京：企业管理出版社，2001.
[26] 程连昌. 心理素质测评 [M]. 北京：中国林业出版社，2003.
[27] 石金涛. 现代人力资源开发与管理 [M]. 上海：上海交通大学出版社，2000.
[28] E·麦克纳，N·比奇. 人力资源管理 [M]. 北京：中信出版社，西蒙与舒斯特国际出版公司，1998.
[29] 陆红军. 人才评价中心 [M]. 北京：清华大学出版社，2005.
[30] 陆红军. 人员功能测评 [M]. 上海：上海人民出版社，1986.
[31] 林泽炎. 人事测评技术 [M]. 广州：广东经济出版社，2002.
[32] 查尔斯·杰克逊. 了解心理测验过程 [M]. 姚萍，译. 北京：北京大学出版社，2000.
[33] 卢盛忠. 组织行为学——理论与实践 [M]. 杭州：浙江教育出版社，1999

附　录

高等教育自学考试

人员素质测评理论与方法
自学考试大纲

（2022 年制定，2022 年修订）

Ⅰ 课程性质与设置目的要求

一、课程性质和任务

《人员素质测评》是高校人力资源管理专业（独立本科）必修课程之一。本课程兼顾理论与实践的需要，主要内容包括人员素质测评的概念、基本原理、基本模型，人员素质的量化，人员素质测评的内容，测评指标体系的制定，人员素质测评的方法、技术，人员素质测评质量分析及素质测评结果报告等。本课程借鉴和吸收了国内外有关人员素质测评的理论与实践的精华，由概念导入，以理论与方法研究为主体，同时注重对测评结果的分析与报告操作实践。

二、本课程的基本要求

通过本课程学习，使考生能比较系统地获得人员素质测评相应的基本概念、基本知识和基本理论；理解和领会素质的量化理论、模型与方法；掌握和应用人员素质测评的各种方法和技术；本课程能培养考生将所学理论知识、方法、技术运用于工作实践中，提高考生分析与解决实际问题的能力。

三、本课程考试标准

本课程的自学考试标准，遵照国家高等教育自学考试的有关规定和同类专业教学计划的要求，针对成人自学考试的特点，注意和强调知识的科学性、系统性、应用性和操作性，加强理论与实践的结合，培养考生将所学理论知识、方法、技术运用于工作实践中，提高考生分析与解决实际问题的能力。因此，在考生自学、社会助学和考试命题中，应充分注意本课程的特点。

Ⅱ　课程内容与考核目标

（考核知识点、考核要求）

第一编　人员素质测评概述

第一章　人员素质测评概念

一、学习目的与要求

通过本章学习，了解与掌握素质概念与素质的分类；人员素质测评定义、特点、功能和基本类型。

二、课程内容

（一）素质测评的概念

1. 素质

2. 素质的分类

（二）人员素质测评

1. 什么是人员素质测评

2. 人员素质测评方法

3. 人员素质测评的特点

4. 人员素质测评与人才素质测评

（三）人才测评的功能和作用

1. 人才测评的功能

2. 人才测评的作用

（四）人才测评类型

1. 不同的标准划分的人才测评的类型

2. 人才测评具体内容及流程——以测评目的与用途划分类型为例

三、考核知识点

（一）素质测评的概念

（二）人员素质测评

（三）人才测评的功能和作用

四、考核要求

（一）素质测评的概念

识记：素质的概念和分类。

领会：素质是综合性的结构。

（二）人员素质测评

识记：人员素质测评的定义；人员素质测评的特点。

领会：人员素质测评与人才素质测评的区别与联系。

（三）人才测评的功能和作用

识记：人员素质测评的三种主要功能。

领会：人员素质测评对组织和个人的作用。

第二章　人员素质测评的历史与现状

一、学习目的与要求

通过本章学习，了解古代中国和西方人员素质测评的思想与特点，中国古代人才选拔制度的测评思想与方法，西方文官制，当前人员素质测评的发展趋向。

二、课程内容

（一）中国古代人才选拔制度的素质测评思想

1. 察举制度及其测评思想

2. 九品中正制度及其测评思想

3. 科举制度及其测评思想

（二）中国古代人员素质测评思想及技术的成就与不足

1. 古代人才测评思想和技术的成就

2. 古代人才测评机制的不足

（三）西方人员素质测评的思想与方法

1. 西方古代人才选拔制度的素质测评思想

2. 西方文官制度及其测评思想

3. 西方现代人才测评思想与技术

（四）当前素质测评方法发展趋向

（五）我国当前的人员素质测评

1. 复苏阶段

2. 初步应用阶段

3. 繁荣发展阶段

三、考核知识点

（一）中国古代人才选拔制度的素质测评思想

（二）中国古代人员素质测评思想及技术的成就与不足

（三）西方人员素质测评的思想与方法

（四）当前素质测评方法发展趋向

（五）我国当前的人员素质测评

四、考核要求

识记：古代人员素质测评的内容；古代人员素质测评的指标含义。

领会：古代人员素质测评的思想；古代人员素质测评技术。

识记：察举；九品中正制；科举。

领会：科举制度延续 1300 多年的原因。

识记：干部测评的标准。

领会：新中国人员素质测评的发展历史。

领会：素质测评在测评目的、过程、方法、手段等方向的改革趋向。

第二编　人员素质测评的体系建构

第三章　人员素质测评的主要类型

一、学习目的与要求

通过本章学习，对素质测评的假设、原理、原则、理论来源等有一整体性的把握。了解和掌握素质测评的基础假设、基本原理和主要原则，了解社会分工、角色要求、素质差异、认知等与素质测评的关系。掌握素质测评的认知理论。了解和掌握素质测评对管理的优化作用以及对人力资源开发的提高作用。

二、课程内容

（一）素质测评的基础假设

1. 人们面对的客观世界是可知的
2. 社会中的个体之间既有同质性又有差异性
3. 生活在社会中的人会受到环境影响，并作出相应的反应
4. 现象反映本质

（二）素质测评的理论分析

1. 人员配置原型
2. 角色要求
3. 素质差异
4. 认知理论
5. 管理优化
6. 开发提高

（三）素质测评的主要原则

1. 客观测评与主观测评相结合
2. 定性测评与定量测评相结合
3. 静态测评与动态测评相结合
4. 精确测评与模糊测评相结合
5. 素质测评与绩效测评相结合
6. 要素测评与行为测评相结合
7. 分项测评与综合测评相结合
8. 素质测评与资源开发相结合

（四）素质测评主要理论来源

1. 心理学原理
2. 系统论
3. 数学

（五）素质测评的模式

（六）素质测评待解决的几个问题

1. 信息获取上的问题
2. 操作技术上的问题
3. 结果应用上的问题

三、考核知识点

（一）素质测评的基础假设

（二）素质测评的理论分析

（三）素质测评的主要原则

（四）素质测评主要理论来源

（五）素质测评的模式

（六）素质测评待解决的几个问题

四、考核要求

（一）素质测评的基础假设

识记：客观世界可知性；个体之间的同质性与差异性；环境影响；现象反映本质。

领会：素质测评的可能性、必要性、现实性、充分性、可操作性。

（二）素质测评的理论分析

识记：人员配置原型，角色要求、素质差异、认知理论、管理优化、开发提高。

领会：人员配置的经验原型和测评原型的优劣；个体素质差异的存在是进行素质测评的前提；测评活动对组织管理的优化；提高效用的六大原则。

（三）素质测评的主要原则

识记：八个测评的主要原则的内容。

领会：八个测评的主要原则中的八个结合的重要性。

（四）素质测评主要理论来源

识记：心理学、系统论、数学中为素质测评提供的理论。

领会：素质测评理论基础的广泛性和多源性。

（五）素质测评的模式

识记：素质测评的黑箱模式。

领会：素质测评的黑箱模式的特点。

（六）素质测评待解决的几个问题

识记：信息获取上的问题、操作技术上的问题、结果应用上的问题。

领会：素质测评在信息获取上、操作技术上、结果应用上目前存在的不足。

第四章　人员素质测评的理论分析

一、学习目的与要求

通过本章学习，对不同测评的类型、具体内容、功用加以把握。了解和掌握人才测评划分的不同标准和不同类型；了解和掌握人才测评体系的流程化；了解和掌握职业适应性测评、职业能力测评、领导人才测评、管理人才测评和科技人才测评的特点以及它们特有的测评方法和程序。从而达到了解和熟悉具体的测评活动中测评体系的建构。

二、课程内容

（一）人才测评类型选择

1. 按不同的标准划分
2. 按对象和目的确定具体的测评活动的测评体系

（二）人才测评体系的流程化

1. 选拔性测评流程
2. 配置性测评流程
3. 开发性测评流程
4. 考核性测评流程
5. 诊断性测评流程

（三）人员测评系统内容

1. 职业适应性测评
2. 职业能力测评
3. 领导人才测评
4. 管理人才测评
5. 科技人才测评

三、考核知识点

（一）人才测评类型选择

（二）人才测评体系的流程化

（三）人员测评系统内容

四、考核要求

（一）人才测评类型选择

识记：人才测评类型标准与分类，测评活动中的测评体系选择。

领会：人才测评类型划分标准的多样性；不同对象和目的与测评活动中测评体系的选择。

（二）人才测评体系的流程化

识记：选拔性测评流程；配置性测评流程；开发性测评流程；考核性测评流程；诊断性测评流程。

领会：五种人员素质测评流程的结构、作用和特点。

（三）人员测评系统内容

识记：职业适应性测评的定义、内容；职业能力测评的定义、内容；领导人才测评的定义、内容；管理人才测评的定义、内容；科技人才测评的定义、内容。

领会：职业适应性测评中生活特征、需求、职业兴趣的重要性；职业能力测评中能力类型与职业适应性的关系；领导人才的修养与气质、性格的要求；科技人才综合测评体系的建立。

第三编　人员素质测评的方法

第五章　人员素质测评的基本原理

一、学习目的与要求

通过本章学习，对量化、质化方法和测评资料统计方法基本的认识，对它们的作用能加以区分与把握。了解和掌握素质测评量化、质化的特点和作用；量化、质化的各自的方法；了解和掌握测评资料的收集、初步整理和分析的基本方法及步骤。

二、课程内容

（一）素质测评量化及其作用

1．量化的概念

2．量化的作用及意义

3. 素质测评量化的形式

（二）素质测评质化方法

1. 质化的概念

2. 质化的作用及意义

3. 质化（定性）的取向

4. 质化（定性）样本抽样方法

5. 质化（定性）资料的分析方法

（三）量化方法和质化方法的结合

1. 量化（定量）与质化（定性）方法各自的优、缺点

2. 结合方式

（四）测评资料统计分析的基本方法

1. 测评资料的收集

2. 测评资料的初步整理

3. 测评资料的分析

三、考核知识点

（一）素质测评量化及其作用

（二）素质测评质化方法

（三）量化方法和质化方法的结合

（四）测评资料统计分析的基本方法

四、考核要求

（一）素质测评量化及其作用

识记：量化的概念，量化的作用，素质测评量化的形式。

领会：量化在人才测评中的重要意义，素质测评量化方法及用途。

（二）素质测评质化方法

识记：质化的概念，质化的取向，质化样本抽样方法，质化资料的分析方法。

领会：质化在人才测评中的作用；质化的取向、样本抽样、资料分析方法的运用。

（三）量化方法和质化方法的结合

识记：量化与质化方法各自的优、缺点；整体式结合方式与分解式结合方式。

领会：量化与质化方法在人员测评中结合的必要性；量化与质化方法结合的不同方式。

（四）测评资料统计分析的基本方法

识记：测评资料的收集，测评资料的统计分析和表示，测评资料的集中量、差异量、相关性分析。

领会：测评资料统计分析的基本途径和基本方式。

第六章　人员素质测评的量化方法

一、学习目的与要求

通过本章学习，对人员素质测评体系标准化的内容、方法、途径及检验标准有一个整体的认识。了解和掌握素质测评体系的构成，领会素质测评内容、目标、指标之间的关系；了解和掌握工作分析的概念、作用以及在测评体系中的应用；了解和掌握效度与信度两种评价方法及作用；能够简单运用素质测评体系构建的 7 个步骤构建简单的测评体系。

二、课程内容

（一）素质测评的内容、目标与指标

1. 测评内容

2. 测评目标

3. 测评指标

（二）工作分析

1. 工作分析的概念

2. 工作分析在人员测评标准体系制定中的应用

3. 工作分析的方法

（三）测评内容的标准化步骤

1. 明确测评的客体与目的

2. 确定测评的项目

3. 确定测评标准体系结构

4. 筛选与表述测评指标

5. 确定测评指标权重

6. 规定测评指标的计量方法

7. 试测并完善测评指标体系

（四）素质测评中的信度分析

信度，再测信度，复本信度，一致性信度，评分者信度。

（五）素质测评中的效度分析

1. 效度，量化研究中的效度，质化研究中的效度
2. 效度分析中的几个理论问题

三、考核知识点

（一）素质测评的内容、目标与指标
（二）工作分析
（三）测评内容的标准化步骤
（四）素质测评的信度分析
（五）素质测评的效度分析

四、考核要求

（一）素质测评的内容、目标与指标

识记：标准、标度、标记，测评目标，测评指标。

领会：素质测评的标准体系由素质测评内容、目标与指标共同构成，素质测评内容、目标与指标之间的区别与联系。

（二）工作分析

识记：工作分析的概念，工作分析的具体方法（观察法、工作者自我记录法、主管人员分析法、访谈法、关键事例法、问卷调查法、文献查阅法）。

领会：工作分析在人员测评标准体系制定中的应用。

（三）测评内容的标准化步骤

识记：测评内容的标准化七大步骤。

领会：测评内容标准化每一步骤的作用。

简单应用：素质测评内容标准化的步骤。

（四）素质测评中的信度分析

识记：信度、再测信度、复本信度、一致性信度、评分者信度。

领会：信度的功用，各种信度方法的不同功用。

（五）素质测评中的效度分析

识记：效度，内容效度、结构效度、关联效度、描述型效度、解释型效度、理论型效度、评价型效度。

领会：效度的功用，量化的效度与质化的效度的区分及功用，效度分析中应注意的问题。

第七章　人员素质测评的质化方法

一、学习目的与要求

通过本章学习，对人员测评内容效果分析中的各项指标有基本的把握。了解和掌握项目分析内容、目的和具体实施。了解和掌握客观性、总体分布与水平、区分性与差异性、误差等指标的内容和作用。能简单运用分析技术对项目的难度与区分度加以鉴别和选择。

二、课程内容

（一）项目的难度和区分度

1. 项目的难度
2. 项目的区分度
3. 难度与区分度的关系
4. 难度值的运用

（二）其他指标的分析

1. 客观性
2. 总体分布与水平
3. 区分性与差异性
4. 误差

三、考核知识点

（一）项目的难度和区分度

（二）其他指标的分析

四、考核要求

（一）项目的难度和区分度

识记：项目的难度概念，项目的区分度概念，难度值的运用。

领会：难度与区分度的关系，难度与区分度的确定与测验的目的、性质、项目形式的关系。

简单运用：确立和设计项目的难度，确立和设计项目的区分度。

（二）其他指标的分析

识记：客观性分析、总体分布与水平分析、区分性与差异性分析、误差分析的内容与作用。

领会：指标的分析的多样性和必要性。

第四编　人员素质测评途径

第八章　心理测验

一、学习目的与要求

通过本章学习，了解与掌握心理测验的概念与心理测验的分类；性格、气质、态度、能力测评的概念、内容与测验形式。

二、课程内容

（一）心理测验概述

1. 心理测验的定义

2. 相关概念

3. 心理测验的构成要素

（二）心理测验的分类

1. 按测评目的分类

2. 按测验材料性质分类

3. 按测量方法分类

4. 按测量对象分类

（三）性格测评

1. 性格

2. 性格测评

（四）气质与态度测评

1. 气质测评

2. 态度测评

（五）能力测评

1. 智力测评

2. 特殊能力测评

3. 创造力测评

三、考核知识点

（一）心理测验概述

（二）心理测验的分类

（三）性格测评

（四）气质与态度测评

（五）能力测评

四、考核要求

（一）心理测验概述

识记：心理测验定义；信度、效度、常模、量表等基本概念。

领会：心理测验的起源与发展；心理测验的构成要素。

（二）心理测验的分类

识记：心理测验的分类。

（三）性格测评

识记：性格概念；性格测评的问卷法、投射法。

领会：明尼苏达多相个性问卷、卡特尔 16 种个性因素问卷、艾森克人格问卷、罗夏墨迹测验、主题统觉测验（TAT）、句子完成测验的内容与编制方法。

简单应用：能应用卡特尔 16 种个性因素问卷、罗夏墨迹测验、主题统觉测验（TAT）、句子完成测验进行心理测验。

（四）气质与态度测评

识记：气质、态度概念；气质、态度测验的基本方法。

领会：高级神经活动类型与气质类型的表现特点。

简单应用：能编制态度测评量表进行人员态度测评，能以综合运用态度测评方法进行态度测评。

（五）能力测评

识记：斯坦福-比奈智力测验、韦克斯勒智力测验、南加利福尼亚大学测验、托兰斯创造思维测验。

领会：韦克斯勒智力测验、特殊能力测评、创造力测评的主要心理测验内容。

应用：能灵活运用不同的能力测验方法进行人员能力测评。

第九章 知识考试

一、学习目的与要求

通过本章学习，了解和掌握知识考试的类型、特点，专业知识笔试、综合知识笔试及外语考试的类型、特点以及测评层次，对知识考试的题型、编制方法与答题技巧方面的基本知识有所领会和能综合运用各要素编制知识考试的测评试卷。

二、课程内容

（一）知识考试概述

1. 知识考试的类型
2. 知识考试的特点
3. 对知识考试的评价

（二）专业知识笔试概述

1. 专业知识与专业知识笔试
2. 专业知识笔试的特点
3. 专业知识笔试的缺点
4. 专业知识笔试的方法和层次
5. 专业知识笔试样题

（三）综合知识笔试

1. 综合知识与综合知识笔试
2. 综合知识笔试的特点
3. 综合知识笔试测评的层次
4. 样题举例

（四）外语考试

1. 外语考试的类型
2. 英语考试的题型
3. 样题举例

（五）知识考试的题型、编制方法与答题技巧

1. 知识考试的题型
2. 主观性试题与客观性试题的比较
3. 编制试题的方法
4. 知识考试的答题技巧

三、考核知识点

（一）知识考试概述
（二）专业知识笔试概述
（三）综合知识笔试
（四）外语考试
（五）知识考试的题型、编制方法与答题技巧

四、考核要求

（一）知识考试概述
识记：知识考试的类型、特点。
领会：对知识考试的评价。
（二）专业知识笔试概述
识记：专业知识考试的概念、特点。
领会：专业知识笔试的方法和层次，能掌握专业知识笔试主要题型。
（三）综合知识笔试
识记：综合知识与综合知识笔试概念、特点。
领会：综合知识笔试测评的层次及主要题型。
（四）外语考试
识记：外语考试的类型、英语考试的题型。
领会：英语考试的主要题型。
（五）知识考试的题型、编制方法与答题技巧
识记：知识考试的题型。
领会：主观性试题与客观性试题的比较；知识考试的答题技巧。
综合应用：能综合运用编制试题的各要素编制知识考试的试题。

第十章　面试

一、学习目的与要求

通过本章学习，了解与掌握面试的历史与发展，面试的概念、特点、内容及功用，面试的分类，面试的程序与技巧，防止面试的误区。

二、课程内容

（一）面试概述

1. 面试的历史与发展
2. 面试的概念
3. 面试的特点

（二）面试的内容和功能

1. 面试的内容
2. 面试的主要功能

（三）面试的分类

1. 常用的面试分类方法
2. 结构化面试

（四）面试的程序

1. 面试的准备
2. 面试试题的编制
3. 面试的实施过程

（五）提高面试效果的技巧

1. "问"的技巧
2. "听"的技巧
3. "观"的技巧
4. "评"的技巧
5. 防止面试的误区

三、考核知识点

（一）面试概述

（二）面试的内容和功能

（三）面试的分类

（四）面试的程序

（五）提高面试效果的技巧

四、考核要求

（一）面试概述

识记：面试的概念；面试的特点。

领会：近年来面试发展的几个趋势。

（二）面试的内容和功能

识记：面试的内容。

理解：面试的主要功能。

综合应用：能结合面试素质测评指标，针对各面试项目设计与编制面试问话提纲。

（三）面试的分类

识记：常用的面试分类方法。

领会：结构化面试的显著特征与结构化面试的评分方法。

（四）面试的程序

识记：面试试题的编制原则。

综合运用：能结合面试实例，依照面试的程序组织与实施面试。

（五）提高面试效果的技巧

领会：面试中的“问”“听”“观”“评”的要点。防止面试的误区。

综合应用：能在实例中灵活运用面试中的“问”“听”“观”“评”的要点。

第五编　人员素质测评技术

第十一章　评价中心技术及其他素质测评技术

一、学习目的与要求

通过本章学习，了解与掌握评价中心的概念与特点，评价中心的形式及其适用对象，评价中心的设计技术；了解和掌握使用推荐信、申请表、履历表和档案的测评方法，了解各种书面介绍信息的区别与联系，掌握工作取样法的主要操作步骤。

二、课程内容

（一）评价中心技术概述

1. 评价中心的起源与定义

2. 评价中心的过程描述

3. 评价中心的特点

（二）评价中心的主要形式

1. 公文处理

2. 小组讨论

3. 管理游戏

4. 角色扮演

（三）评价中心的设计方法与应用

1. 情景设计

2. 评价中心的操作程序

3. 评价中心的缺点和失败原因

4. 评价中心的发展趋势

（四）其他素质测评方法

1. 人员绩效考评

2. 书面介绍信息分析测评

3. 履历档案的分析测评

4. 工作取样法与实证分析法

三、考核知识点

（一）评价中心技术概述

（二）评价中心的主要形式

（三）评价中心的设计方法与应用

（四）其他素质测评方法

四、考核要求

（一）评价中心技术概述

识记：评价中心的定义。

理解：评价中心的主要特点。

（二）评价中心的主要形式

识记：公文处理；小组讨论；管理游戏；角色扮演；面谈模拟。

理解：公文处理的具体内容；小组讨论的两种形式；公文处理、小组讨论、管理游戏、角色扮演各适合于测评人员的哪些方面的素质。

（三）评价中心的设计方法与应用

理解：评价中心中的情境模拟设计应遵循的原则；评价中心活动的主要操作步骤。

简单应用：能结合实例灵活运用评价中心技术测评人员的不同素质。

能够根据测评目的不同合理选择各种评价中心形式进行组合。

（四）其他素质测评方法

识记：绩效考评的基本类型和特点。

理解：工作取样法的基本程序。

简单应用：合理选择绩效考评的类型在生产性工作和非生产性工作中进行绩效考评。

第十二章　人员素质测评结果分析报告

一、学习目的与要求

通过本章的学习，了解和掌握 5 种数据综合的方法以及各种方法的优点和缺点，掌握内容分析的主要种类，在已知简单表的情况下，能够绘制频数分布表和频数分布图。了解和掌握各种分数报告并能够进行简单的计算。了解和掌握测评结果分析报告的分类、适用范围以及优点和缺点。

二、课程内容

（一）数据综合

1. 累加法
2. 平均综合法
3. 加权综合法
4. 连乘综合法
5. 指数连乘法

（二）内容分析

1. 整体分布分析
2. 总体水平分析
3. 差异情况分析

（三）测评结果报告

1. 报告方式
2. 分数报告
3. 评语报告

三、考核知识点

（一）数据综合

（二）内容分析

（三）测评结果报告

四、考核要求

（一）数据综合

识记：累加法；平均综合法；加权综合法。

（二）内容分析

识记：频数分布表。

应用：能计算出众数、平均数、两极差、方差、标准差、差异系数。

（三）测评结果报告

识记：分项报告；综合报告；分数报告；评语报告。

应用：能计算出名次、百份位数、Z 分数、T 分数、标准九分、C 量表分数。

Ⅲ　有关说明与实施要求

一、关于本大纲适用范围的说明

本大纲主要为高等教育自学考试人力资源管理专业（独立本科）的人员素质测评课程自学、社会助学和命题考试而制定，使应考者、社会助学者和考试命题者对这门课程的学习、施教和考核有一个统一的规范。本大纲亦可供其他管理类专业参考。

二、关于考核目标的说明

为了使考试内容具体化、考试要求标准化和考核方法规范化，本大纲在列出课程内容的基础上，对各章规定了考核目标，其中包括考核知识点和考核基本要求。明确考核目标，能够使自学应考者进一步明确考试内容和要求，更有目的地系统学习教材；能够使社会助学者更全面而又有针对性地进行辅导和施教；能够使考试命题更加明确命题范围，统一考核标准。

本大纲在考核目标中，按照识记、领会、应用（包括简单应用和综合应用）三个层次规定应考者应达到的知识和能力的要求。三个层次是递进关系。各个层次的含义是：

1. 识记：能知道有关的名词、概念、知识的含义，并能正确认识和表述。这是低层次的要求。

2. 领会：在识记的基础上，能全面把握基本概念、基本原理、基本方法，能掌握有关概念、原理、方法的区别和联系。是较高层次的要求。

3. 应用：在领会的基础上，能运用基本概念、基本原理、基本方法，分析和解决有关的理论问题和实际问题。其中“简单应用”，是指在领会的基础上分析解决简单问题；“综合应用”是指在简单应用的基础上综合分析和解决比较复杂的问题，是最高层次的要求。

三、关于本课程的自学教材

教材：《人员素质测评理论与方法》四川大学出版社 2007 年版。

四、自学方法指导

全面、系统地学习本课程的内容。

本课程内容包括十二章。

第一章　人员素质测评的历史与现状

通过本章学习，对人员素质测评有一个基本的认识；了解和掌握素质的概念与分类，素质测评的定义、主要特点及主要的测评方法；了解和掌握素质测评功能和作用。

第二章　人员素质测评概念

通过本章学习，从宏观上了解中外人员素质测评的历史与现状。了解与掌握我国古代人员素质测评的方法及蕴含的测评思想；了解和掌握西方古代及现代的人员素质测评思想及最具代表性的测评方法。了解和掌握人员素质测评在当代中国的阶段划分，领会每个阶段的主要特点。

第三章　人员素质测评的主要类型

通过本章学习，对素质测评的假设、原理、原则、理论来源等有一整体性的把握。了解和掌握素质测评的基础假设、基本原理和主要原则，了解社会分工、角色要求、素质差异、认知等与素质测评的关系。掌握素质测评的认知理论。了解和掌握素质测评对管理的优化作用以及对人力资源开发的提高作用。

第四章　人员素质测评的理论分析

通过本章学习，对不同测评的类型、具体内容、功用加以把握。了解和掌握人才测评划分的不同标准和不同类型，了解和掌握人才测评体系的流程化，了解和掌握职业适应性测评、职业能力测评、领导人才测评、管理人才测评和科技人才测评的特点以及它们特有的测评方法和程序，从而达到了解和熟悉具体的测评活动中测评体系的建构。

第五章　人员素质测评的基本原理

通过本章学习，对量化质化方法和测评资料统计方法有基本的认识，对它们的作用能加以区分与把握。了解和掌握素质测评量化、质化的特点和作用；量化、质化的各自的方法；了解和掌握测评资料的收集、初步整理和分析的基本方法及步骤。

第六章　人员素质测评的量化方法

通过本章学习，对人员测评体系标准化的内容、方法、途径及检验标准有一个整体的认识。了解和掌握素质测评体系的构成，领会素质测评内容、目标、指标之间的关系。了解和掌握工作分析的概念、作用以及在测评体系中的应用；了解和掌握效度与信度两种评价方法的作用；能够简单运用素质测评体系构建的 7 个步骤构建简单的测评体系。

第七章　人员素质测评的质化方法

通过本章学习，对人员测评内容效果分析中的各项指标有基本的把握。了解和掌握项目分析内容、目的和具体实施。了解和掌握客观性、总体分布与水平、区分性与差异性、误差等指标的内容和作用。能简单运用分析技术对项目的难度与区分度加以鉴别和选择。

第八章　心理测验

通过本章学习，了解与掌握心理测验的概念与心理测验的分类；性格，气质，态度，能力测评的概念、内容与测验形式。

第九章　知识考试

通过本章学习，了解和掌握知识考试的类型、特点，专业知识笔试、综合知识笔试及外语考试的类型、特点以及测评层次，对知识考试的题型、编制方法与答题技巧方面的基本知识有所领会和能综合运用各要素编制知识考试的测评试卷。

第十章 面试

通过本章学习，了解与掌握面试的历史与发展、面试的概念、特点、内容及功用，面试的分类，面试的程序与技巧，防止面试的误区。

第十一章 评价中心及其他素质测评技术

通过本章的学习，了解和掌握评价中心的定义、主要特点和形式，能够了解和掌握评价中心情景设计的原则、评价中心主要的操作程序，能够根据不同的测评目的，合理选择评价中心的不同形式，然后进行合理组合。了解利用推荐信、申请表、履历表及档案进行的测评的优缺点，掌握工作取样法的主要类型及每种类型的主要适用范围。

第十二章 人员素质测评的结果分析报告

1. 通过本章的学习，了解和掌握五种数据综合的方法以及各种方法的优点和缺点，掌握内容分析的主要种类，在已知简单表的情况下，能够绘制频数分布表和频数分布图。了解和掌握各种分数报告并能够进行简单的计算。了解和掌握测评结果分析报告的分类、适用范围以及优点和缺点。

2. 把学习人员素质测评的理论和应用人员素质测评方法结合起来。

本课程的内容既有理论又有方法，首先，自学应考者要弄懂各种方法所包含的内容和各组成要素之间的客观联系；其次，要学会正确运用这些方法去分析和解决有关实际问题。

3. 重视理论联系实际。

人员素质测评是一门既有理论价值又有应用价值的学科，因此，自学应考者在学习这门课程时应注意理论联系实际。一方面，通过联系实际加深对人员素质测评的基本概念和原理的理解；另一方面，要将理论的东西运用于实践中，分析并解决人员素质测评实际工作中遇到的各种问题，不断提高人力资源管理的实际工作能力与水平。

五、对社会助学者的要求

1. 社会助学者应根据本大纲规定的课程内容和考核目标，认真钻研指定教材，明确本课程在相关专业中的性质、特点、目的和要求，对自学者进行系统的辅导，切实有效地解决他们在自学教材时遇到的问题，帮助他们完整掌握人员素质测评的基本知识和基本方法，引导他们防止自学中的各种偏向，把握社会助学的正确导向。

2. 要正确处理基本知识和应用能力的关系，努力引导自学者将识记、领会和应用联系起来，把基础知识和理论转化为应用能力，在全面辅导的基础上，着重培养和提高应考者分析问题和解决问题的能力。

3. 要正确处理重点和一般的关系。课程内容有重点和一般的区别，但考试内容是全面的，而且重点与一般是相互联系的，不可截然分开。社会助学者需要帮助自学应考者全面系统学习教材，掌握全部考试内容和考核知识点，在此基础上再突出本课程的学习重点。总之，切忌孤立地抓重点，把自学应考者引向猜题、押题的片面方向上去。

六、关于命题考试的若干要求

1. 本课程的命题考试，应根据本大纲所规定的考试内容和考试目标来确定考试范围和考核要求，不要任意扩大和缩小考试范围，提高或降低考核要求。考试命题要覆盖到各章，并适当突出重点章节，体现本课程的内容重点。

2. 本课程在试题中对不同能力层次要求的分数比例，一般为：识记占 20%、领会占 30%、简单应用占 35%、综合应用占 15%左右。

3. 试题要合理安排难度结构。试题的难易可分为易、较易、较难、难四个等级。每份试卷中，不同难易度试题的分数比例一般为：

易占 20%、较易占 30%、较难占 30%、难占 20%。必须注意，试题的难易与能力层次不是一个概念，在各能力层次中都会存在不同难度的问题。

4. 本课程考试使用的题型包括单项选择题、多项选择题、名词解释、判断分析与改错题、简述题、论述题、综合应用题、案例分析题等。每份试卷可选择以上若干题型来进行组合。各种题型的样式可参见本大纲后的题型举例。

5. 本课程的考试方式：笔试，闭卷；考试时间：150 分钟。

附　题型举例

一、单项选择题（在每小题的四个备选答案中，选出一个正确答案，并将正确答案的序号填在题干的括号内）。

1. 在评价中心的活动中，主试人进行观察评定的是要求考生表现出来的（　　），这是评价中心测评的特点之一。

A. 信念　B. 意识　C. 思想　D. 行为

2. 在面试中，主要是想了解被试者的工作经验，可以这样问（　　）。

A. 你大学毕业后的第一个职业是什么？

B. 你大学学的是什么专业

C. 请谈谈你现在的工作情况

D. 你喜欢什么运动

二、多项选择题（在每小题的五个备选答案中，选出二至五个正确的答案，并将正确答案的序号分别填在题干的括号内，多选、少选、错选均不得分）。

1. 关于小组讨论的描述，以下正确的是（　　）。

A. 无领导小组讨论对于管理者集体领导技能的评价非常有效

B. 组与组之间被测评者难以比较

C. 有领导小组讨论花费的时间比无领导小组讨论更多

D. 在有领导小组讨论中，应该给每个被试者一次做领导的机会

E. 小组讨论中典型的形式是有角色小组讨论

2. 项目质量的考评指标主要有（　　）。

A. 适合度　　B. 区分度　　C. 独立性　　D. 选项质量

E. 误差

三、名词解释

1. 面试

2. 效度

四、判断分析题（判断下列各题，正确的在题后括号内打“√”，错的打“╳”，并说明理由）。

1. 角色扮演是一种以完成某项“实际工作任务”为基础的标准化模拟活动，通过活动观测被试者的品德与实际操作能力。（　　）

五、简答题

1. 简述人员素质测评的主要类型。

2. 什么叫做公文处理，它的几种主要形式是什么？

六、论述题

试述选拔性测评的特点及操作与运用中应该掌握的基本原则。

七、综合运用题

某大型外资饭店准备招聘一名餐厅部经理，请你针对素质考核项目编制一份招聘面试的问话提纲（包括评价要点和提问要点）。

大纲后记

《人员素质测评理论与方法》自学考试大纲（2007 年版），是根据四川省自学考试委员会确立的编写原则和教材建设指导思想拟制而成。参加本大纲讨论及编写的主要成员是：赵建伟、何玲、杨磊、张宇慧、江秀英、胡涛、黄涓、赵统堂、李明敏、黄富林、刘明。

本大纲将“课程内容与考核目标”（包括考核知识点和考核要求）作为重点，力求内容具体，规定明确，体现自学考试的标准化。

2022 年修订大纲参加人员是：赵建伟、何玲、杨磊、左航、翟鹏宇、王蓉等。

后 记

《人员素质测评理论与方法》各章撰写分工如下：第一章，赵建伟；第二章，胡涛；第三章，黄涓；第四章，赵统堂；第五章，李明敏、黄富林；第六章，刘明；第七章，周云帆；第八章、第九章、第十章，何玲、张宇慧、江秀英；第十一章、第十二章，杨磊。最后由赵建伟、何玲负责统稿。

编 者
2007 年 8 月

2022 年修订撰写分工如下：第一章，赵建伟；第二章、第三章，左航；第四章、第五章，翟鹏宇；第六章、第七章，王蓉；第八章、第九章、第十章，何玲；第十一章、第十二章，杨磊。最后由赵建伟、何玲、杨磊负责统稿。

2022 年修订者
2022 年 1 月

人员素质测评理论与方法

真题荟萃

一、单项选择题（在每小题列出的四个备选项中只有一个是符合题目要求的，请将其代码填写在题后的括号内，错选、多选或未选均无分）。

1. 人员素质测评主要测评被测评者的（　　）。

A. 心理素质　　B. 身体素质

C. 遗传素质　　D. 艺术素质

2. 某一时间内个体所负担的一个或数个责任的集合是（　　）。

A. 要数　　B. 任务

C. 职位　　D. 职务

3. 测评指标权重的数量表示即为权数，相对权数是指某个测评指标作为一个单位时，它在总体中的（　　）。

A. 积　　B. 差

C. 和　　D. 比重值

4. 观察法是由有经验的人记录被观察者某一时期的工作内容、原因和方法而不干扰其工作的活动。它主要采取（　　）。

A. 直接观察　　B. 间接观察

C. 记时观察　　D. 记件观察

5. 罗夏墨迹测验由瑞士精神病学家罗夏创立于（　　）。

A. 1921 年　　B. 1925 年

C. 1930 年　　D. 1935 年

6. 艾森克人格问卷是由英国伦敦大学教授艾森克等人所编制的个性问卷，问卷采用的形式为（　　）。

A. 是非题　　B. 计算题

C. 句子完成题　　D. 论证题

7. 绩效考评是指考评主体通过一系列测评方法来测量和评价员工在职务上的工作行为和（　　）。

A. 工作动机　　　　　　B. 工作效果
C. 工作兴趣　　　　　　D. 工作态度

8. 工作分析的结果是形成职位工作规范和（　　）。
A. 职位说明书　　　　　B. 职位工作责任书
C. 职位工作计划书　　　D. 职位晋升图

9. 在评价中心的活动中，主试人进行观察评定的是要求考生表现出来的（　　）。
A. 信念　　　　　　　　B. 意识
C. 思想　　　　　　　　D. 行为

10. 在工作情境模拟测评的基础上发展起来的测评形式是（　　）。
A. 心理测试　　　　　　B. 面试
C. 纸笔测验　　　　　　D. 评价中心

11. 下列评价方式中，信息沟通渠道最多的是（　　）。
A. 笔试　　　　　　　　B. 心理测验
C. 面试　　　　　　　　D. 投射法

12. 差异系数又称变异系数或变差系数，是标准差与平均数的（　　）。
A. 比值　　　　　　　　B. 和
C. 差　　　　　　　　　D. 积

13. 素质测评结果报告的方式，按照报告展现内容的全面程度不同，分为分项报告和（　　）。
A. 等级报告　　　　　　B. 综合报告
C. 评语报告　　　　　　D. 图表报告

14. 在测评活动中依据测评指标本身得出的分数，叫做（　　）。
A. 常模参照性分数　　　B. 导出分数
C. 目标参照性分数　　　D. 原始分数

15. 等距量化不但要求素质测评对象的排列有强弱、大小、先后等顺序的关系，而且要求任何两个素质测评对象间的差异（　　）。
A. 相等　　　　　　　　B. 不相等
C. 相反　　　　　　　　D. 相似

16. 托兰斯测验主要用于测量人的（　　）。
A. 文书能力　　　　　　B. 运动能力
C. 创造能力　　　　　　D. 智力水平

17. 首次提出智商概念量表的是（　　）。
A. 比奈·西蒙量表　　　B. 韦克斯勒量表
C. 16 种个性因素量表　　D. 斯坦福·比奈量表

18. 德尔菲法又称为（　　）。

A. 层次分析法　　B. 多元分析法

C. 专家咨询法　　D. 主观经验法

19. 先对每个项目的得分进行适当扩大或缩小，再累加总分的方法是（　　）。

A. 累加法　　B. 平均综合法

C. 加权综合法　　D. 连乘综合法

20. 明尼苏达办事员能力测验属于（　　）。

A. 运动技能倾向测验　　B. 继续倾向测验

C. 技能技巧测验　　D. 文书能力测验

二、多项选择题（在每小题列出的五个备选项中至少有两个是符合题目要求的. 请将其代码填写在题后的括号内。错选、多选、少选或未选均无分）。

1. 按测评目的与用途划分，人才测评可分为（　　）。

A. 选拔性测评

B. 诊断性测评

C. 配置性测评

D. 鉴定性测评

E. 开放性测评

2. 职业适应性测评包括（　　）。

A. 生活特征性测评

B. 需求测评

C. 职业兴趣测评

D. 态度测评

E. 智力测评

3. 面试技巧主要包括（　　）。

A. 听　　B. 写　　C. 问

D. 观　　E. 评

4. 根据考生的内容和侧重点不同，知识考试可分为（　　）。

A. 专业知识考试

B. 综合知识考试

C. 外语考试

D. 压力考试

E. 情景面试

5. 量化测量的效果可以分为（　　）。

A. 内容效度

B. 结构效度

C. 关联效度

D. 理论型效度

E. 评价型效度

6. 依面试内容的侧重点分类，面试可分为（　　）。

A. 常规面试

B. 情景面试

C. 压力面试

D. 行为描述式面试

E. 小组面试

7. 情境设计应做到（　　）。

A. 相似性

B. 典型性

C. 主题突出

D. 随意性

E. 静态性

8. 质化（定性）样本抽样方法主要有（　　）。

A. 随意抽样

B. 配额抽样

C. 立意抽样

D. 雪球抽样

E. 理论抽样

9. 权重的确定方法有（　　）。

A. 德尔菲法

B. 层次分析法

C. 多元分析法

D. 主观经验法

E. 观察法

10. 数据综合的主要方法有（　　）。

A. 累加法

B. 平均综合法

C. 加权综合法

D. 连乘综合法

E. 指数连乘法

三、判断改错题

1. 类别量化的测评对象是那些界限无法明确，或测评者认识模糊和无法把握的素质特征。

2. 管理游戏是一种用以评价被测评者人际关系处理能力的情境模拟活动。

3. 心理学的研究表明，个体相互间是有差异的，这种差异不仅表现在生理上、性别上与外貌上，而且更多体现在个体的知识与能力上。

4. 典型的结构化面试的目的是要把被试者考倒，以此考察其机智程度、应变能力、压力承受能力及情绪稳定性等心理素质。

5. 权重确定法中，德尔菲法是指请专家反复讨论填写对权重设立的意见，不断反馈信息以期专家意见趋于一致，从而得出一个比较合理的权重分配方案的方法。

6. 尽管人员素质测评与人才素质测评所指向的范围不同，但它们在测评理论、方法与技术上是相同的。

7. 特定的时空条件下，每个人所能承担的工作角色是不特定的。

8. 角色扮演是一种用以评价被测评者人际关系处理能力的情境模拟活动。

9. 评价中心的情景设计应注意相似性，它是指所设计的情境应该和拟聘职位的工作实际具有高度的相似性。

10. 职业适应性测评包括生活特征性测评、需求测评、职业兴趣测评、态度测评、智力测评。

四、名词解释题

1. 一次量化

2. 察举制

3. 区分度

4. 气质

5. 专业知识笔试

6. 信度

7. 角色扮演

8. 考核项测评

9. 模糊量化

10. 结构化面试

五、简答题

1. 简述人才测评的作用。

2. 申请表和履历表有哪些区别和联系。

3. 简述类别量化与模糊量化的区别。

4. 简述管理人才测评的主要内容。

5. 简述素质测评与绩效测评的关系。

6. 简述人才测评的功能。

7. 简述公文处理的评价标准。

8. 简述专业知识笔试的层次。

9. 简述面试的概念和特点。

10. 简述工作分析的主要方法。

六、论述题

1. 试述面试的特点。

2. 试述评价中心的主要形式。

3. 试述评价中心的特点。

4. 试述管理人才测评的主要内容。

5. 试述评价中心的操作程序。

6. 试述评价中心的特点及情景设计时应遵循的原则。